民國文化與文學研究文叢

二　編

李　怡　主編

第 5 冊

民國情色文學研究

付　清　泉　著

國家圖書館出版品預行編目資料

民國情色文學研究／付清泉 著 — 初版 — 新北市：花木蘭文
化出版社，2013〔民 102〕
目 2+244 面；19×26 公分
（民國文化與文學研究文叢 二編；第 5 冊）
ISBN：978-986-322-308-5（精裝）
1. 中國文學　2. 情色文學　3. 文學評論
541.26208　　　　　　　　　　　　　　　102012320

特邀編委（以姓氏筆畫為序）：

ISBN-978-986-322-308-5

丁　帆	王德威	宋如珊
岩佐昌暲	奚　密	張中良
張堂錡	張福貴	須文蔚
馮　鐵	劉秀美	

9 789863 223085

民國文化與文學研究文叢
二　編　第五冊　　　　　ISBN：978-986-322-308-5

民國情色文學研究

作　　者	付清泉
主　　編	李　怡
企　　劃	四川大學現代中國文化與文學研究中心
	民國文學與海外漢學研究中心（籌）
	北京師範大學民國歷史文化與文學研究中心
總 編 輯	杜潔祥
印　　刷	普羅文化出版廣告事業
出　　版	花木蘭文化出版社
發 行 人	高小娟
聯絡地址	235 新北市中和區中安街七二號十三樓
	電話：02-2923-1455／傳眞：02-2923-1452
網　　址	http://www.huamulan.tw 信箱 sut81518@gmail.com
初　　版	2013 年 9 月
定　　價	二編 22 冊（精裝）新台幣 38,000 元

民國情色文學研究

付清泉　著

作者簡介

付清泉，女，重慶豐都人。2011 年畢業於四川大學文學與新聞學院，獲文學博士學位。現為長江師範學院文學與新聞學院副教授，主要從事中國現當代文學與現代文化研究。已發表學術論文《聲色美的熱情——試論邵洵美情色詩歌的古典傳統》、《成都城市小說創作的欲望敘事》、《不能承受的現實之重——從卡爾維諾看王小波小說創作的悖謬》等數十篇。

提　　要

　　性是人的一種最基本的欲望，但是「性」不僅僅是人的自然屬性和原始衝動，它還延伸到文化領域，成為一種獨特的文化體驗。因此情色文學的存在，有著其深厚的歷史、文化以及心理基礎，是文化和文學重要的且異常生動的組成部分。本書立足於民國時期豐富的情色文學現象，探索其中深厚的社會文化意義。

　　本書首先以現代性愛思潮的興起為背景，探討了民國情色文學背後深刻的思想根源。在新文化運動的背景下，傳統的性倫文化受到挑戰，現代性愛意識和新性道德得以逐步建立，從而極大地改變了國人認識層面的價值秩序，成為最引人注目的現代觀念之一。因此，從某種程度上說，五四新文化運動又是一場性愛的新文化運動，它的變動在某種程度上反映了一個時代的啟蒙深度。隨著性愛問題獲得進入現代性話語的合法性的確立，性作為一個獨特的視角和視窗，透視出新文學作家們關於欲望的深層思考。有別於新文化精英知識份子對性愛問題的理解及文化追求，上海小報從大眾文化的角度展示了普通市民對性愛問題的理解，他們欲望的滿足和放縱。而 40 年代華北淪陷區關於「色情文學」的討論則是民國時期唯一的一次大規模的關於文學中性描寫問題的討論，其中所體現的政治現實內涵和開闊的文學視野，蘊涵了豐富的文學史、思想史意義。

就「民國機制」與民國文學答問
——《民國文化與文學研究文叢》第二輯引言

李 怡

文學的「民國機制」是什麼

周維東：我注意到，最近有一些學者提出了「民國文學史」研究的問題，例如張福貴先生、丁帆先生、湯溢澤先生等等。而在這些「文學史」重新書寫的呼聲中，您似乎更專注於一個新的概念的闡述和運用，這就是文學的「民國機制」，您能否說明一下，究竟什麼是文學的「民國機制」呢？

李怡：「民國機制」是近年來我在中國現代文學史研究中逐漸感受到並奴力提煉出來的一個概念。形成這一概念大約是在 2009 年，爲了參加北京大學召開的紀念五四新文化運動 90 周年研討會，我重新考察了「五四文化圈」的問題，我感到，五四文化圈之所以有力量，有創造性，根本原因就在於當時形成了一個砥礪切磋、在差異中相互包容又彼此促進的場域，而這樣的場域所以能夠形成，又與「民國」的出現關係甚大，中國現代文學之有後來的發展壯大，在很大程度上得力於當時能夠形成這個場域。在那時，我嘗試著用「民國機制」來概括這一場域所表現出來的影響文學發展的特點。〔註1〕我將五四時期視作文學的「民國機制」的初步形成期，因爲，就是從這個時期開始，推動中國現代文化與文學健康穩定發展的基本因素已經出現並構成了較爲穩定的「結構」。〔註2〕

〔註1〕 李怡：《誰的五四：論五四文化圈》，見《中國現代文學研究叢刊》2009 年 3 期。

〔註2〕 李怡：《「五四」與現代文學「民國機制」的形成》，《鄭州大學學報》2009 年

　　2010 年，在進一步的研究中，我對文學的「民國機制」做出了初步的總結。我提出：「民國機制」就是從清王朝覆滅開始在新的社會體制下逐步形成的推動社會文化與文學發展的諸種社會力量的綜合，這裏有社會政治的結構性因素，有民國經濟方式的保證與限制，也有民國社會的文化環境的圍合，甚至還包括與民國社會所形成的獨特的精神導向，它們共同作用，彼此配合，決定了中國現代文學的特徵，包括它的優長，也牽連著它的局限和問題。爲什麼叫做「民國機制」呢？就是因爲形成這些生長因素的力量醞釀於民國時期，後來又隨著 1949 年的政權更迭而告改變或者結束。新中國成立以後，眾所周知的事實是，政治制度、經濟形態及社會文化氛圍及人的精神風貌都發生了重大改變，「民國」作爲一個被終結的歷史從大陸中國消失了，以「民國」爲資源的機制自然也就不復存在了，新中國文學在新的「機制」中轉換發展，雖然我們不能斷言這些新「機制」完全與舊機制無關，或許其中依然包含著數十年新文化新文學發展無法割斷的因素，但是從總體上看，這些因素即便存在，也無法形成固有的「結構」，對於文化和文學的發展而言，往往就是這些不同的「結構」在發生著關鍵性的作用，所以我主張將所謂的「百年中國文學」、「二十世紀中國文學」分段處理，不要籠統觀察和描述，它們實在大不相同，二十世紀下半葉的中國文學應該在新的「機制」中加以認識。〔註3〕

　　周維東：「民國機制」與同時期出現的「民國文學史」、「民國史視角」有什麼差別？

　　李怡：「民國文學史」提出來自當代學人對諸多「現代文學」概念的不滿，據我的統計，最早提出以「民國文學史」取代「現代文學史」設想的是上海的陳福康先生，陳福康先生長期致力於現代文獻史料的發掘勘定工作，他所接觸和處理的歷史如此具體，實在與抽象的「現代」有距離，所以更願意認同「民國」這一稱謂，其實這裏有一個值得注意的現象：真正投入歷史的現場，你就很容易發現文學的歷史更多的是一些具體的「故事」，抽象的「現代」之辨並不都那麼激動人心，所以在近現代史學界，以「民國史」定位自己工作者先前就存在，遠比我們觀念性強的「文學史」界爲早。繼陳福康先生之後，又先後有張福貴、魏朝勇、趙步陽、楊丹丹、湯溢澤、丁帆等人繼續闡

---

4 期。
〔註 3〕李怡：《民國機制：中國現代文學的一種闡釋框架》，《廣東社會科學》2010 年 6 期。

述和運用了「民國文學史」的概念，尤其是張福貴和丁帆先生，更以「國務院學位委員」特有的學科視野為我們論述和規劃了這一新概念的重要意義與現實可能，我覺得他們的論述十分重要，需要引起國內現代文學同行的高度重視和認真討論。在一開始，我也樂意在「民國文學史」的框架中討論現代文學的問題，因為這一框架顯然能夠把我們帶入更為具體更為寬闊的歷史場景，而不必陷入糾纏不清的概念圈套之中，例如借助「民國文學史」的框架，我們就能夠更好地解釋「大後方文學」的複雜格局，包括它與延安文學的互動關係。〔註4〕

不過，「民國文學史」主要還是一個歷史敘述的框架，而不是具體的認知視角和研究範式，或者說他更像是一個宏闊的學科命名，而不是「進入」問題的角度，我們也不僅僅為了「寫史」，在書寫整體的歷史進程之外，我們大量的工作還在對一個一個具體文學現象的理解和闡釋，而這就需要有更具體的解讀歷史的角度和方法，我們不僅要告訴人們這一段歷史「叫做」什麼，而且要回答它「為什麼」是這樣，其中都有哪些值得注意的東西，對後者的深入挖掘可以為我們的文學研究打開新的空間，「機制」的問題提出就來源於此。

周維東：我也意識到這一問題。「民國文學史」提出的學理依據和理論價值，在於它一時間化解了「中國現代文學史」框架中許多難以解決的難題，譬如中國現代文學的「起點」問題，中國現代文學的「包容度」問題，中國現代文學史寫作的價值立場問題等等。但「化解」並不等同於「解決」，當我們以「民國」的歷史來界分中國現代文學時，我們依舊需要追問「現代」的起源問題；當我們不在為中國現代文學的包容度而爭議時，如何將民國文學錯綜複雜的文學現象統攝在同一個學術平臺上，又成了新的問題；我們可以不為「現代」的本質而煩擾，但一代代中國現代知識份子的文化追求還是會引發我們思考：他們為什麼要這樣而不是那樣？

李怡：還有一個概念也很有意思，這就是秦弓先生提出的「民國史視角」，〔註5〕「視角」的思路與我們對其中「機制」的關注和考察有彼此溝通之處，

〔註4〕 李怡：《「民國文學史」框架與「大後方文學」》，《重慶師範大學學報》2009年1期。

〔註5〕 秦弓先後發表《從民國史的角度看魯迅》（《廣東社會科學》2006年4期）、《現代文學的歷史還原與民國史視角》（《湖南社會科學》2010年1期）。

我們都傾向於通過對特定歷史文化的具體分析為文學現象的解釋找到根據。在我們的研究中，有時也使用「視角」一詞，只是，我更願意用「機制」，因為，它指涉的歷史意義可能更豐富，研究文學現象不僅需要「觀察點」，需要「角度」，更需要有對文化和文學的內在「結構性」因素的總結，最終，讓二十世紀中國文學上下半葉各自區分的也不是「角度」而是一系列實在內涵。

周維東：「民國機制」的研究許多都涉及社會文化的制度問題，這與前些年出現的「中國現當代文學制度研究」有什麼差別呢？

李怡：最近一些年出現的「中國現當代文學制度研究」為中國文學的發生發展尋找到了豐富的來自社會體制的解釋，這對過去機械唯物主義的「社會反映論」研究具有根本的差異，我們今天對「民國機制」的思考，當然也包含著對這些成果的肯定，不過，我認為，在兩個大的方面上，我們的「機制」論與之有著不同。首先，這些「制度研究」的理論資源依然主要來自西方學術界，這固然不必指責，但顯然他們更願意將現代中國的各種「制度現象」納入到更普遍的「制度理論」中予以認識，「民國」歷史的特殊性和諸多細節還沒有成為更主動的和主要的關注對象，「民國視角」也不夠清晰和明確，而這恰恰是我們所要格外強調的；其次，我們所謂的「機制」並不僅是外在的社會體制，它同時也包括現代知識份子對各種體制包圍下的生存選擇與精神狀態。例如民國時期知識份子所具有的某種推動文學創造的個性、氣質與精神追求，這些人的精神特徵與國家社會的特定環境相關，與社會氛圍相關，但也不是來自後者的簡單「決定」與「反映」，有時它恰恰表現出對當時國家政治、社會制度、生存習俗的突破與抗擊，只是突破與抗擊本身也是源於這個國家社會文化的另外一些因素。特別是較之於後來極左年代的「殘酷鬥爭、無情打擊」，較之於「知識份子靈魂改造」後的精神扭曲，或者較之於中國式市場經濟時代的信仰淪喪與虛無主義，作為傳統文化式微、新興文明待建過程中的民國知識份子，的確是相對穩健地行走在這條歷史的過渡年代，其中的姿態值得我們認真總結。

周維東：經過您的闡述，我可不可以這樣理解：「民國機制」包含了一種全新的文學理解方式，「民國」是靜態的歷史時空，而「機制」則是文化參與者與歷史時空動態互動中形成的秩序，兩者結合在一起，強調的是在文學活動中「人」與「歷史時空」的豐富的聯繫，這種聯繫可以形成一種類似「場域」的空間，它既是外在的又是內在的。通過對「文學機制」的發現，文學

研究可以獲得更大的彈性空間，從而減少了因為理論機械性而造成的文學阻隔。單純使用「民國」或「制度」等概念，往往會將文學置於「被決定」的地位，它值得警惕的地方在於，我們既無法窮盡對「民國」或「制度」全部內容的描述，也無法確定在一定的歷史時空下就必然出現一定的文學現象。

李怡：可以這樣理解。

為什麼是「民國機制」

周維東：應該說，目前中國現代文學研究已經相當成熟了，各種研究模式、方法、框架都取得了引人注目的成就，在這個時候，為什麼還要提出這個新的闡述方式呢？

李怡：很簡單，就是因為目前的種種既有研究框架存在一些明顯的問題，對進一步的研究形成了相當的阻力。我們最早是有「新文學」的概念，這源於晚清「新學」，「新文學」也是「新」之一種，顯然這一術語感性色彩過強，我們必須追問：「新」旗幟的如何永遠打下去而內涵不變？「現代」一詞從移入中國之日起就內涵駁雜，有歐洲文明的「現代觀」，也有前蘇聯的十月革命「現代觀」，後者影響了中國，而中國又獨出心裁地劃出一「當代」，與前蘇聯有所區別，到了新時期，所謂「與世界接軌」也就是與歐美學術看齊，但是我們的「現代」概念卻與人家接不了軌！到 1990 年代，「現代性」知識登陸中國，一陣恍然大悟之後，我們「奮起直追」，「現代性」概念漫天飛舞，但是新的問題也來了：如何證明中國文學的「現代」就是歐美的「現代」？如果證明不了，那麼這個概念就是有問題的，如果真的證明了，那麼中國文學的獨立性與獨創性還有沒有？我們的現代文學研究真的很尷尬！提出「民國機制」其實就是努力返回到我們自己的歷史語境之中，發現中國人在特定歷史中的自主選擇，這才是中國文學在現代最值得闡述的內容，也是中國文學之所以成為中國文學的理由，或者說是中國自己的真正的「現代」。

周維東：我在想一個問題，「民國機制」的提出在很大程度上來自對目前「現代」概念的質疑和反思，這是不是意味著，我們從此就確立了與「現代」無關的概念，或者說應該把「現代」之說驅除出去呢？

李怡：當然不是。「現代」概念既然可以從其知識的來源上加以追問，借助「知識考古」的手段釐清其中的歐美意義，但是，在另外一方面，「現代」

從日本移入中國語彙的那一天起，就已經自然構成了中國人想像、調遣和自我感性表達的有機組成部分，也就是說，中國人已經逐步習慣於在自己理解的「現代」概念中完成自己和發展自己，今天，我們依然需要對這方面的經驗加以梳理和追蹤，我們需要重新摸索中國自己的「現代經驗」與「現代思想」，而這一切並不是 1990 年代以後自西方輸入的「現代性知識體系」能夠解釋的，怎麼解釋呢？我覺得還是需要我們的民國框架，在我們「民國機制」的格局中加以分析。

周維東：也就是說，只有在「民國機制」中，我們才可以真正發現什麼是自己的「現代」。

李怡：就是這個意思，「現代」並不是已經被我們闡述清楚了，恰恰相反，我覺得很多東西才剛剛開始。

周維東：「民國」一詞是中性的，這是不是更方便納入那些豐富的文學現象呢？例如舊體詩詞、通俗小說等等。提出「民國機制」是否更有利於現代文學史的「擴軍」？也就是說將民國時期的一切文化文學現象統統包括進去？

李怡：從字面上看似乎有這樣的可能，實際上已經有學者提出了這個問題。但是，對於這個問題，我卻有些不同的看法，實際上，一部文學史絕對不會不斷「擴容」的，不然，數千年歷史的中國古典文學今天就無法閱讀了，不斷「減縮」是文學史寫作的常態，文學經典化的過程就在減縮中完成。這就為我們提出了一個問題：一種新的文學闡釋模式的出現從根本上講是為了「照亮」他人所遮蔽的部分而不是簡單的範圍擴大，「民國」概念的強調是為了突出這一特定歷史情景下被人遺忘或扭曲的文學現象，舊體詩詞、通俗小說等等直到今天也依然存在，不能說是民國文學的獨有現象，而且能夠進入文學史研究的一定是那些在歷史上產生了獨立作用和創造性貢獻的現象，舊體詩詞與通俗小說等等能不能成為這樣的現象大可質疑，與唐宋詩詞比較，我們現代的舊體詩詞成就幾何？與新文學對現代人生的揭示和追求比較，通俗小說的深度怎樣？這都是可以探討的。實際上，一直都由學者提出舊體詩詞與通俗小說進入「現代文學史」，與新文學並駕齊驅的問題，呼籲了很多年，文學史著作也越出越多，但仍然沒有發現有這麼一種新舊雜糅、並駕齊驅的著作問世，為什麼呢？因為兩者實在很難放在同一個平臺上討論，基礎不一樣，判斷標準不一樣。我認為，提出文學的「民國機制」還是為了更好地解

釋那些富有獨創性的文學現象，而不是為了擴大我們的敘述範圍。

周維東：文學史研究從根本上講，就不可能是「中性」的。

李怡：當然，任何一種闡述本身就包含了判斷。

「民國機制」何為

周維東：在文學的「民國機制」論述中，有哪些內容可以加以考察？或者說，我們可以為現代中國文學研究開拓哪些新空間呢？

李怡：大體上可以區分為兩大類：一是對「民國」各種社會文化制度、生存方式之於文學的「結構性力量」的考察、分析，二是對現代作家之於種種社會格局的精神互動現象的挖掘。前者可以展開的論題相當豐富，例如民國經濟形態所造就的文學機制。從 1913 年張謇擔任農商務部總長起，在大多數情形下，鼓勵民營經濟的發展已經成了民國的基本國策，中國近現代的出版傳播業就是在這樣的格局中發展起來的，這賦予了文學發展較大的空間；至少在法制的表面形態上，民國政府表現出了一系列「法治」的努力，以「三民主義」和西方法治思想為基礎民國法律同樣也建構著保障民權的最後一道防線，雖然它本身充滿動搖和脆弱。這表層的「法治」形式無疑給了知識份子莫大的鼓勵，鼓勵他們以法律為武器，對抗獨裁、捍衛言論自由；多種形態的教育模式營造了較大的精神空間，對國民黨試圖推進的「黨化」教育形成抵制。後者則可以深入挖掘現代知識份子如何通過自己的努力、抗爭調整社會文化格局，使之有利於自己的精神創造。

周維東：這些研究表面上看屬於社會體制的考察，其實卻是「體制考察與人的精神剖析」相互結合，最終是為了闡發現代文學的創造機能而展開的研究。

李怡：對，尋找外在的社會文化體制與人的內部精神追求的歷史作用，就是我所謂的「機制」的研究。

周維東：這樣看來，民國機制的研究也就帶有鮮明的立場：為中國現代文學的創造力尋求解釋，深入展示我們文學曾經有過的歷史貢獻，當然，也為未來中國文學的發展挖掘出某些啟示。所以說，「民國機制」不是重新劃範圍的研究，不是「標籤」與「牌照」的更迭，更不是貌似客觀中性的研究，它無比明確地承擔著回答現代文學創造性奧秘的使命。

　　李怡：這樣的研究一開始就建立在「提問」的基礎上，是未來回答現代文學的諸多問題我們才引入了「民國機制」這樣的概念，因爲「提問」，我想我們的研究無論是在文學思潮運動還是在具體的作家作品現象方面都會有一系列新的思維、新的結論。例如一般認爲1930年代左翼作家的現實揭弊都來源於他們生活的困窘，其實認眞的民國生活史考察可以告訴我們，但凡在上海等地略有名氣的作家（包括左翼作家）都逐步走上了較爲穩定的生活，他們之所以堅持抗爭在很大程度上還是來自理想與信念。再如目前的文學史認爲茅盾的《子夜》揭示了民族資產階級在現代中國沒有前途，但問題是民國的制度設計並非如此，其實民營經濟是有自己的生存空間的，尤其1927～1937被稱作民國經濟的黃金時代，這怎麼理解？顯然，在這個時候，茅盾作爲左翼作家的批判性佔據了主導地位，而引導他如此寫作的也不是什麼「按照生活本來面目加以反映」的19世紀歐洲的「現實主義」原則，而是新進引入的馬克思主義的階級觀念。民國體制與作家實際追求的兩相對照，我們看到的恰恰是民國文學的獨特景象：這裏不是什麼遵循現實主義原則的問題，而是作家努力尋找精神資源，完成對社會的反抗和拒斥的問題，在這裏，文學創作本身的「思潮屬性」是次要的，構建更大的精神反抗的要求是第一位的。在這方面，是不是存在一種「民國氣質」呢？

　　周維東：根據您的闡述，我理解到「民國機制」所要研究的問題。過去我們研究文學史，也注重了歷史語境的問題，但從某個單一視角出發，就可能出現「臆斷」和「失度」的現象，這也就是俗話中的「只知其一不知其二」。「民國機制」研究民國「社會文化制度、生存方式之於文學的『結構性力量』」，實際還強調了歷史現場的全景考察。其次，「現代作家之於種種社會格局的精神互動現象」在過去常常被認爲作家的個體想像，您在這裏特別強調這種互動的集體性和有序性，並試圖將之作爲結構文學史的重要基礎。

　　李怡：是這樣的。過去我們都習慣用階級對抗在解釋民國時代的「左」、「中」、「右」，好像現代文學就是在不同階級的作家的屬性衝突中發展起來的，其實，就這些作家本身而言，分歧和衝突是一方面，而彼此的包容和配合也是不容忽視的一面，更重要的是，他們意見和趣味的分歧往往又在對抗國家專制統治方面統一了，在面對獨裁壓制的時候，都能夠同仇敵愾，共同捍衛自己的利益。當整個知識份子階層形成共同形成精神的對抗之時，即便是專制統治者也不得不有所忌憚，例如擔任國民黨中宣部部長的張道藩就在

1940 年代的「文學政策」論爭中無法施展壓制之術。民國文學創作的自由空間就是不同思想取向的知識份子共同造成的。

周維東：這樣看來，「民國機制」還有很多課題值得挖掘。譬如民國時期知識份子與大眾傳媒關係問題，過去我們基本從「稿費」和「經濟」的角度理解這一現象，不過如果我們注意到這一時期的「零稿費」現象、「虧本經營」現象，以及稿件類型與稿酬水平的關係問題等等，就可以從單純的經濟問題擴展到民國文人、民國傳媒的趣味和風尚問題，進而還能擴展到民國知識份子生存空間的細枝末節。這樣研究文學史，真可謂「別有洞天」呀！

作為方法的「民國機制」

周維東：我覺得，提出文學的「民國機制」不僅可以為我們的學術研究開闢空間，同時它也具有方法論的價值。

李怡：我以為這種方法論的意義至少有三個方面：一是倡導我們的現代文學學術研究應該進一步回到民國歷史的現場，而不是抽象空洞的「現代」，即便是中國作家的「現代」理念，也有必要在我們自己的歷史語境中獲得具體的內容；二是史料考證與思想研究相互深入結合，近年來，對現代文學史料的重視漸成共識，不過，究竟如何認識「史料」卻已然存在不同的思路，有人認為提倡史料價值，就是從根本上排除思想研究，努力做到「客觀」和「中性」，其實，沒有一種研究可以是「客觀」的，從來也不存在絕對的「中性」，最有意義的研究還是能夠回答問題，是具有強烈的問題意識的研究。如何將史料的考證和辨析與解答民國時期文學創造的奧秘相互結合，這在當前還亟待大家努力。第三，正如前面我們所強調的那樣，我們也努力將外部研究（體制考察）與內部研究（精神闡釋）結合起來，以「機制」的框架深入把握推動文學發展的「綜合性力量」，這對過去「內外分裂」的研究模式也是一種突破。

周維東：最近幾年，中國出現了「民國熱」，談論民國，想像民國，出版民國讀物，蔚為大觀，有人擔心是否過於美化了那一段歷史？

李怡：這個問題也要分兩重意義來說，首先是為什麼會出現這樣的「熱」？顯然是我們的歷史存在某種需要反省的東西，或者將那個時候的一切統統斥之為「萬惡的舊社會」，從來沒有正視過歷史的應有經驗，或者是對我們今天——市場經濟下虛無主義盛行，知識份子喪失理想和信仰的某種比照，在這

樣兩種背景上開掘「民國資源」，我覺得都有明顯的積極意義，因為它主要代表了我們的不滿足，求反思，重批判，至於是否「美化」那要具體分析，不過，在「民國」永遠不會「復辟」的前提下，某些美好的想像和誇張也無需過分擔憂，因為，「民國」資源本身包含「多元」性，左翼批判精神也是民國精神之一，換句話說，真正進入和理解「民國」，就會引發對民國的批判，何況今天分明還具有太多的從新體制出發抨擊民國的思想資源，學術思想的整體健康來自不同思想的相互抵消，而不是每一種思想傾向都四平八穩。

周維東：的確是這樣。所謂「美化」的背後其實是缺失和批判。學術史上又太多類似的「美化」，屈原、陶淵明、李白、杜甫等文化名人形成的光輝形象，不正是研究者「美化」的結果嗎？魯迅也曾經「美化」過魏晉。在研究者「美化」歷史人物和歷史時期時，我想他（她）不是諂媚也不是褒貶，而是在更大的文化空間上，揭示我們還缺少什麼，我們如何可以過的更好。

李怡：還有，也是更主要的一點，我們的「民國機制」研究與目前的「民國熱」在本質上沒有關係。我們要回答的是民國時期現代文學的創造秘密，這與是否「美化」民國統治者完全是兩回事，我們從來嚴重關切民國歷史的黑暗面，無意為它塗脂抹粉，恰恰相反，我們是要在正視這些黑暗的基礎上解答一個問題：現代知識份子如何通過自己的抗爭和奮鬥突破了思想的牢籠，贏得了民國時期的文學輝煌，我們把其中的創生力量歸結為「民國機制」，但是顯而易見，民國機制並不屬於那些專制獨裁者，而是根植於近代以來成長起來的現代知識份子群體，根植於這一群體對共和國文化環境與國家體制的種種開創和建設，根植於孫中山等民主革命先賢的現代理想。

周維東：「民國機制」不是民國統治者的慈善，不是政治家的恩賜，而是以知識份子為主體的社會力量主動爭取和奮鬥的結果，在這裏，需要自我反省的是知識份子自己。

李怡：「民國機制」的提出歸根結底是現代文學學術長期發展的結果，絕非當前的「風潮」鼓動（中國是一個充滿「風潮」的社會，實在值得警惕），近三十年來，中國現代文學研究一直在尋找一種更恰當的自我表達方式，從1980 年代「二十世紀中國文學」在「走向世界」中抵消政治意識形態的干預到1990 年代「現代性」旗幟的先廢後存，尷尷尬尬，我們的文學研究框架始終依靠外來文化賜予，那麼，我們研究的主體性何在？思想的主體性何在？我曾經倡導過文學研究的「生命體驗」，又集中梳理過中國現代文學批評的術

語演變，這一切的努力都不斷將我們牽引回中國歷史的本身，我們越來越真切地感受到更完整地返回我們的歷史情境才有可能對文學的發展作進一步的追問。對於現代的中國文學而言，這一歷史情境就是「民國」，一個無所謂「美化」也無所謂「醜化」的實實在在的民國，回到民國，才是回到了現代中國作家的棲息之地，也才回到了中國文學自身。

周維東：最後一個問題，我們研究民國時期的文學，是否也應該考慮當時歷史狀況的複雜性，比如是不是民國時代的所有文學都從屬於「民國機制」？比如解放區文學、淪陷區文學？除了「民國機制」，當時還存在另外的文學機制沒有？

李怡：這樣的提問就將我們的問題引向深入了！我一向反對以本質主義的思維來概括歷史，社會文化的內在結構不會是一個而是多個，當然，在一定的歷史時期，肯定有主導性的也有非主導性的，有全局性的也有非全局性的。在「民國」的大框架中，也在特定條件下發展起了一些新的「機制」，但是民國沒有瓦解，這些「機制」的作用也還是局部的。延安文學機制是在蘇區文學機制的基礎上發展起來的，軍事性、鬥爭性和一元性是其主要特徵，但這一機制全面發揮作用是在「民國」瓦解之後，在民國當時，延安文學能夠在大的國家文化體系中存在，也與民國政治的特殊架構有關，在這個意義上，也可以說是民國機制在特殊的局部滋生了新的延安機制，並最終為發展後的延安機制所取代。至於淪陷區則還應該仔細區分完全殖民地化的臺灣以及置身中國本土的東北淪陷區、華北淪陷區和上海孤島等，對於完全殖民地化的尚未光復的臺灣，可能基本置於「民國機制」之外，而對其他幾個地區，則可能是多種機制的摻雜，雖然摻雜的程度各不相同。但是，從總體上看，我並不主張抽象地籠統地地議論這些「機制」比例問題，我們提出「民國機制」最終還是為了解決現代中國文學發生發展的若干具體問題，只有回到具體的文學現象當中，在分析解決具體的文學問題之時，「民國機制」才更能發揮「方法論」的作用，啟發我們如何在「體制與人」的交互聯繫中發掘創造的秘密。我們無需完成一部抽象的「民國機制發展史」，可能也完成不了，更迫切的任務是針對文學具體現象的新的符合中國歷史情境的闡述和分析。

周維東：對，我們的任務是進入具體的文學問題，將關注「民國機制」作為內在的思想方法，引導對實際現象的感受和分析。

目　次

緒　論

　　沒有人能夠否認，人類是由男女兩性組成的，人類生活是由兩性參與的種種活動（包括心理活動）所構成的；也沒有人能夠否認，正是人類的兩性生活開啓了生命的源泉，彙成了天地之間最恢宏壯觀的生命巨流。

　　中國自古以來，經常把「食」與「色」或「飲食」與「男女」相提並論，例如《孟子・告子上》說：「食色，性也。」《禮記・禮運》也說：「飲食男女，人之大欲存焉。」情、色、性構成了我們這個世界的根基。性愛或者「色情」是生活的重要組成部分，文學本質地表現生活，因此不應該也不可能逃避這一基本事實，正如阿爾伯特所言：「任何著力於表現性愛在生活中的重要性的文學作品，都有色情傾向。若對性愛不感興趣，那就無所謂文學了」。〔註 1〕在浩瀚的人類文化史和文學史中，情色文化和情色文學是毋庸置疑地存在著。東方和西方，中國和外國，古代和現代，概莫能外。英國研究情色文學的學者蒙哥馬利・海德在《西方性文學研究》中曾經明確表示「法律不應該，也不可能限制文化中低級庸俗的東西。人類生機勃勃的好奇心直接關注到誕生和死亡，即人類的開端和結束」。〔註 2〕

　　性不但是自然賦予人類繁衍後代的不二法門，是飲食男女之大欲望，同時也是一種文化現象。「交媾從來不在眞空中進行；雖然它本身是一種生物的和肉體的行爲，但它深深植根於人類事務的大環境中，是文化所認可的各種

〔註 1〕　〔美〕阿爾伯特・莫德爾著，劉文榮譯：《文學中的色情動機》，上海：文彙
　　　　　出版社，2006 年，第 20 頁。
〔註 2〕　〔英〕蒙哥馬利・海德著，劉明等譯：《西方性文學研究》，海口：海南人民
　　　　　出版社，1988 年，第 9 頁。

各樣的態度和價值的縮影。」〔註 3〕靄理士也指出：「人生以及一般動物的兩大基本衝動是食與性，或食與色，或飲食與男女，或飢餓與戀愛。它們是生命動力的兩大源泉，並且是最初元的源泉，在人類以下的動物界中，以至於生物界中，生命的全部機構之所由成立，固然要推溯到它們身上，而到了人類，一切最複雜的文物制度或社會上層建築之所由形成，我們如果追尋原要，也得歸宿到它們身上」。〔註 4〕

　　文學作品基本上是以探討人的七情六欲，描繪社會之眾生百態爲鵠的，因此，文學作品以性爲題材應是再自然不過。然而由於人類文明在不同時空中對性有不同之認知、評判及寬鬆嚴緊之包容度，導致一部人類性史充斥著欲求與文明不同程度的矛盾、衝突和妥協。情色文學在不同時期亦有不同的境遇，往往因社會倫理、法律、學院機制、學者之有意無意地打壓與漠視，長期被貶爲不堪入目的淫穢作品，只能在少數人中暗中傳閱，而無法成爲「正當合法的知識」。因此，民國時期大量以表現性欲、性愛（包括性意識、性心理、性行爲、性變態）爲內容的情色文學作品，早在 30 年代中期即受到左翼文壇的否定。在長期的傳統非性文化和 20 世紀不斷強化的政治——革命的話語模式的影響下，民國情色文學的研究，一向是國內研究界談虎色變的禁區。在面對這一文學現象時，要麼語焉不詳，竭力迴避；要麼予以「淨化」、「消毒」；要麼就直接斥以下流和誨淫，將之打入 18 層地獄。

　　隨著 20 世紀 80 年代思想意識領域的逐步解禁，人們開始扭轉對性的偏見，而以客觀的、審美的心態面對性及性行爲，學術界也重新開始了對性科學、性文化、性文學的研究。首先是大量翻譯介紹國外性學理論以及外國的情色文學名著，如解放前即已譯介的靄理士的《性心理學》得以再次出版，弗洛伊德的精神分析學說、福柯的《性史》、馬爾庫塞的《愛欲與文明》、《金賽性學報告》、《海蒂性學報告》也相繼被譯介，文學方面則出版了一大批世界級大師的情色作品，如勞倫斯、薩德等。其次是展開了對中國傳統性文化研究，尤其是荷蘭漢學家高羅佩關於中國古代性學研究的專著《中國古代房內考》和《秘戲圖考》的出版，更是推動了這一文化熱潮。劉達臨、江曉原、

〔註 3〕〔美〕凱特・米利特著、宋文偉譯：《性的政治》，南京：江蘇人民出版社，2000 年，第 32 頁。
〔註 4〕〔英〕靄理士著，潘光旦譯：《性心理學》，北京：商務印書館，1997 年，第 490 頁。

石方等學者在中國古代性文化的整理、研究工作中，都取得了相當的成績，展示了中國傳統性文化的多姿多彩。第三，從文學與性的角度，研究古代的性文化，也取得了相當的成績。如康正果對性與中國古典文學的研究（《重審風月鑒》），陶慕寧的《青樓文學與中國文化》、何滿子的《中國愛情與兩性關係》以及大量的研究明清性愛小說的論文和專著等。這些研究無疑反映了我們社會向文明、開放的邁進。

　　但是我們也看到，「性」在我們許多研究者的思想中還是不啻洪水猛獸，並且民國時期的情色文學本身也是一個充滿了斷裂和遮蔽的研究領域，許多資料在塵封中慢慢被湮沒和遺忘。已有的研究缺乏對民國時期情色文學整體面貌的展現，尤其是在現代文化轉型中性愛思潮的興起，現代情色文學受中國傳統性愛文化與西方現代性愛文化的雙向影響，表現出的獨特的心理和文化特點。因此，本文力圖通過展示民國時期情色文學與情色文化現象，探索其獨特的歷史特點及其深厚的社會文化影響。

第一章　概念的界定及中國古代情色文學的傳統

第一節　概念的界定：色情、情色與情愛

　　提到「情色」二字，很多人會很快聯想到另一個更常見的詞——「色情」，並且提出疑問：情色與色情，有何差異？在追溯詞源的過程中，我們發現，「情色」一詞顯然是新近才出現並盛行起來的新詞，而且情色和色情都不是中國的原生詞，而是來自西方文化的外來詞彙，屬於現代詞彙。兩者的相同之處是都和性有關，而中國原生詞中與這個意思近似的詞是「色」。日本學者笠原仲二曾從審美意識的角度研究過「色」的語義演變，他指出「色」的幾層意義分別爲：

（1）「男女交媾」，即今人所說的「性」。根據是馬敘倫《說文解字六書疏證》中對「色」字原始字形的說明：該字形是人在人上，表示男女性器官相合。

（2）引申爲性欲，即《禮記・禮運》所謂「男女之大欲」。

（3）年輕美麗的面貌，女性特有的各種各樣的性的魅力，如豐豔的肉體、纖麗的四肢、迷人的容姿、溫柔嫻雅的舉止、動聽的聲音、奪目的衣裳、芳香的脂粉等等，總之，意味著所謂「美人」所具有的一切主要方面。

（4）指女性。與女性有關的或意味著性欲的話，也都稱作「色」、「女色」、「好色」、「漁色」、「淫色」、「色事」、「色情」等。〔註1〕

「色」在中國文化中可以說是一個中性詞，而「色情」，在我們民族傳統文化氛圍和倫常中，是一個與色欲、淫穢、黃色、下流、醜惡等字眼連在一起，帶有強烈道德批判色彩的詞語，並且為法律所禁止的。在古典文學中，色情文學又往往被稱為「豔情文學」、「妖豔之書」，曹雪芹在《紅樓夢》中稱之為「風月筆墨」，通常謂之猥褻小說（文學）或淫穢小說（文學）。這類小說以表現性欲為主旨，有長篇累牘的淫穢猥褻的細節描寫。也就是說色情文學即為引起性欲的文學，勞倫斯認為色情文學「是對性的侮辱和糟塌」，而納博科夫則認為色情文學只是關於「性交的一些陳詞爛調」，色情文學作者的唯一目的就是「刺激讀者的性興奮」。〔註2〕（但是值得注意的是，勞倫斯和納博科夫曾經長期被目為色情文學作家，其作品《查泰萊夫人的情人》和《洛麗塔》在西方許多國家都曾被禁過。）

作為現代詞彙的「情色」，據臺灣知名作家陳若曦考證，其發明者是臺灣佛光大學前校長龔鵬程。80 年代中期，臺灣某出版社出版了一套歐美的色情小說，在依例上報審查時，「新聞局」一看「色情」兩字，明顯有違法令，當即砍殺了。龔鵬程得知出版社的困境後，靈機一動，勸出版社把「色情」兩字顛倒過來試試，果然就通過了。這以後「情色」一詞不但登堂入室，也從此膾炙人口了。陳若曦認為，「情色文學」一詞也是臺灣的一項「發明」，代表臺灣 90 年代性文化的解放，尤其是婦女情欲的書寫和展現，更多著墨和突破。〔註3〕

由「情色」一詞的來源看，是因為「色情」為法律所禁止、為道德所指責，為了使情況變得更容易被各方面接受，才出現了被認為是一種藝術的「情色」，正如康正果所言，是針對「色情」長期的貶義而「另造了含義更為寬泛的『情色』一詞。它甩脫了原來的道德嫌疑，以其比較含糊的語義拓寬了指涉的空間」。〔註4〕而英國女作家安琪拉‧卡特（Angela Carter）更點明：「所謂情色，不過是知識分子的色情罷了。」

〔註1〕 笠原仲二著，魏常海譯：《古代中國人的美意識》，北京大學出版社，1987 年，第 7～9 頁。

〔註2〕 康諾利（L.W.Conolly）著，張桂華譯：《色情文學》，《當代青年研究》，1989 年第 3 期，第 57 頁。

〔註3〕 參見陳若曦：《談談臺灣情色小說》，《東方論壇》2001 年第 1 期，第 26 頁。

〔註4〕 康正果：《身體和情欲》，上海文藝出版社，2001 年，第 2 頁。

但是，光是將「色情」改成「情色」，並不能解決問題，情色和色情，雖然都和性有關，但是兩者顯然有程度上的差別，色情文學含有貶義，尤指那些被禁止的色情作品，而情色作品則逐漸被各國主流文化接受。正如學者江曉原所指出：「這兩者所指稱的作品畢竟是有區別的，『情色』所對應的，大致只能是準色情文藝。」〔註5〕學者陳遼也指出：「色情文學主要表現『色』（性，性欲，性生活），『情』降至次等地位。而『情色文學』則著重表現『情』；它也寫到『色』，但卻不像色情文學寫『色』那樣猥褻，那樣不堪入目，而是寫得比較藝術。因此，對色情文學，我們堅決抵制並予譴責，而對『情色小說』則認為在文壇上可以有它一席之地。」〔註6〕學者劉文榮在專著《歐美情色文學史》中則這樣區分：「無論是『色情』、『情色』，還是『情愛』，都和性有關，而兩性活動通常都會同時涉及肉體和情感兩方面的交往，『色情』、『情色』、『情愛』就是用來表示其中肉體成分和情感成分所佔比率大小的三個等級概念，即：以肉體成分為主的性交往，成為『色情』；肉體成分和情感成分持平的性交往，成為『情色』；以情感成分為主的性交往，稱為『情愛』；他還指出「實際上，這種區分來自歐美：『色情』、『情色』、『情愛』分別是 pornography，erotica 和 love 的譯名，而 pornography，erotica 和 love 這三個詞在被歐美學者使用時，通常就是指兩性交往中肉體成分的多寡」。〔註7〕

但是，問題的另一方面是：要判斷藝術與色情，老實說並不那麼容易。社會很難對情色做出合乎規則的界定，正像愛情一樣，情色同樣失去了它概念的確定性。在臺灣學者舉行的「中國性文學的罪與罰」座談會上，臺灣大學中文系周志文教授就指出：

> 判斷一件作品是不是色情，一般有三個途徑。第一個是作者的動機（事實上作者的動機，到底是藝術還是色情，誰也無法百分之百精確而客觀的把握）；第二個是創作的方式（性和死亡是文學和藝術要表現的兩個最重要的主題，但從世俗的角度來看，這兩件事都是忌諱，描寫死亡和描寫性一樣，曾一度被視為罪惡。假如藝術家他描繪死亡，抱著非常嚴肅的態度，非常有啓示意味地來處理的話，那麼死亡的呈現也可以是藝術作品；如果死亡可以是藝術，性為什麼

〔註5〕江曉原：《性感：一種文化解釋》，海口：海南出版社，2003年，第127頁。
〔註6〕陳遼：《文學遭遇「情色」的風景》，《文學報》2002年1月17日第4版。
〔註7〕劉文榮：《歐美情色文學史・引言》，上海：文彙出版社，2009年，第1頁。

就不可以）；第三個是欣賞者的態度（創作者的藝術品，一直要到欣賞者面前才算眞正完成，而一件藝術品的價值，與欣賞者的態度有很大的關係。我讀大學的時候，有個朋友說他看到印象派雷諾瓦畫的女子，就覺得有性衝動，他說她的肌肉非常豐腴飽滿，皮膚透著三十七度的體溫般，吸引著他去接觸。我跟他的感覺就不一樣，我看到雷諾瓦的畫，並沒有像他那樣的衝動）。〔註8〕

也就是說，無論是從作者的動機、創作的方式，或欣賞者的態度來判斷作品是色情文學還是情色文學，恐怕都不是很能夠掌握得精確的。正如 D‧H‧勞倫斯所言：「在一個人看來是色情的東西，在另一個人看來則是天才的笑聲。」〔註9〕

其次，在不同的社會和歷史時期，對待文學中的性描寫，有著不同的寬容度。也就是說，「在藝術或文學中，性的直白程度並沒有一個絕對值；它是相對於當時的社會規範創造的特定預期而言的。」〔註10〕有些我們今日認爲的情色文學經典，如《洛麗塔》、《查泰萊夫人的情人》、《尤利西斯》以及《金瓶梅》，都曾經遭到查禁，被目爲無法登大雅之堂的淫穢之書。

綜上所述，不論是情色或色情，Erotica 或 Pornography，都是很難以明確界分的。它們之間，有個灰色模糊地帶，而大多數的作品都是處於其中。因此，筆者並不打算爲情色文學下一百分之百的明確定義（實際上，也不太可能），而將以人的欲望、以性愛描寫爲主題和主要內容，描繪性活動、性關係、性觀念、性技巧、性意識、性風俗、性心理等的文學作品，以「情色文學」的概念涵括。文學是一門藝術，是一種文化現象，不宜採用「淫穢」、「色情」等帶有明顯道德色彩的詞語來命名。「情色」一詞則相對比較中性、客觀，既可以反映文學的內容傾向和題材範圍，又使用較客觀和委婉的語氣予以表述，有利於客觀、公正的對這類文學作品進行分析和評價。

〔註8〕轉自陳益源：《古典小說與情色文學》，臺北：里仁書局，2001 年 9 月，第 410～411 頁。

〔註9〕D‧H‧勞倫斯：《色情與淫穢》，轉引自〔英〕H‧蒙哥馬利‧海德著，劉明等譯《西方性文學研究》，海口：海南人民出版社，1988 年，第 12 頁。

〔註10〕〔美〕理查德‧A‧波斯納著，蘇力譯：《性與理性》，北京：中國政法大學出版社，2002 年，第 482 頁。

第二節　中國古代情色文學傳統

　　「食色，性也」，性生活就像吃飯一樣是人的基本的自然需求。這既是人類繁衍的本能，也是人類本性的日常需要。性愛作爲人的自然生命本質，是人的自然需求行爲，也是人類生活中的重要內容。文學作爲人類社會生活的形象反映，作爲人們表達思想、宣泄情感的主要藝術載體，當然離不開性愛描寫。文學對情色、性愛的關注實際上是題中應有之義，性愛是文學永恒的主題。

　　初民尚未有文字之前就已經有性愛文學存在於當時的口傳詩歌和故事中，後來，經過時間的流逝，文獻記載下來的不多，但是在《詩經》、《易經》中仍然有迹可循，可以說，中國情色文學的起源甚早。而中國文學自從誕生開始，性作爲審美觀照或文藝表現的對象，在各種體裁的作品裏就不曾斷絕過。從《詩經·國風》中表現熾烈坦蕩的男歡女愛的情歌，到漢張衡的《同聲歌》、晉孫綽《小家碧玉歌》、部分六朝民歌樂府、香奩集、花間詞、元散曲中的眾多作品；從屈原的《楚辭》、宋玉的《神女賦》到敦煌發現的白行簡的《天地陰陽交歡大樂賦》，以及戲曲中的《牡丹亭》、《西廂記》和自漢代到清代的大量各體小說中的許多作品，都將男女兩性的歡愛作爲直接的表現對象。這些情色文學作品，彙成了一條巨大、脈絡清晰的河流。不論在數量還是質量上，都是中國古代文學中較有成就的部分。

一、《詩經》——情色文學的開山之祖

　　《詩經》作爲我國現存最早的詩歌總集，經過孔子的刪定，成爲儒家的傳世經典，然而其中卻有大量表現赤裸裸的男女性愛的作品，這在十五《國風》中，特別是《鄭》、《衛》詩中尤多。「在人類歷史的最早階段，詩歌就同音樂和舞蹈結合在一起產生了。在原始社會中，它往往帶有色情的性質」。〔註11〕《詩經》既是中國文學的源頭，也是中國情色文學的濫觴。

　　朱熹《詩集傳序》云：「凡《詩》所謂風者，多出於里巷歌謠之作，所謂男女相與詠歌，各言其情者也。」〔註12〕他從儒家詩教傳統出發，震驚於《詩經》中男歡女愛的滾燙文字，驚呼這些作品爲「淫詩」，其《詩集傳》卷四注

〔註11〕瓦西列夫著，趙永穆等譯《情愛論》，北京：三聯書店，1984年，第233頁。
〔註12〕朱熹：《詩集傳序》，上海古籍出版社，1987年，第1頁。

云：「鄭衛之樂，皆爲淫聲。然以詩考之，衛詩三十有九，而淫奔之詩才四之一，鄭詩二十有一，而淫奔之詩已不啻七之五。衛猶爲男悅女之詞，而鄭皆爲女惑男之語。衛人猶多刺譏懲創之意，而鄭人幾於蕩然無復羞愧悔悟之萌。是則鄭聲之淫，有甚於衛矣。」《詩經》中被朱熹《詩集傳》斥爲「淫詩」者共有 28 篇，這些作品絕大多數都是鄭、衛地區的民歌。實際上，《詩經》中表現男女性愛的作品眾多，單《國風》內就遠不止 28 篇，據段楚英先生統計，被確定爲婚戀題材的詩歌有 73 篇（其他還有 4 篇在《小雅》中）。實際上這 73 篇只是非常明確的情色之作，還有很多詩歌隱晦地表達了同樣的主題。

這些情色之作保留著古代民間歌謠的古樸、潑辣的本色，最具代表的是一些大膽表現了「野合」主題的風詩。這些情色詩表現男女情欲坦率眞摯，對放縱性愛毫不掩飾的大膽抒寫，今天看來仍然「歎爲觀止」。

《鄭風・野有蔓草》詩云：

　　野有蔓草，零露漙兮。有美一人，清揚婉兮。邂逅相遇，適我願兮。

　　野有蔓草，零露瀼瀼。有美一人，婉如清揚。邂逅相遇，與子偕臧。

鄭箋：「蔓草而有露，謂仲春之月，草始生，霜爲露也。周禮：仲春之月，令會男女無夫家者。」〔註13〕朱熹在《詩集傳》稱《野有蔓草》是「男女相遇於田野草露之間。」也就是說，這首詩實爲「會男女」的詩，即描寫青年男女豔遇野合的詩。在春天的郊野，良辰美景，邂逅佳人，一見鍾情，立刻攜手藏入芳林深處……沒有父母之命、媒妁之言，沒有任何繁文縟節，兩情相悅之後便是男歡女愛，最後一句，朱熹《詩集傳》曰：「與子偕臧，言各得其所欲也。」性愛之後的快樂喜悅自然地流露出來。《鄭風・野有蔓草》是先民性愛生活的眞實寫照，帶有原始的淳樸性和直率性，是華夏先民聖潔自由性愛的讚歌。

《溱洧》詩云：

　　溱與洧，方渙渙兮。士與女，方秉蘭兮。

　　女曰「觀乎」？士曰「既且」。且往觀乎？洧之外，洵訏且樂。

　　維士與女，伊其相謔，贈之以勺藥。

　　溱與洧，瀏其清矣。士與女，殷其盈矣。

　　女曰「觀乎」？士曰「既且」。且往觀乎？洧之外，洵訏且樂。

　　維士與女，伊其將謔，贈之以勺藥。

〔註13〕《毛詩正義》卷四，（清）阮元校刻：《十三經注疏》，上海：中華書局，1980年版，第 346 頁。

這首詩非常直露地描寫了一幅「會男女」的圖畫，古代闡釋者一致認為是「淫詩」，孔穎達《毛詩正義》中認為：「鄭國淫風大行，述其為淫之事。言溱水洧水，春冰既泮，方欲渙渙然流盛兮。於此之時，有士與女方適野田，執芳香之蘭草兮，既感春氣，託採香草，期於田野共為淫泆。士既與女相見，女謂士曰：『觀於寬閒之處乎？』意願與男俱行。士曰：『已觀乎。』止其欲觀之事，未從女言。女情急，又勸男云：『且復更往觀乎？我聞洧水之外，信寬大而且樂，可相與觀之。』士於是從之。維士與女，因即其相與戲謔，行夫婦之事。及其別也，士愛此女，贈送之以芍藥之草，結其恩情，以為信約。男女當以禮相配，今淫泆如是，故陳之以刺亂」。〔註14〕這首詩很明顯是描寫青年男女春天出遊嬉戲，自由結合的過程。一個姑娘主動邀請小夥子去約會遊玩，姑娘半是相勸，半是強求，在女子的再三邀約下，男子終於答應了她的請求，最後兩人一起進入茂密的樹林中，共同享受到了無比甜蜜的性愛，戀戀不捨地互贈芍藥，作為紀念。這首詩不僅表現了女性對性愛的大膽和熱烈追求，還透露出了另外的信息：是什麼挑起了女子的性欲，使她迫不可待地邀請心儀的男子，共享魚水之歡呢？這得從「觀」字的隱含義著手，《毛詩正義》的「觀於寬閒之處乎？」其實就是觀於男女可以公開性交的場地——社。在古代，祖、社、桑林、雲夢都是祭祀生殖女神的地方，稱高禖之地，也就是男女野合之所。《墨子·明鬼篇》曰：「燕之有祖，當齊之社稷，宋之桑林，楚之雲夢也。此男女之所屬而觀也」。〔註15〕「屬」就是陰寂的俗語，是指男女交合。先民認為，治國應首先從「風天下而正夫婦」開始，如果有曠男怨女的出現，那是當政者的失職。婚嫁和繁衍後代不僅僅是個人、家庭、家族的事，更是國家的頭等大事，因此，出現了促進青年男女交往、戀愛、發泄性欲的專門節日——「會男女」（又稱「合獨」）。《溱洧》詩中男女所要「觀」的，正是鄭國春會時，男女公然野合、歡會的狂歡場景。男女明目張膽地偷嚐禁果，甚至受到政府的鼓勵和保護。因此，「野合」習俗作為不同於男女的婚姻禮儀，反映了當時相對自由的性愛觀念。而《溱洧》詩中男子和女子所要「觀」的，正是鄭國春會時，聚男女以遊觀的狂歡場景，一對對的

〔註14〕《毛詩正義》卷四，（清）阮元校刻：《十三經注疏》，上海：中華書局，1980版，第 346 頁。
〔註15〕詳見楊樹達《釋屬》，《積微居小學金石論叢》，上海：中華書局，1983 年，第32 頁。

情侶在河邊的沙洲上，戲謔，野合，互相之間誰也不避諱誰。男女之間可以自由選擇理想對象，可以合法地偷嚐禁果，而且有專門提供的隱秘幽會場所，由此可見，「野合」歡俗作爲有別於男女的婚姻禮儀，是相對自由混亂的性行爲。而《溱洧》詩中所反映的這種集體性的男女野合的習俗在春秋戰國之際仍然非常流行，並且還受到官方的承認和保護，由此我們可以看出古人充滿朝氣和勃勃生機，自然而然地表現人正常的生物本能欲求，對性秉持著一種健康、坦蕩、熱烈的態度。

與《鄭風》並稱的《衛風》（包括《邶風》、《鄘風》）中，也有不少記錄幽會密約，男女私奔者的，如《靜女》、《桑中》、《蝃蝀》，「桑中」甚至成爲男女野合的著名典故。《齊風》中《雞鳴》寫男子貪戀美色的故事；《東方之日》則記女子主動投懷送抱，與心儀的男子幽會。《召南‧野有死麕》一詩是南宋末朱熹的三傳弟子王柏極力主張刪削《詩經》中所謂的「淫詩」三十二篇之首，其詩曰：「野有死麕，白茅包之；有女懷春，吉士誘之。／林有樸樕，野有死鹿；白茅純束，有女如玉。／舒而脫脫兮，無感我帨兮，無使尨也吠。」聞一多先生考證《野有死麕》「無感我帨兮」中的「帨」乃女性性器官的象徵，〔註16〕這首詩以生動活脫的筆觸描寫一對年青男女戀愛的全過程，正值懷春的少女，難以抵擋異性的誘惑，又羞又懼，半推半就，最後三句細緻傳神地描繪了懷春少女偷情時的歡愉急切和緊張羞澀。

從《詩經》中眾多表現男歡女愛的作品中，我們可以看出，「《詩》三百五篇之時代，男女之關係極其自由，故男戀女有詩，女戀男亦有詩，秉簡贈藥，投桃報李，言之者皆若不愧於天，無怍於人。」〔註17〕古人在性觀念上，健康、坦蕩、自由、熱烈，自然而然地表現人正常的生物本能和追求，展示著極其純潔熱烈的欲望與衝動，是眞正的民歌情調。

其次，《詩經》中大量性隱喻和性瘦語的運用，也對後世情色文學產生了巨大的影響。《詩經》表現男歡女愛雖然大膽而熱烈，但其表達方式卻是內斂含蓄的，往往並不直陳其事，而是運用比喻、隱語、象徵、借代等修辭方式，從而顯得含蓄凝煉，韻味悠長。

《詩經》中往往喻性爲食，以飢餓來隱指性饑渴，如《周南‧汝墳》：「遵

〔註16〕聞一多：《詩經通義》，《聞一多全集》第 2 冊，北京：三聯書店，1982 年，第 155 頁。
〔註17〕朱東潤：《詩三百篇探故》，上海古籍出版社，1981 年，第 129 頁。

彼汝墳，伐其條枚。未見君子，惄如調飢。」「調飢」即是朝飢。「稱男女大
欲不逐爲『朝飢』或簡稱『飢』，是古代的成語。」〔註18〕「飢」、「朝飢」是
性壓抑、性飢渴的隱語，與之相對的性快樂、性滿足的術語自然就是「食」、
「朝食」了。如諷刺陳靈公淫於夏姬的《株林》裏「乘我乘駒，朝食于株」
中的「朝食」就是「通淫」的意思，而非「吃早飯」之意。《陳風·衡門》以
「樂（療）飢」暗指性滿足，《唐風·有杕之杜》以「飲食」暗示女子的性渴
望等，不一而足。

　　除此之外，「魚」也是暗示男女性關係的一個常用的詞，並引申出相關的
捕魚、釣魚、魚網、魚梁、魚杆、烹魚、吃魚、吃魚的鳥獸、魚生存的水。〔註
19〕用投贈梅、瓜、桃、李等果實，採摘植物如苤苢、葛、蘩、荍、蘋等行爲
表達求歡之意。「斧」字及與之相關的「析薪」、「伐木」等砍、伐、折行爲也
象徵著性愛活動。〔註20〕以女性特有的飾品或衣物象徵女性性器的，如上文
提到的《野有死麕》「無感我帨兮」中的「帨」就是女性性器官的象徵。還有
以日月、風雨等自然景觀暗喻兩性關係的……。

　　以上的分析可以看出，作爲中國詩歌源頭的《詩經》，「凡《序》言禮，
十九皆謂爲男女大防之禮」，〔註21〕可見其對性愛的關注的確是異乎尋常的。
《詩經》開創了情色文學對性愛的描繪，總體特點是熱情而含蓄、內斂而不
張揚，與後來的情色小說是有很大的不同。《詩經》作爲中國情色文學的開山
之作，對後世情色文學的影響也是巨大的。

二、豔情的詩詞曲賦──情色文學的發展

　　《詩經》以後，中國文學對情色的關注連綿不絕。首先是出現了大量鋪
陳性愛的辭賦。最早產生的文人《楚辭》，深受民間文化尤其是楚地巫文化的
浸淫，巫術活動產生之初的兩大主題祈雨求豐和繁衍子嗣，因此，溝通天人

〔註18〕 聞一多：《高唐神女傳說之分析》，《聞一多全集》第3卷，湖北人民出版社，
　　　　 1993年，第5頁。
〔註19〕 關於這個問題的詳細論述可參閱聞一多《說魚》，《聞一多全集》第3卷，武
　　　　 漢：湖北人民出版社，1993年，第231頁。
〔註20〕 參見葉舒憲《詩經的文化闡釋──中國詩歌的發生研究》第九章《斧與媒》，
　　　　 武漢：湖北人民出版社，1994年。
〔註21〕 聞一多：《古典新義》，《聞一多全集》第2冊，北京：三聯書店，1982年，第
　　　　 80頁。

的性舞表演便由此而產生了，古人希望以此來溝通神靈，甚至是娛神。以保留巫風色彩最為濃厚的《九歌》為例，傳說夏啓、康險些因此歌亡國，也說明原始《九歌》是充滿放蕩猥褻的豔歌豔舞。李嘉言先生考證認為「楚《九歌》既取啓《九歌》之義，其內容，又固為『褻慢淫荒之雜』，則楚《九歌》原來面貌，亦必相去不遠。」〔註22〕因此，楚辭成型時雖經文人對其中原始性的鄙陋褻淫作了過濾，但是內在的底色還是不能被徹底抹去。其中所蘊藏著的豐富的性活動、性意識描寫，使之成為中國情色文學長河中重要的一環。

繼屈原之後，宋玉的《高唐賦》、《神女賦》、《登徒子好色賦》三賦在情色文學史上也產生深遠影響。《高唐賦》鋪敘了楚王暢遊巫山之臺，神女瑤姬主動自薦枕席事，這實際上是情色文學最早的「豔遇」題材。《神女賦》則極力鋪陳、描寫了神女的身體曲線、服飾舉止、神態氣質，《登徒子好色賦》對「東家之子」風韻的細膩刻繪，這些鋪寫女性的具體方式與技巧遂成為後世創作的圭臬。如司馬相如《美人賦》、張衡《舞賦》、楊脩《神女賦》、曹植《洛神賦》等等，都不同程度地模仿宋賦的對女性風情容貌的細膩描寫。不僅如此，後來的宮體詩的內容的鋪陳、傳奇小說人物描寫的鋪排，也是沿著三賦的鋪寫女性的基本模式而發展的。而「巫山雲雨」的典故，也給中國情色文學帶來了「巫山」、「巫陽」、「高唐」、「陽臺」等五個最流行、最普遍使用的表達性的隱喻詞彙，後世文人在此基礎上組合出了 40 多個性表述隱語。〔註23〕總的來說，三賦對性愛的鋪陳描繪是隱晦曲折的，富於朦朧美，並無穢語流露，對後世文人的創作具有範式的作用。

而 20 世紀初才在敦煌殘卷中發現的唐代白行簡的《天地陰陽交歡大樂賦》，可以說是情色辭賦中最具代表性的作品，也是目前我們所見到的真正能稱得上色情的辭賦作品。《天地陰陽交歡大樂賦》現存約三千字，首段為白行簡自序，序言即開明宗義地表達出男女交接為人之大樂的觀點：「夫性命者，人之本；嗜欲者，人之利。本存利資，莫甚乎衣食既足，莫遠乎歡娛至精，極乎夫婦之道，合（乎）男女之情。情所知，莫甚交接。其餘官爵功名，實人情之衰也」。〔註24〕接下來的正文 12 段，以華麗的詞藻和排比鋪陳的方式，

〔註22〕李嘉言：《九歌之來源及其篇數》，《李嘉言古典文學論文集》，上海古籍出版社，1987 年，第 91～92 頁。

〔註23〕參閱葉舒憲：《高唐神女與維納斯》，北京：中國社會科學出版社，1997 年，第 330～336 頁。

〔註24〕葉德輝編：《雙梅景闇叢書》，海口：海南國際新聞出版中心，1995 年，第 80 頁。

依次描述了：少年新婚之夜的性生活；貴族男子與其姬妾的性生活；白晝的
性交；一年四季種種性生活情狀；老年夫婦的性交；帝王的性生活；怨女曠
夫竊玉偷香式的性交；野合；與婢女性交；與醜女性交；僧侶及帝王的同性
戀；下層村民的性生活，極盡渲染之能事。如對新婚之夜的鋪陳：

> 於是青春之夜，紅煒之下，冠纓之際，花須將御。思心淨默，有殊
> 鸚鵡之言；柔情暗通，是念鳳凰之卦。乃出朱雀，攬紅褌，擡素足，
> 撫玉臀。女握男莖，而女心忐忑；男含女舌，而男意昏昏。方以津
> （精）液塗抹，上下揩擦。含情仰受，縫微綻而不知；用力前衝，
> 莖突入而如割。觀其童開點點，精漏汪汪，六帶用拭，承筐是將。
> 然乃成於夫婦，所謂合乎陰陽，從茲一度，永無閉固。〔註25〕

這種對具體性交場面的細膩刻畫由於採用華麗的賦體，仍能夠避免後世白話
情色小說中那些直白裸露的俗惡之筆，並且因對性愛持讚賞態度而少有猥褻
的意味。

其次，漢魏以來的詩詞曲，情色之作更是層出不窮。緊承風、騷傳統的
新詩體——樂府，自漢代崛起後，歷時千年到唐末才式微，其影響也經久不
衰，胡應麟云：「樂府之體，古今凡三變：漢魏古詞，一變也；唐人絕句，一
變也；宋元詞曲，一變也」。〔註26〕其來源有民間歌謠和文人創作，文人樂府
流傳下來的只有10首左右，其中5首涉及性愛題材，如班婕妤開宮怨詩體裁
之先的《怨歌行》，就是書寫關於性苦悶的主題，而最具代表性的是張衡的《同
聲歌》，全詩細膩地描繪了新婚之婦洞房花燭夜的感受，初現文人情色詩歌宛
轉切情、重視內在情感變化的風格特色。其中有詩句云：「衣解金粉卸，列圖
陳枕張。素女為我師，儀態盈萬方。眾夫所希見，天老教軒皇。樂莫斯夜樂，
沒齒焉可忘？」這裏提到的「列圖」、「素女」之事，是較早關於「春宮圖」、
「房中術」的記載，表現了古人在性問題上的坦蕩、開明、真率的態度。

南朝時期是中國情色詩歌的第一個泛濫時期。南朝樂府詩歌中綺羅香澤
之氣充斥彌漫，蕩悅淫志、聲色享樂之制囂張，抒發著關於性與情、欲望與
失望的感受，形成了迥然不同的風格。如：

〔註25〕葉德輝編：《雙梅景闇叢書》，海口：海南國際新聞出版中心，1995年，第84
～85頁。
〔註26〕胡應麟：《詩藪‧內篇》卷一《古體》上《雜言》，上海古籍出版社，1958年，
第14頁。

《碧玉歌》：「碧玉破瓜時，相爲情顛倒。感郎不羞郎，回身就郎抱。」

《讀曲歌》：「嬌笑來向儂，一抱不能已。湖燥芙蓉萎，蓮汝藕欲死。」

《青陽度》：「碧玉搗衣砧，七寶金蓮杵。高舉徐徐下，輕搗只爲汝。」

《子夜夏歌》：「朝登涼臺上，夕宿蘭池裏。乘月採芙蓉，夜夜得蓮子。」

《子夜秋歌》：「開窗秋月光，滅燭解羅裳。合笑帷幌裏，舉體蘭蕙香。」

《子夜冬歌》：「炭爐卻夜寒，重抱坐疊褥。與郎對華榻，絃歌秉蘭燭。」

《子夜歌》：「宿昔不梳頭，絲髮披兩肩。婉伸郎膝上，何處不可憐。」

這些詩歌，沉浸在性愛的純粹世界裏，兩情相悅、柔情繾綣，羞卻內斂與狂熱放縱和諧交織，展現了性之爲性的至樂至美境界。並且多以女子的口吻抒寫，毫不避諱對性的欲望和渴慕，也看不到任何附加在性上面的道德厚重與宗嗣責任，表現了當時人們在性觀念上的開放、眞摯、自然、熱烈的態度。這些情色詩歌風格嫵媚豔潤，靡曼秀美，往往用江南水鄉的俚趣軟語和雙關語意會具體性行爲，不涉粗鄙卑污之詞，實爲情色文學的優秀之作。

南朝的宮體詩多涉及男女之事，也是情色文學的代表。宮體詩的作者均爲南朝的上層統治者，描寫範圍囿於宮廷生活的圈子，他們往往帶著「玩豔」的心態，用情色的眼光，打量著身邊的女人——那些勾人魂魄的「尤物」。宮體詩裏處處充溢著對女性的容態服飾的鋪寫，在詩人眼裏，美人、舞女、歌姬等女性形象無疑就是一種特殊的「物」，可以把玩的「尤物」，其纖纖玉指、盈盈細腰、香腮豐肌、酥胸玉臂，被從頭到腳寫個遍：「輕花鬢邊墮，微汗粉中光」（蕭綱《晚景出行》）、「衫薄擬蟬輕」（梁簡文帝《美女篇》）、「香汗浸紅紗」（簡文帝《詠內人晝眠》）、「蘭馨體芳滑」（梁武帝《遊女曲》）、「幸願同枕席，爲君橫自陳」（張率《清涼》），玉臺佳人們粉臉香汗，玉體橫陳，意態妖嬈，風情無限，引人思緒踟躕。但片面強調女性的外表美而忽略了女性的內在美和內心情感世界，充滿輕佻的、肉麻的、無聊的情調，風格浮豔綺靡，與民間樂府有很大不同。

中晚唐是情色詩歌發展的又一個高潮期。隨著盛唐詩歌激情四射、奮發昂揚氣勢的日漸衰頹，歌酒娛樂的閒適情趣及描寫男女性愛的詩作又悄然興

起並蔚然成風，詩風日漸輕豔綺媚。元稹就以豔詩聞名，《全唐詩》錄有其豔詩一卷 40 餘首：「夜夜相抱眠，幽懷尚沉結」（《古決絕詞》）；「風弄花枝月照階，醉和春睡倚香懷。依稀似覺雙環動，潛被蕭郎卸玉釵」（《襄陽爲盧竇紀事》）；「夜合帶煙籠曉日，牡丹經雨泣殘陽」（《鶯鶯詩》），不少都是細膩含蓄的刻畫性愛的情色之作。李賀豔詩則更爲大膽直接，如：「離鸞別鳳煙梧中，巫雲蜀雨遙相通」（《湘妃》）；「藕花涼露濕，花缺藕根澀。飛下雌鴛鴦，塘水聲溘溘。」（《塘上行》）「蜀煙飛重錦，峽雨濺輕容……魚生玉藕下，人在石蓮中」；以雲雨、蓮藕、魚與蓮花等指稱性器、隱喻具體性行爲，表現出了其超凡出眾的想像力和才華。

晚唐時期，由於整個社會愈加沉淪，世風日漸頹靡，更多的詩人沉淪下僚，過著用酒和女人來麻醉自己的放浪形骸的生活，正如韓偓《香奩集序》所言：「柳巷青樓，未嘗糠秕；金閨繡戶，始預風流。咀五色之靈芝，香生九竅；咽三危之瑞露，美動七情。」晚唐詩人溫庭筠、李商隱、韓偓的出現，也標誌著古代文人情色詩歌創作達到了最高峰。

溫庭筠的情色詩歌承襲了宮體詩綺靡膩豔的傳統，常常川色彩濃豔的語詞描摹歌姬舞女的妖態冶貌，表現紙醉金迷的冶遊生活，充滿人生苦短、縱情聲色的思想。如：「輕陰隔翠幃，宿雨泣晴暉。醉後佳期在，歌餘舊意非。蝶繁經粉住，蜂重抱香歸。莫惜熏爐夜，因風到舞衣」（《牡丹二首》之一）；「井底點燈深燭伊，共郎長行莫圍棋。玲瓏般子安紅豆，入骨相思知不知。」（《新添聲楊柳枝辭》）。韓偓則以相當公開的態度對待豔詩創作，《香奩集》中眾多的詩作，大膽細膩地表現了對女性之美的欣賞和對風流生活的興趣和熱情，「撲粉更添香體滑，解衣唯見下裳紅。煩襟乍觸冰壺冷，倦枕徐欹寶髻鬆」（《晝寢》）；「往年曾約鬱金床，半夜潛身入洞房。懷裏不知金鈿落，暗中唯覺繡鞋香。」（《五更》）；「酥凝背胛玉搓肩，輕薄紅綃覆白蓮」（《偶見背面是夕兼夢》）；「鬢垂香頸雲遮藕，粉著蘭胸雪壓梅」（《席上有贈》）；「呵花貼鬢黏寒發，凝酥光透猩猩血」（《密意》）；「教移蘭燭頻羞影，自試香湯更怕深。初似洗花難抑按，終憂沃雪不勝任」（《詠浴》），眞是紅香翠軟，豔火灼灼，令人目眩色迷。

李商隱的情色詩歌，最重要的特點是情與性的緊密膠合，眞情帶來最高境界的性愛，顫抖的性愛昇華出心心相印的摯情，情與性相得益彰，搖曳生姿，創生出美妙動人的情色境界，這與宮體詩缺乏眞摯情感的佻達冶蕩相比，

顯然高下立分。如《無題》詩：「颯颯東風細雨來，芙蓉塘外有輕雷。金蟾齧鎖燒香入，玉虎牽絲汲井回。賈氏窺簾韓掾少，宓妃留枕魏王才。春心莫共花爭發，一寸相思一寸灰。」頷聯明顯是對男女性愛場面的細緻描繪，而末句「一寸相思一寸灰」又是深情極致的痛苦和絕望的呻吟。其次，大量的隱喻和典故的運用，雅化了對性愛場面的具體描寫，不僅高唐、巫山、雲雨等詞高頻率的使用，蜂蝶遊蕊、鸞鳳棲桐、魚、鴛鴦、櫻桃、牡丹、枕、覃、釵等表示男女的意象，也被改造或強化成性行為暗語，既含蓄蘊藉，又顯朦朧優美，浪漫神秘，體現出李商隱情色詩歌高超的藝術技巧，成為後世文人情色詩歌難以企及的高峰。

晚唐五代至宋，詞作為一種文體，異軍突起。「詩莊詞媚」，「詞為豔科」，在產生初期，詞不過是在歌樓舞榭中的流行歌曲，自然與男女豔情有著與生俱來的密切關係。合樂可歌的特性與晚唐豔情詩風的影響使它一開始就形成了專主豔情、好寫女性的習慣。晚唐五代眾多詞人寫了大量的情色作品，其中，花間詞和柳永詞是其中頗具代表的情色之作。《花間集》共收 500 多首花間詞，幾乎全是寫女人相思、姿色、風情之類，詞中不少直接描寫男女性行為，表現女子性活動、性滿足時的生理狀態和心理感受，風格側豔冶蕩，可見得詞人們流連忘返於歌臺舞榭中，縱情享樂，對聲色表現出末路狂花般的迷戀。僅舉例如下：

> 蘭麝細香聞喘息，綺羅纖縷見肌膚，此時還恨薄情無。(歐陽炯《浣溪沙》)

> 恩重嬌多情易傷，漏更長，解鴛鴦。朱唇未動，先覺口脂香。緩揭繡衾抽皓腕，移鳳枕，枕潘郎。(韋莊《江城子》二首之一)

> 玉樓冰簞鴛鴦錦，粉融香汗流山枕。簾外轆護聲，斂眉含笑驚。柳陰煙漠漠，低鬢蟬釵落。須作一生拼，盡君今日歡。(牛嶠《菩薩蠻》)

> 畫堂南畔見，一向偎人顫。好為出來難，教君恣意憐。(李煜《子夜啼》)

> 偷期錦浪荷深處，一夢雲兼雨。臂留檀印齒痕香，深秋不寐漏初長，盡思量。(閻選《虞美人》)

「忍把浮名，換了淺斟低唱」的風流浪子柳永，一生出入於煙花巷陌，在落魄的人生中，唯有那些美麗多情的歌妓是他的知己朋友，他的詞作中，出現

了大量表現歌妓生活及情感的情色之作。據統計，柳詞 210 多首中近 180 首與男女情愛有關，其中近 30 首直接描寫詞人與歌妓的性愛歡愉之情。「脫羅裳、姿情無限。留取帳前燈，時時待、看伊嬌面」（《菊花新》）；「綢繆鳳枕鴛被。深深處、瓊枝玉樹相倚。困極歡餘，芙蓉帳暖，別是惱人情味」（《尉遲杯》）；「玉樹瓊枝，迤邐相偎傍。酒力漸濃春思蕩。鴛鴦繡被翻紅浪」（《鳳棲梧》）；「繾綣。洞房悄悄，繡被重重，夜永歡餘，共有海約山盟，記得翠雲偷剪。和鳴彩鳳於飛燕。間柳徑花陰攜手遍。情眷戀。向其間、密約輕憐事何限。忍聚散。況已結深深願。願人間天上，暮雲朝雨長相見」（《洞仙歌·佳景留心慣》）。」這些情色之作，用白描手法細膩地展示男女之間的性愛歡情，大膽張揚性愛意識，對世俗人生性愛的眞實摹寫，表現了時人解放、公開、自由、放縱的性態度，標誌著情色作品又邁上了一個新臺階。

　　由雅入俗的元曲：元曲是在民間小唱基礎上，在金、元時期形成的詩的另一分支。元曲中的情色作品，大多拋棄了含蓄蘊藉的審美標準，而以直露的口語，窮形盡相地描繪了俗世中男女恋情縱欲的性愛生活。任訥《曲諧》云：「元人作曲，完全以嬉笑怒罵出之，蓋純以文字供遊戲也。惟其爲遊戲，故選題措語，無往不可，絕無從來文人一切顧忌。宏大可也，瑣屑亦可也；淵雅可也，狠鄙亦可也。故詠物如『佳人黑痣』、『禿指甲』等，皆是好題目。了不覺其纖小，所描摹者，下至庸走粗愚，娼優淫爛，皆所弗禁。而設想污穢之處，有時絕非尋常意念所能及者。」〔註27〕也就是說，元曲中情色作品，不僅描寫妙齡妓女，而且寫老妓女、黑妓女、胖妓女，風情萬種、情濃意蜜的妙曼性愛，往往被詼諧、幽默、打諢地解構掉了，勢利、貪婪、醜陋的芸芸眾生性愛相被如此眞實地展現了出來。元曲中情色之作在內容題材方面的徹底解放，是詩詞所難以望其項背的。且略舉數例以窺斑見豹吧：

> 煞是你個冤家勞合重，今夜裏效鸞鳳。多情可意種，緊把纖腰貼酥胸。正是兩情濃，笑吟吟舌吐丁香送。──商挺〔雙高〕〔潘妃曲〕
>
> 緣分薄，是非多，展旗蟠硬併倒十數合。赤緊地板障婆婆。水性嬌娥，愛他推磨小哥哥，腆著臉不怕風波，睜著眼撞入天羅。雄糾糾持劍戟，硬可可下鍬钁。呵！情願將風月擔兒那。──張可久〔越調〕〔寨兒令〕（妓怨三首之二）

〔註27〕任訥著：《曲諧》，轉引自孫琴安著《性文學十講》，重慶出版社，2001 年，第
　　　　171 頁。

無名氏〔雙調〕〔沽美酒過太平令〕燈直下靠定壁衣，忙簌下素羅幃，拂掉牙床鋪開錦被。綵云，我這裏低聲兒問你，你一頭睡兩頭睡？情濃也如癡如醉，情濃也語顫聲低，情興也蛾眉緊繫，情急也星眸緊閉，撒些兒啼呢。則那會，況味，最美，不枉了顛狂一會。

夜深交頸效駕鴦，錦被翻紅浪。雨歇雲收那情況，難當。一翻翻在人身上，偌長偌大，偌粗偌胖，壓區沉東陽。──王和卿〔越調〕〔小桃紅〕（寫胖妓）

一個胖雙郎，就了個胖蘇娘。兩口兒便似熊模樣，成就了風流喘豫章，繡幃中一對兒駕鴦像，交肚皮廝撞。──王和卿〔雙調〕〔撥不斷〕（寫胖夫妻）

最後兩例中，寫胖妓和胖夫妻的性愛場面，充滿了旁觀者調侃取樂的口吻。

　　元曲中以俗語趣言替代雅詞莊語，赤裸裸地描寫性愛，粗鄙中透露出活潑、健康的生氣，一切都深深烙上了「俗」味，改變了情色文學的發展軌迹，極大地豐富了情色文學的畫廊。

三、情色小說──古典情色文學的高峰

　　小說眞正作爲一種獨立的文學樣式登上文壇，是到唐傳奇的出現。它剛一活躍便流露出對男女性愛的強烈關注和極大熱情，唐傳奇中的情愛類作品並不忌諱對女色的赤裸裸追求，其中的愛情往往建立在「戀色」基礎上的，如《任氏傳》、《柳氏傳》、《霍小玉傳》、《李娃傳》，出現具體的性愛場面及性愛心理的描摹也就是應有之義了。其中最有代表的情色之作爲《遊仙窟》和《鶯鶯傳》。《遊仙窟》是唐代張鷟（文成）的駢文體傳奇，在中國本土長期失傳之後，直到1929年川島與魯迅將日本保存的舊抄本校定標點並刊行，始爲國人所知。《遊仙窟》用第一人稱自敘旅途中在一處「神仙窟」中的豔遇。主要通過對話和對詩展現調情過程，這些對話和對詩透露出明顯的性愛意味，有的甚至相當直露：如借詠刀曰：「自憐膠漆重，相思意不窮；可惜尖頭物，終日在皮中。」借詠鞘曰：「數捺皮應緩，頻磨快轉多；渠今拔出後，空鞘欲如何！」這些詠物詩皆是素面葷底，借詠物實爲調情了。不僅如此，《遊仙窟》還是唐傳奇中描繪具體性愛活動最露骨的作品，向被歸入色情小說的行列，「猥褻之調、床

第之歡，描摹無所遮礙，誠狎邪小說、色情小說也」。〔註28〕

宋人傳奇的情色之作，在題材上注重挖掘歷史宮廷逸事，如託名漢伶玄的《趙飛燕外傳》、秦醇的《趙飛燕別傳》、《驪山記》、《溫泉記》，無名氏的三記（《海山記》、《迷樓記》、《開河記》），樂史的《楊太眞外傳》，佚名的《梅妃傳》等。這些作品在揭露帝王荒淫的生活時往往涉及情色描寫，對明清性愛小說的題材和風格產生了直接的影響。

明清是中國情色小說出現的高峰時期，產生了大量的情色作品。明代特別是晚明出現很奇特的現象，一方面，隨著程朱理學思想成為官學而浸透到社會生活的各個角落，禁欲達到了無以復加、滅絕人性的地步，社會上節烈風氣盛行，並製造出大批的節婦烈女，政府也開始查禁涉性文學甚至愛情的作品。另一方面則是上層的性放縱，和伴隨著經濟發展、都市繁榮，縱欲風氣盛行，妓女孌童充斥於娛樂場所，服食春藥、玩弄金蓮風靡一時，人們窮著極欲，縱情享樂，各種豔情小說和春宮圖冊泛濫成災，這種盛況一直延續到清初，到清朝中晚期，政府開始嚴厲取締「誨淫誨盜」的圖書，才將這一熱潮平息下來。

明清情色小說數量眾多，據不完全統計，大約有各種豔情小說一百多種。其中傳世的五六十種，已被禁燬沒有流傳下來的有三四十種，至於那些被毀而沒能知道它們名字的書，共有多少，已經是一個無法統計的數字了。傳世的作品有《如意君傳》、《癡婆子傳》、《繡榻野史》、《浪史奇觀》、《僧尼孽海》、《宜春香質》、《弁而釵》、《濃情快史》、《肉蒲團》、《玉妃媚史》、《燈草和尚》、《株林野史》、《昭陽趣史》、《桃花豔史》、《春燈謎史》、《風流和尚》……其中不少專在赤裸裸的性欲的描寫，如魯迅在《中國小說史略》中所言：「著意所寫，專在性交，又越常情，如有狂疾」〔註29〕。這些情色小說中的末流，的確存在著種種藝術和思想上的缺陷，但其在性學、社會學、文化學上的意義，也不容抹殺。可以說，明清豔情小說作為重要的性文本，提供了研究中國古代性史的資料，對瞭解當時的性觀念、性心理、性風俗，甚至民眾的深層心理，都具有寶貴的資料價值。而其中優秀之作，如曾被目為「古今第一淫書」的《金瓶梅》，雖然書中也大量赤裸裸的性描寫，但通過對西門慶的具

〔註28〕 李劍國：《唐五代志怪傳奇敘錄》，天津：南開大學出版社，1993 年，第 137 頁。

〔註29〕 魯迅：《中國小說史略》，上海古籍出版社，1998 年，第 137 頁。

體縱欲情節和行爲的描寫，展現了當時社會追逐「財色」、揚厲「人欲」的縱欲之風，客觀反映了晚明社會的眞實狀態，其藝術成就也愈來愈受到眾多研究者的肯定。

總之，受晚明社會風氣的影響、哲學思潮的推動和書商牟利的刺激發展起來並蔚爲大觀的情色小說創作，大多以欲望的宣泄爲主，其中尤以本能的噴湧爲主調，描寫物欲與性愛活動的小說泛濫起來，直接渲染身體享受和人生快樂的要求，描繪行爲較少受到道德的遮蔽，充分表現了本能文化的感性需求，成爲中國文學史上的一大景觀。

第二章 性愛的新文化——現代性愛意識的產生與新性道德的建立

　　性是一種生理本能，但對性本能的認識卻與一個時代的「權力——知識——快感的體制」〔註1〕相關。在一個倫理化的社會，性是一種與權力相關的問題，儒家的「天理人欲」之辨不僅是一種哲學思考，更是一種現實權力的運作，「餓死事小，失節事大」就是將性的貞潔置於生命本體之上，成為奴役女性的一道枷鎖。而自清代將宋明以來的性愛行為禁錮發展為性的精神禁欲，全面建立起精神禁欲系統，傳統的性道德觀念逐漸成了禁錮人的枷鎖。

　　五四時期是我國非常重要的社會變革時代，並產生了震撼歷史的新文化運動；伴隨著新文化運動的展開而醞釀了新的歷史文化轉型。性倫文化作為倫理文化的一部分，直接關係到人們的社會生活和個人生活，因此引起了思想界的廣泛關注和探討，所以性倫文化無疑已參與到文化的轉型當中，並成為轉型期社會文化的一項重要內容。在「五四」新文化運動時期，受到新思潮洗禮的中國青年知識分子逐漸接受了民主自由的觀念，越來越深刻地認識到封建倫理道德對人性的禁錮，隨之對舊式倫理道德展開了猛烈而持續的批判，個性解放、人格獨立成為時代的呼聲。「人的發現」可以說是「五四」新文化運動最偉大的成就之一。如果從更深層的意義上來認識「人的發現」問

〔註1〕〔法〕米歇爾·福柯：《性經驗史》，余碧平譯，上海人民出版社，2002年，第10頁。

題，周作人所提出的這種「人的發現」實際上又是「性」的發現。性愛在 20 世紀 20 年代是作爲人的解放的一個重要方面得到肯定和宣揚的。「性倫理的問題是人生第一大的問題」「性的解放者……蓋人由性而解放。」〔註 2〕從性愛角度來體現個性解放，從性愛角度來打量人性，參與思想啓蒙，無疑是「五四」時期先進的知識分子普遍採取的方法。現代性愛觀念成爲「人」存在的一個標尺。在當時，隨著戀愛問題、貞操問題的討論，性愛問題開始獲得進入現代性話語的合法性，性話題逐漸成爲報刊雜誌公開討論的熱點，如：1918年《新青年》上胡適周作人等人關於「貞操問題」的討論；1921～1925 年章錫琛主編的《婦女雜誌》展開了對瑞典教育家愛倫凱「戀愛結婚論」的介紹與討論；1922～1923 年《婦女雜誌》還就離婚問題展開討論；1923 年《晨報副刊》因張競生提出的「愛情定則」而引發的討論；1925 年《婦女雜誌》、《現代評論》、《京報副刊》上章錫琛、周建人等就「新性道德」問題展開激烈的討論；以及張競生關於性美問題和編寫《性史》的風波以及《新文化》月刊的出版等……它們彙成一股強勁的現代性愛啓蒙思潮，在知識分子中引起了極大的關注。

在「五四」啓蒙高潮中，性愛問題以巨大的吸引力，成爲當時社會輿論的一大興奮點。而五四知識分子們廣泛揭露和批評傳統性道德的種種不合理性，呼籲打破專制的舊式婚姻，打破性的禁錮、蒙昧與壓抑，以期建立起以現代性愛爲基礎的新性道德，成爲當時思想革命的主要內容。性愛問題的提出以及現代性愛觀的傳播，極大地改變了國人認識層面的價值秩序，成爲「五四」文學乃至整個中國文化中最引人注目的現代觀念之一，它的變動在某種程度上反映了一個時代的啓蒙深度。

第一節　貞操觀念的討論：現代性愛啓蒙思潮的初興

一、貞操觀念的產生及實質

在中國傳統性道德中，貞操觀是其核心內容。貞操觀念與私有制相伴而生，是財產異化在兩性關係上的體現。在原始社會實行群婚雜交的情況下，是談不上什麼貞操觀念的。私有制的確立和男權社會的出現，女子逐漸淪爲

〔註 2〕黃蕭儀女士：《戀愛結婚之眞義》，《婦女雜誌》，1922 年第 7 期，第 18 頁。

男子的附庸，女性成為男性的私有財產，當然不允許別人來染指；但是更重要的是，丈夫為了確保把自己的私有財產傳給出自自己血統的子女，所以絕對不允許自己的妻妾再和別的男子發生性關係，以避免自己的私有財產落入「他姓」之手。所以，貞操的起源和本質只是居於統治地位的男子對居於附庸地位的女子的要求，其含義即：一個女子，或是一輩子不和任何男子性交，或是一輩子只和丈夫這一個男人性交，這才叫保持了貞操，如果私通、再嫁、被施暴等，都叫「失貞」。因此，從貞操觀念的產生開始，就是片面的對女性的要求，而女子是不可能反過來要求男子。與女性被貞操觀越套越緊相反，男性一直逍遙於貞操的制約之外。正如恩格斯所說，男女在貞操問題上遵守著截然不同的標準，「凡在婦女方面被認為是犯罪並且要引起嚴重的法律後果和社會後果的一切，對於男子卻被認為是一種光榮，至多也不過被當成可以欣然接受的道德上的小污點。」〔註3〕

貞操觀念雖然是隨著私有制的出現以及男權社會的崛起而出現，但在宋明理學出現之前的中國社會裏，它還比較淡薄，僅僅是作為一種道德觀存在，具備和普通道德一般的約束力。到了宋代，隨著程朱理學的興起，「存天理，滅人欲」觀念大興，對女性貞潔的道德要求便逐漸走向了極端。正如學者所言：「宋代尤其是急轉直下的時代，不獨幾個儒者看重了貞節這回事，從這時候起，男子都有了處女底嗜好……宋代以後的貞節問題便著重在性器官一點上了。」〔註4〕到了明清時代，貞節觀念更是被制度化、宗教化。章義和等認為：「明清時期，婦女堅守貞節被罩上神秘的色彩，成為宗教化的行為，對貞節的旌表變得制度化、系統化，內容也詳細和完善，達到了封建社會的頂峰。」更可怕的是經過方方面面的強化，貞操已經內化成女性自我的行為規範，使之成為輾轉在這邪惡的咒語之下生不如死的奴隸和犧牲品。據章義和等統計，清代僅蘇州一帶就有節婦烈女 5000 多人；江蘇武進、陽湖兩縣，自道光元年至道光七年間就搜採貞節婦女 3018 人。〔註5〕在這些冰冷的數字背後，是無數被扼殺女性的斑斑血淚。貞節與否逐漸成為女性最重要的價值評判標準，在此觀念的影響下，越來越多的女性喪失了自我和自由，成為男人的附屬物與工具。

〔註3〕恩格斯：《家庭、私有制和國家的起源》，北京：人民出版社，1972 年，第 71 頁。

〔註4〕陳東原：《中國婦女生活史》，上海：商務印書館，1937 年，第 5 頁。

〔註5〕章義和、陳春雷：《貞節史》，上海文藝出版社，1999 年，第 156、177 頁。

　　由於旌表節烈制度化後對維護封建統治的巨大作用，使歷來統治者都熱衷於此，直到民國初年，雖有激進的女性主義思潮的湧入，但貞操問題卻因國家與民族矛盾的激化而愈演愈烈。民初的袁世凱為了恢復帝制，極力宣傳封建禮教觀念，並於 1914 年公佈《褒揚條例》，要求對「婦女節烈貞操，可以風世者」，進行褒獎。1917 年馮國璋對《褒揚條例》進行了修訂，推出褒揚「節烈婦女」的「施行細則」，規定呈請褒揚的節婦，「以年在三十以內守節至五十歲以上者為限，若年未五十而身故，以守節滿十年者為限」。在政府的大力提倡下，在一片宣揚貞烈的喧囂聲中，一些受毒頗深的女子殉夫殉節，而為其送匾立碑者竟爭先恐後。一時間，關於「旌表烈婦」「貞女投河」「孝節可風」等報導，屢見報端。如：1917 年 7 月 23、24 兩日的北京《中華新報》報導，有一「唐烈婦」從其夫死後就圖謀自殺，「以九死之慘毒，又歷九十八日之長」，殉死簡直是「百挫千折有進而無退」。還有一俞氏未嫁之女，年十九，為殉夫「絕食七日」，面對這樣慘無人道的悲劇，朱爾邁等人在《會葬唐烈婦記》激賞唐烈婦的殉夫之舉，並希望：「烈婦倘能陰相之，以成起接，風化所關，欽歟盛矣。」〔註 6〕舊禮教的非人和殘暴，以及貞操觀念的根深蒂固，由此可見一斑。作為傳統性道德體系中對人戕害最烈的領域，貞操觀念遂成為五四知識者抨擊儒家倫理的罪證，「不自由之名節，……年年歲歲，使許多年富有為之婦女，身體精神俱呈異態者，乃孔教之賜也。」〔註 7〕「今欲解決女子問題，請自破名教始。」〔註 8〕新文化進步知識分子們由對貞操觀念的批判著手，拉開了現代性愛思潮的序幕。

二、關於「貞操問題」討論

　　關於貞操問題的討論，《新青年》第 4 卷第 5 號（1918 年 5 月）上日本女批評家與謝野晶子的《貞操論》的發表，是開始的標誌。在這篇文章中，與謝野晶子討論了如下議題：女性婚前婚後是否應「守貞」、男性是否也應有貞操觀、貞操是精神還是肉體的、貞操是否受婚姻約束等。與謝野晶子在《貞操論》中指出，我們生活的總原則是，「脫去所有虛偽，所有壓制，所有不正，

〔註 6〕 胡適：《貞操問題》，《新青年》5 卷 1 號，1918 年 7 月 15 日。
〔註 7〕 陳獨秀：《孔子之道與現代生活》，《新青年》第 2 卷第 4 號，1916 年 12 月 1日。
〔註 8〕 高素素：《女子問題之大解決》，《新青年》第 3 卷第 3 號，1917 年 5 月 1 日。

所有不幸；實現出最真實，最自由，最正確而且最幸福的生活」，爲此，包括「貞操」在內的道德觀符合其原則取之，否則就應捨之。與謝野晶子認爲：男子「既沒有貞操道德自發的要求，也沒有社會的強制」，貞操「單是女子當守、男子可以寬假」的道德，是一種雙重標準；就其約束力而言，它「不能強使人人遵守；因爲境遇體質不同，也定有寬嚴的差別」。由於道德具有普遍約束性，而貞操卻不具備普遍約束力（只對一部分人即女性起作用），因此她認爲貞操，「不能當作我們所要求的新道德」，從而否定了貞操道德說。爲此，她提倡「對於貞操，不當它是道德；只是一種趣味，一種信仰，一種潔癖……既然是趣味信仰潔癖，所以沒有強迫他人的性質。我所以絕對的愛重我的貞操，便是同愛藝術的美，愛學問的真一樣，當作一種道德以上的高尚優美的物事看待。」在她眼裏，貞操「既然是趣味信仰潔癖，所以沒有強迫他人的性質。」她認爲道德「是一種新自制律」，即基於個人自由意志的自制。〔註9〕與謝野晶子的闡述反映了當時現代性愛觀的主要內容：基於自由意志的選擇才可以稱爲貞操；反對男女不平等的貞操觀；尋求「戀愛的結婚」以保證男女雙方靈肉一致的貞操。顯然，個體的自由意志是與謝野晶子的貞操觀念的主要內涵，是一切性道德合法性的基點。

與謝野晶子的《貞操論》，對於當時的國人來說不啻「日光和空氣」〔註10〕，使中國的輿論界、思想界、文化教育界，無不爲之震動。胡適、陳獨秀、魯迅、葉紹鈞等新文化人立即敏銳地跟進，連續發表了《貞操問題》（《新青年》5卷1號）、《偶像破壞論》（《新青年》5卷2號）、《我之節烈觀》（《新青年》5卷2號）、《女子人格問題》（《新潮》第1卷第2號）等文章，對於這種不平等的性道德和片面的貞操觀進行了猛烈的抨擊，掀起了對封建貞操觀的清算浪潮，這可算討論的第一階段。

胡適的《貞操問題》從血淋淋的事實出發，批評《褒揚條例》的野蠻殘忍：「以近世人道主義的眼光看來，褒揚烈婦烈女殺身殉夫，都是野蠻殘忍的法律，這種法律，在今日沒有存在的地位」，認定貞操觀是「忍心害理」、有「不合人情，不合天理」的殺人性；並且是「一偏的道德」——「中國的男子要他們妻子替他們守貞守節，他們自己卻公然嫖妓，公然納妾，公然『弔

〔註9〕　與謝野晶子：《貞操論》，周作人譯，《新青年》第4卷5號，1918年5月15日。

〔註10〕　周作人：《貞操論》譯記，《新青年》第4卷5號，1918年5月15日。

膀子』。再嫁的婦人在社會上幾乎沒有社交的資格；再婚的男子，多妻的男子，卻一毫不損失他們的身份」；處女守貞更是「盲從的道德」。最後，胡適表明了自己對於此問題的三層意見：一、貞操並不是「天經地義」；二、貞操應該是男女雙方交互的道德：「貞操不是個人的事，乃是人對人的事；不是一方面的事，乃是雙方面的事。女子尊重男子的愛情，心思專一，不肯再愛別人，這就是貞操。貞操是一個『人』對一個『人』的一種態度。因為如此，男子對於女子也該有同等的態度」；三、貞操是完全自動的道德，不容法律的干涉。〔註 11〕。總的說來，胡適強調人的自由意志和兩性平等，這無疑對於女性擺脫性奴隸處境，回歸到真正的人的位置，獲得個性解放和人格自由有著極為積極的促進作用。

魯迅的《我之節烈觀》，也透徹地剖析了傳統節烈觀的殘酷以及背後的男權本質：「國民將到被征服的地位，守節盛了；烈女也從此著重。」「很難很苦」的節烈卻「既不利人，又不利己」，而那種借表彰節烈以挽救世道人心的行為，「只要平心一想，便覺得不像人間應有的行為」。他著重指出傳統貞操觀對女子生命的戕害，認為所謂「貞」、「節」、「烈」，只不過是男子中心主義的禮教打著救世救國的旗號對女性的壓制和扼殺，對傳統貞操觀進行了全盤否定：「……要斷定節烈這事是：極難，極苦，不願身受，不利自他，無益社會國家，與人生將來又毫無意義的行為，」所以是「畸形道德」，是「害己害人的昏迷和強暴」，「只有自己不顧別人的民情，又是女應守節男子卻可多妻的社會」才能造出來，而這道德對女子而言，是「無主名無意識的殺人團」，「節烈的女子，也就死在這裏」。魯迅表達了打破這吃人的畸形道德的願望，並提出了創建新性道德的基本原則：「道德這事，必須普遍，人人應做，人人能行，又於自他兩利」，「要人類都受正當的幸福」，「才有存在的價值」。〔註 12〕

這一階段，關於貞操問題的討論主要是從道德、法律、婚戀等方面對予以深刻而又全面的揭露和駁斥，指出「中國的貞操主義就是吃人的主義」〔註 13〕。他們號召人們為了追求人生的幸福，必須與傳統的貞操觀念決裂。

〔註 11〕 胡適：《貞操問題》，《新青年》第 5 卷第 1 號，1918 年 7 月 15 日。
〔註 12〕 魯迅（署名唐俟）：《我之節烈觀》，《新青年》第 5 卷第 2 號，1918 年 8 月 15 日。
〔註 13〕 佩韋：《戀愛與貞操的關係》，《中國婦女問題討論集》（第五冊），上海書店，1989 年，第 92 頁。

討論的深入階段：

胡適在《貞操問題》發表後，為了進一步開展討論，產生影響，遂約請《國民日報》的主筆藍志先（即藍公武），就貞操問題發表他的意見。於是《新青年》6卷4期「討論」欄目中，胡適、周作人、藍志先等三人針對貞操問題展開了激烈的論爭。

藍志先針對與謝野晶子提出的「新的道德自制律」及胡適等在此基礎上闡釋的貞操應該出於個人的「自由意志」，只與愛情有關，反對褒揚「貞操的法律」，提出了不同的意見。首先，他認為愛情因為與人的性欲相關，因此帶有很大的盲目性和隨意性，因此需要外部道德律令的約束：「夫婦關係要是純以愛情為主，那是極危險的。往往表面上看起來是很有愛情，骨子裏卻不過借著對手滿足他的一時的情欲」，「況且男女關係最初的結合的粘力是面貌上的快感」，因此他認為「夫婦關係，愛情雖是極重要的結合分子，卻不是惟一的條件」，「結婚離婚果然可以自由，也不能毫無制限」，「因為愛情是盲目而極易變化的。這中間須有一種強迫的制裁力。……愛情之外，尚當有一種道德的制裁」，「貞操即便是道德的制裁人格的義務中應當強迫遵守之一，破棄貞操是道德上一種極大的罪惡，並且還毀損對方人格，絕不可以輕恕的。其次，他對「貞操不容有外部的干涉」提出質疑。他認為：「貞操是自律的道德，不容有褒揚條例這樣的荒誕東西，筆者是十分贊同。但是把外部的制裁一概抹殺，卻不盡然。」他認為外部的干涉有積極與消極之分，積極的干涉指提倡和褒獎貞操道德的行為，這是他也極反對的；而消極的干涉，是維護夫妻關係所必要的束縛：「至於法律上消極的制裁，如有夫有婦奸罪，夫婦同居之義務，以及離婚之相當限制等等，卻是不能沒有的。」〔註14〕

針對藍志先的質疑，周作人和胡適等人並不是一味地反對守節，他們認為「夫婦之間若沒有愛情恩意即沒有貞操可說」，「寡婦守節最正當的理由是夫婦間的愛情」，「夫婦之間愛情深了，恩誼厚了，無論誰生誰死，無論生時死後，都不忍把這愛情移於別人；這便是貞操」，「若不問夫婦之間有無可以永久不變的愛情……只曉得主張做妻子的總該替他丈夫守節，這是一偏的貞操論。」他們進一步強調的是現代人是有著「自由意志的個人」，張揚的是「道德人格的個體主義，即通過自由行為達成自律的個體人格，其奠基原則內在於個體的理性化良知之中，換言之，道德律令的正當性和權威性內在於

〔註14〕藍志先：《貞操問題》，《新青年》，第6卷第4號，1919年4月15日。

主體性之中。」是一種「自律的、內在論證的信念道德』。〔註 15〕因此，他們把現代性愛視爲現代人的一種自然權利，周作人指出：「戀愛有官能的道德的兩種關係，所以說一面是性的牽引，一面是人格的牽引。倘若沒卻了他人的人格，只求自己的情欲的滿足，那便是不能算是戀愛，更不是自由戀愛了。」〔註 16〕胡適也指出：「夫婦之間的正當關係應該以異性的戀愛爲主要元素；異性的戀愛專注在一個目的，情願自己制裁性欲的自由，情願永久和他所專注的目的共同生活，這便是正當的夫婦關係。人格的愛不是別的，就是這種正當的異性戀愛加上一種自覺心」，因此，「我和先生不同的論點，在於先生把『道德的制裁』和『感情的愛』分爲兩件事」，所以說「愛情之外尙有一種道德的制裁。我卻把『道德的制裁』看作即是正當的，眞摯的異性戀愛。若在『愛情』之外別尋夫婦間的『道德』，別尋『人格的義務』，我覺得是不可能的。」〔註 17〕

從這次論爭我們可以看出，即使是藍志先，他也看到，傳統的貞操道德的確已經不能適應時代的變遷，因此必須重新闡釋貞操道德的意義，使之成爲現代人的道德規範。其次，他強調貞操對夫妻關係的約束作用，這還有其合理性的。第三，他也反對將處女守貞作爲貞操道德的要求，認爲「處女守貞是絕對不應有的」。對於寡婦再嫁，他提出：「寡婦再嫁與男子續娶相對待的，男子既可續娶，寡婦自可再嫁。」這無疑是反對男女雙重道德標準，具有男女平等的意識，因而具有進步的意義。

而三人的爭論的焦點，還在於如何看待現代人的自由意志的問題。藍志先的觀點表面，他憂慮的是現代人的主體性如何成功約束管理自己的生理本能問題，因而需要求助於外在權威（道德、法律）的強制力。而胡適和周作人所堅持的是現代人自律的、內在論證的信念道德，以及由此表現出來的最可寶貴的本質──自由意志。只要是這種性行爲體現了他／她的自由意志，就是合理的。

關於貞操問題的討論由《新青年》逐漸旁及其他刊物雜誌，引起了社會的廣泛關注。1922 年 12 月的《婦女雜誌》（第八卷第十二號），還推出專刊討

〔註 15〕劉小楓：《現代性社會理論緒論》，上海：三聯書店，1998 年，第 166～167 頁。
〔註 16〕周作人：《周作人答藍志先書》，《新青年》，第 6 卷第 4 號，1919 年 4 月 15 日。
〔註 17〕胡適：《胡適答藍志先書》，《新青年》，第 6 卷第 4 號，1919 年 4 月 15 日。

論了貞操問題，發表了《貞操觀的改造》（高山）、《近代貞操觀》（吳覺民）、《婦女主義的貞操觀》（克士）、《論寡婦再嫁》（Y‧D）、《結婚之生理的考察》（作舟）等文章，把《新青年》關於貞操問題的討論予以繼續深化，顯示出了更加開放的視野，以及構建新的性道德的強烈願望。如高山的《貞操觀念的改造》一文評判了貞操觀念的本質，指出：「古代的貞操觀念並不是一種公正的道德，乃是男子起於佔有女子的欲望，用貞操去束縛妻子這活的財產」，「近代思想中，認為貞操只是一種戀愛的誠意」；吳覺民的《近代的貞操觀》則從女性的附庸地位入手，認為：「我國社會中，自古迄今，婦女都沒有人的地位，為家族制度下的附屬品，男權制度下的性的玩弄品；所謂貞操，完全是男子加諸婦女的桎梏，並沒有絲毫人格的見地，存於其間」；吳覺民還犀利地批判中國人處女崇拜的荒謬情結，說「從前中國人有一種共同的概念；就是崇拜肉體的處女，這是起源於所謂的一女不事二夫的思想，因此寡婦再醮，離婚以後的再嫁，都受了一種無形的打擊。」此後，貞操問題始終是各方關注的焦點，而討論的不斷深入也深刻反省了現代性道德觀念的變遷。

三、貞操問題討論的現代性意義

性愛觀念作為人類文化積澱最深厚、最隱秘的領域之一，它的變動在某種程度上也反映著一個時代的啟蒙深度。對「貞操觀」的批判不僅引起了五四知識者的共鳴，而且激起了他們的興奮點，使其找到了否定傳統價值秩序的突破口。他們把性道德的改革作為「文明之征信」和思想革命的重要方面，從批判傳統性道德的非人性出發，號召人們打破傳統的性倫理，建立以現代性愛為基礎的新性道德，從而掀起了一場聲勢浩大的性愛思潮運動，而關於貞操問題的討論則開了這場運動的緒端。

1918年，《新青年》第4卷第5號上發表的由周作人翻譯的與謝野晶子的《貞操論》，通過性愛這一頗富有刺激性的話題，吸引了新文化知識分子們的廣泛關注。緊接著，魯迅的《我之節烈觀》、胡適的《貞操問題》等文以自由平等的思想為武器，從道德、法律等多方面對傳統貞操觀進行了全面的清算。在道德上，他們指斥片面要求婦女貞操節烈是男權專制的體現，導致女子於「苦」和「死」的境地，從而扼殺了人性，因此從男女平等出發徹底否定片面的女子貞操觀，提出「貞操是男女相待的一種態度，乃是雙方交互的道德，不是偏於女子一方面的」；從法律上，他們認為軍閥政府褒揚的女子節烈是「極

爲野蠻的殘忍」，因此鼓吹節烈的法律「等於故意殺人」，他們從近代人道主義的角度否定其合法性，提出「誠意的貞操是完全自動的道德，不容有外部的干涉，不許有法律的提倡」〔註18〕；在婚戀方面，他們認爲貞操是「異性戀愛的眞摯專一」，而女子替未婚夫守節或殉節是一種「盲從的貞操」，是「其愚不可及」。〔註19〕周作人在《人的文學》裏進一步闡明現代性愛的眞諦：「一個人如有身心的自由，以自由選擇，與人結了愛，遇著生死別離，發生自己的犧牲的行爲，這原是可以稱道的事。但須全然出於自由意志，與被專制的因襲禮法逼成的動作，不能並爲以一談。」〔註20〕把「自由的意志」確定爲現代人性愛觀念的基礎，從而爲現代性愛思潮的發展拓開了寬度和深度。

貞操問題的討論在社會上產生了巨大的反響，通過論爭，對於貞操觀念，人們日漸明晰，人們不再把它當做一種強制性的道德觀念加諸在女性的身上，它也不再是一種偏袒男性的道德律令。傳統的強制性貞操觀念已經逐漸破產，而新的以男女的自律爲本位的貞操觀念日漸形成。大眾媒體和輿論對傳統節烈觀的褒揚和盛讚之聲，終於被批判和聲討之聲所替代。如1919年11月，毛澤東在批評湖南長沙趙五貞自殺事件時，就以此爲契機，展開了對封建倫理觀的猛烈批判。在1925年的《婦女雜誌》，就畢業於北京女高師的艾女士事件，周建人進一步質疑舊貞操觀的不合人道的本質：艾女士回鄉途中遭匪擄被污，返回家中，因「無可對慈母，更無顏見未婚夫」而自殺。周因此而提出深刻的質疑：「女子爲什麼非以生命擔保貞操不可呢？」「作者相信貞操觀念中，應當把內含的從野蠻時代遺留下來的嫉妒和迷信擯除，只認他是一己的志趣，決不能作爲女子單方面的唯一的道德教條，而責以生命或苦痛來擔保的。」〔註21〕

總之，「貞操問題討論發生在二十年代初期並不是歷史的偶然，它與當時的個性主義思潮一同構成了那個時代的『現代性謀劃』。」〔註22〕貞操問題討論不僅僅是反封建的一次鬥爭，它還是中國現代性話語建構的一個重要步驟，它使得中國的現代性話語建構得以具體化、中國化。即使同樣是以理性

〔註18〕胡適：《貞操問題》，《新青年》第5卷1號，1918年7月15日。

〔註19〕魯迅：《我之節烈觀》，《新青年》，第5卷2號，1918年8月15日。

〔註20〕周作人：《人的文學》，《新青年》第5卷6號，1918年12月15日。

〔註21〕周建人：《節烈的解剖》，《婦女雜誌》第11卷第3號，1925年3月5日。

〔註22〕徐仲佳：《論〈新青年〉「貞操問題討論」的現代性意義》，《德州學院學報》
2006年第1期。

來評估傳統，它也因爲其中所蘊涵的強烈的當代生活意識而達到了一種別樣的深刻。

第二節　性的祛魅──在科學主義思潮的影響下

人具有雙重的屬性，一是自然屬性，一是社會屬性。同樣，作爲人的基本需求的性，也既是一種生物的本能，同時也受社會規範的制約。古往今來，人類對自身性行爲的態度基本上可分爲主張性自由和主張性限制兩種基本觀點。在中國古代，宋以前性觀念相對開放；到宋興理學以來，性被認爲是萬惡之源，除了生育目的外的活動都是淫，從「誅淫行」到「誅淫心」，甚至限制夫婦間的性活動，逐漸地發展爲禁欲主義，甚至通過禁止含有性內容的書刊出版，推行無性文化，對社會文化和生活產生了重大影響。性限制和性禁錮往往伴隨著性神秘和性愚昧，導致人們缺乏科學的性知識和性觀念，對人的發展和社會的進步造成嚴重阻礙。

鴉片戰爭後，隨著國門的被迫打開，西學東漸，西方近現代的哲學、教育制度、醫學等相繼湧入，對進步的知識階層產生了一定的影響。如康有爲、譚嗣同、秋瑾等人就曾經批判舊的兩性倫理，呼籲推行性教育。新文化運動開始後，激進知識分子大力倡導民主和科學，全面推進思想、文化、倫理變革，使中國社會許多方面出現了新氣象。到 1920 年代，科學的權威在一部分新知識分子中間已經逐步地建立起來，它被普遍地看作救贖還沉浸在中世紀黑暗裏的中國人的精神良藥。這股勃興的科學主義思潮，也逐漸波及性領域。以科學的精神爲身體祛魅，也是人的解放的一個必然步驟。因此，大力傳播性科學、推行性教育，成爲打破國人的性禁忌、性迷信與性蒙昧，進而破除封建禮教，建構現代人的新性倫理的重要舉措。

一、西方現代性學的興起及在中國的傳播

雖然自從人類存在以來，性就一直是人類生活的中心事件之一。但是，眞正將性作爲科學的對象予以研究，卻是近代以來才發生的事情。在西方，在資本主義制度建立之後，隨著社會文化的發展，人們對於性的觀念逐步開放，科學的求知欲以及渴求瞭解自身的欲望推動著人們向人最深層、最神秘的深處去探詢──對性的探索，從而建立了性學。19 世紀中期，「達爾文提出

生物的自然選擇法則，高爾頓提出的人種優化的概念，這既是對生命科學領域的巨大的推動，同時也是對性的自然屬性進行的科學的總結。」〔註 23〕但真正將性作爲一門學問來研究，則始於 1886 年，奧地利精神病醫生、司法精神病鑒定專家克拉夫特‧埃賓出版《性心理病》（也有譯爲《性精神病態》）一書，標誌著現代性科學的奠基。該書概括了早期醫學尤其是精神病學對性的研究，第一次把性的疾病獨立出來詳加討論，它的出版被認爲是現代性科學產生的標誌。「性學」這一詞則是由被譽爲「性學之父」的德國著名醫學家愛文‧布洛赫佈在 1906 年首先提出來。其後，德國的赫希菲爾德、亞爾伯持‧摩爾、奧地利的弗洛伊德、英國的靄理斯（也有譯作靄理士、埃利斯）等都對近代性科學的研究和發展做出過巨大的貢獻。其中，在早期的性心理學研究中，靄理斯和弗洛伊德是代表人物。

　　海弗勞克‧靄理斯（Havefock Ellis）是世界性學的先驅之一，也是對中國產生了較大影響的一位西方性學專家。1894 年靄理斯出版了性學研究專著《男與女》，它是靄理斯著述的七大卷《性心理學研究錄》的一個引子。1896 年，《性心理學研究錄》的第一卷《性逆轉》出版，雖然該書的出版引起了巨大的爭議，但是這並未能阻止靄理斯的性學研究。1928 年，歷時 32 年的《性心理學研究錄》全七卷終於全部完成。後來，爲擴大《性心理學研究錄》的影響，靄理斯又於 1933 年出版了壓縮後僅 34 萬字的手冊《性心理學》。《性心理學》出版後多次重印，並被翻譯成多種文字。其完整的中文本最早由中國著名性學專家潘光旦翻譯，於 1946 年正式出版。

　　靄理斯試圖以一種科學的方式來探究和解釋人類性的生成機制和心理動力，正如威克斯在《20 世紀的性理論和性觀念》一書中所言：「海弗勞克‧埃利斯出生於 1859 年，也就是查爾斯‧達爾文發表《物種起源》的那一年。正如蕭伯納所說，他們那一代人『對科學所寄予的希望也許比他們之前的任何一代人都要多』。埃利斯的世界觀形成的時期，正是維多利亞時代科學取得勝利的時期，也是這種科學勝利的含義不斷遭到反對的時期。」〔註 24〕同時，「他認識到了男女兩性的社會角色問題在新世紀的頭等重要性，特別是由於它受

〔註 23〕馬保華：《二十世紀的性科學》，《山東醫科大學學報社會科學版》，1994 年第 4 期。

〔註 24〕〔英〕威克斯著，宋文偉、侯萍譯：《20 世紀的性理論和性觀念》，南京：江蘇人民出版社，2002 年，第 26 頁。

到了婦女運動的影響。因此，他試圖提出一些準則，以實現更加人道和平等的性關係和社會關係，以及性行為和社會行為」〔註25〕因此，從總體上看，「他的著作的目的是要改變人們的態度，並創造一種新觀點，闡明性在個人生活和社會中的作用，他試圖用科學道理闡釋性理論，在此過程中幫助奠定了『自由主義』性思想的基礎。這一思想的核心是：更加寬容性變異；放寬苛刻的道德標準的願望；強調『性樂趣』。」〔註26〕

　　靄理斯的性學思想不僅在西方社會影響深遠，同樣對中國也產生了巨大的影響。五四時期，雖然靄理斯的著作並沒有多少被翻譯到中國，但是他的性學理論還是為不少著名的知識分子所熟知，並被奉為圭臬。如「性學」博士張競生在法國留學期間就接觸到了靄理斯的著作，歸國後在 20 年代張競生翻譯了靄理斯的部分著述編成《靄理士婚姻論》、《靄理士女性小叢書》等。在其撰寫的回憶錄《十年情場》中，張競生坦言自己做《性史》的方法和勇氣便來自於靄理斯：「我當時受了英國大文豪靄理士（Haveloke，Hellis）那一部六大本世界聞名的性心理叢書極大的影響。在這部書中，靄氏於論述各種性的問題後，就附上許多個人的性史。因為要成為　種科學，當有這件科學的證據做材料。那麼，假如性也要成為科學，當然要先有性史做材料。性史就是『史』，就是性的材料，愈多愈好，不管它是正常的，或是變態的，都應一齊包括，搜集起來，然後就其材料整理，推論它的結果，而成為一種科學的論據。我當時抱著這個野心想在我國人性行為中，做出一點科學的根據，所以我也學靄氏先從性史搜集材料了」〔註27〕在楊鄂聯和朱錫鈞出版於 1920 年的《女子心理學》一書中，他們也提到靄理斯的影響：「惟英人愛理斯氏恒以研究生理學生物學人類學社會學等多方面為基礎。著有《性之心理學》《男與女》等大著。實於女性心理研究上別開新生面。斯學之威權。遂永受尊重。」〔註28〕中國性學研究的創始人潘光旦也是在留學期間接觸到靄理斯的思想，並立下要翻譯靄理斯的《性心理學》的宏願。他在寫作《馮小青考》一書時，對明代女詩人馮小青的性心理變態的分析就參考了靄理斯的性心理理論。

〔註25〕〔英〕威克斯著，宋文偉、侯萍譯：《20 世紀的性理論和性觀念》，南京：江蘇人民出版社，2002 年，第 66 頁。

〔註26〕〔英〕威克斯著，宋文偉、侯萍譯：《20 世紀的性理論和性觀念》，南京：江蘇人民出版社，2002 年，第 66 頁。

〔註27〕張競生：《張競生文集》（下），廣州出版社，1998 年，第 104 頁。

〔註28〕楊鄂聯、朱錫鈞編輯：《女子心理學》，上海：商務印書館，1920 年，第 2 頁。

　　而五四時期，受靄理斯的思想影響最深的無疑是被稱爲「中國的靄理斯」〔註 29〕的周作人。在新文化風起雲湧的性愛思潮中，周作人無疑是舉足輕重的一位思想家，即使不是最重要的一位。學者徐仲佳就曾認爲「如果一定要給 1920 年代以現代性愛觀爲核心的愛情追求尋找一位精神教父的話，最合適的人是周作人」。〔註 30〕靄理斯的性學思想爲周作人以澄明徹淨的眼光看待性提供了知識的基礎。周作人在總結自己的思想時一再提到靄理斯的性愛思想對自己的巨大影響，稱之爲「是我所最佩服的一個思想家」，他同時對靄理斯性學研究稱讚備至：「其最大著作總要算是那六冊的《性的心理研究》，這種精密的研究或者也還有別人能做，至於那樣寬廣的眼光，深厚的思想，實在是極不易得。我們對於這些學問原是外行人，但看了他的言論，得到不少利益，在我個人總可以確說，要比各種經典集合起來所給的更多。」〔註 31〕

　　除了靄理斯外，當時學者翻譯和介紹的國外性教育著作主要還有 1920 年潘公展編譯的美國巴哥羅的《性教育》，發表於《教育雜誌》的第 12 卷上，這成爲後來我國性教育倡導者的理論來源和基礎。封熙卿譯山格夫人著的《家庭性教育實施法》（上海商務印書館），是我國第一本具體講述性教育的內容和方法的書。有影響的譯著還有「錢亦石等譯桑腦（又譯夏南）（T·W·Shannon）《性教育指南》（中華書局）、戈樂天譯勞爾德《性教育學大綱》（現代書局），杜季光譯木林德藏《兩性問題及生物學》（商務印書館）、松濤譯赫伯特《性的故事》（商務印書館）、周建人譯凱里等《性的遺傳》（開明書店）、方可譯魯賓遜《性的知識》（開明書店）以及任白濤編譯的《戀愛心理研究》（亞東圖書館）」〔註 32〕等。

　　五四時期，西方性科學和性教育著作在中國的傳播，疏通了圍繞著「性」而形成的種種誤解和錯誤的性意識，將性神秘、性不淨、性禁忌等舊的性觀念一舉打破，以期在此基礎上重構現代的性思想和性觀念。

〔註 29〕蘇雪林：《周作人先生研究》，程光煒編，《周作人評說 80 年》，北京：中國華僑出版社，2000 年，第 71 頁。

〔註 30〕徐仲佳：《現代性愛的中國形象簡史》，哈爾濱：黑龍江人民出版社，2009 年，第 212 頁。

〔註 31〕周作人：《靄理斯的話》，《晨報副刊》，1924 年 2 月 23 日。

〔註 32〕潘乃穆等編：《中和位育——潘光旦百年辰紀念》，北京：中國人民大學出版社，1999 年，第 430 頁。

二、性科學的傳播與性教育的推行

現代性學知識是現代性愛思潮的基點之一。它伴隨著 19 世紀的西學東漸在中國傳播開來。同治十二年（1873 年）達爾文的《人類起源及性的選擇》就已經傳入。在維新變法的過程中，現代性學知識的介紹更是得風氣之先。譚嗣同在《仁學》中以介紹西方性科學為強國保種的手段。他明確提出，男女構精，持兩動之機，毫無可羞醜，正當男女之間的性愛，不但不惡，而且為善。對性的禁錮只會導致對性的非科學認識，導致性神秘主義，甚至導致淫亂的社會風氣：對於性，「今懸為厲禁，引為深恥，沿為忌諱，是明誨人此中之有至甘焉，故為一吝之秘之，使不可即得，而迫以誘之」，要打破性的神秘主義，就要在中國廣泛傳播性科學：「多開考察淫學之館，廣布闡明淫理之書」，「詳考交媾時筋絡肌肉如何動法，涎液質點如何情狀，繪圖列說，畢盡無餘，兼範蠟肖人形體，可拆卸諦辨，……使人皆悉其所以然。」〔註 33〕維新志士提倡性學的功利目的十分明顯，意在倡導強國保種，以與歐洲列強爭勝。在這種強國保種和戒淫養生等複雜的動機支配下，1901 年西方的性生理學書籍就已經出現在中國的出版界，中國人自己翻譯的這類書籍至晚也在 1902 年出現〔註 34〕。但是這種強烈的功利性加上唯科學主義的限制，使得他們對性愛的現代性內涵的認識還是模糊的，並沒有把性提高到改變人的深層價值秩序的高度。

五四時期除舊布新呼聲四起，先覺的知識分子們以張揚的「個人」作為一種全新的價值尺度開始衡量「性」的領域，「性學」思潮成為這一時期人的思想啟蒙的原始動力。五四知識分子首先肯定了「性」的本能特徵和它的聖潔，由此肯定了性教育的合法性。他們認為「性欲本能是人類與生俱來的，自有動物在地球上，從原始動物以至於最高級動物，形形色色，千百類數，都靠這種本能的活動而始能蕃衍其後裔；這種本能不是人類獨有別種動物就無，又不是某種族才有他種族便無，更不是某性人特有他性人便無。人人都具有這種性欲本能，那麼，人人都以使其活動」，〔註 35〕「人類的生活既是整

〔註33〕譚嗣同：《譚嗣同全集（增訂本）》，北京：中華書局，1981 年，第 304～305 頁。

〔註34〕閔傑：《近代中國社會文化變遷錄》（第二卷），杭州：浙江人民出版社，1998 年，第 264～265 頁。

〔註35〕甘南引：《兩性間應有之知識》，《平民教育》55 號，1922 年 11 月 10 日。

個而不可分,當然沒有把性的生活剔出於一般的生活之外之理」〔註 36〕。張競生更是直言不諱地:「人生哲學,孰有重大過於性學?」〔註 37〕,他還認爲「性教育問題關係於人生比什麼科學與藝術更大……,性教育不止在肉體和病形上的講求,它又是極嚴重的教育」〔註 38〕,社會上不和諧的情形之一,就是缺乏對科學性知識的瞭解和性教育的緣故。周作人說:「性是人類最大的原動力」〔註 39〕,所以他認爲忽略性的重要,不研究性教育是近代教育的欠缺,「淨觀的性教育則是認人生、是人生之一切欲求,使人關於兩性的事實有正確的知識」〔註 40〕。許多教育學者也提出了性教育思想,強烈呼籲「急謀性教育的發展,以增高兩性間的行爲和態度」〔註 41〕。

其次,由於傳統的性禁忌心態習俗的影響,當時國人對於性教育,「大都還是不很瞭解,不知道性教育是性的衛生及性的道德的基礎,往往容易誤認實行這種教育,是導於惡習的起點」。〔註 42〕他們深刻揭示了因無性教育而釀成的惡果:由性無知導致的性神秘及逆反心態,使本來很自然的性問題被籠罩一層迷霧和灰垢,而對「性」的一味壓抑,其結果是「壓力愈大,反抗力也愈強,一經暴發,正似決滿江之水,橫衝直撞,莫之能禦」。〔註 43〕因此,迴避不是辦法,「性教育的公開研究不勝於道學先生的一味不說與壓抑爲能事,以致少年於暗中愚昧無知地一味去亂爲嗎?性譬如水,你怕人沉溺麼?你就告訴他水的道理與教他會游泳,則人們當暑熱滿身焦燥時才肯入浴,斷不會在嚴冬寒冷投水受病,又斷不會自己不識水性,就挽頸引領,閉目伸頭,一直去跳水死。故要使青年不至於去跳水尋死,最好就把性教育傳給他」。〔註 44〕這裏用「水」喻性,用「學游泳」喻性教育,深入淺出地表達了性教育的重要意義。因此,「性欲教育,是由適當的成人,按時代的需

〔註 36〕常道直:《性教育概論》,《教育雜誌》第 15 卷 8 期,1923 年 8 月 20 日。

〔註 37〕張競生:《張競生文集》(下卷),廣州:廣州出版社,1998 年,第 230 頁。

〔註 38〕張競生:《美的社會組織法》,北京:中華書局,1926 年,第 65 頁。

〔註 39〕周作人著、李洪寬編:《性愛的新文化》,太原:山西人民出版社 1992 年版,第 59 頁。

〔註 40〕周作人著、李洪寬編:《性愛的新文化》,太原:山西人民出版社 1992 年版,第 26 頁。

〔註 41〕陳並謙:《性教育的概論》(上),《學燈》第 6 卷第 8 冊第 27 號。

〔註 42〕周建人:《性教育與家庭關係的重要》,《中國婦女問題討論集(第五冊)》,上海書店,1989 年,第 179 頁。

〔註 43〕甘南引:《兩性間應有之知識》,《平民教育》,第 55 期,1922 年 9 月。

〔註 44〕張競生:《張競生文集(上)》,廣州出版社,1998 年,第 203 頁。

要，將關於兩性的正確認識善巧斟酌開示學人；使之於兩性的關係有正確的瞭解，持優尚的態度，養成性的良好習慣，藉以增進個人與社會的康健、幸福及道德等。」〔註45〕

正是基於五四知識分子對性教育的重要性的認識，中國思想文化界第一次掀起了令人矚目的「性教育思潮」。「以介紹性知識自命的定期刊物，雨後春筍似的，忽然增加了好幾種，如《新文化》、《性雜誌》、《性欲周報》、《性日周刊》、《性報》，多的不及半年，少的一二月或一二星期內才出現的」〔註46〕「中國學者關於兩性的著作，在商務印書館出版的雜誌中有東方、婦女、教育、學生；在中華書局出版有心理、教育界、教育叢刊、教育文存、中等教育及北京師大之平民教育等等中均有配載。」〔註47〕雖然晚清民初許多刊物上就有關於性教育的討論文章，但完整意義上的性教育，是在20年代開始傳播起來的：如1922年《教育雜誌》15卷推出了「性教育專號」發表了13位作者的文章；1923年《青年進步》第65冊「兩性問題號」刊載了關於性教育的11篇文章；還有一些影響較人的刊物如《新教育》、《申報》、《中華教育界》、《晨報》副刊、《學燈》、《曙光》等；特別是一些地方的時報也紛紛加入這一行列，對性教育起了很大的推動作用，如廣州《民國日報》「民國曙光」欄目，多次介紹性教育的內容，長沙《大公報》「現代思想」欄目，多次刊載戀愛問題和山格夫人在北大講演的內容，1925年趙元任夫人譯山格夫人的《女子應有的知識》由商務印書館出版；更為可貴的是在20年代初，周作人撰寫的《性教育》成為中國第一部全面論述性教育的教科書；1924年商務印書館出版的廖世承《中學教育》也用一大章節系統闡述性教育；1925年商務印書館出版一套《教育叢書》共一百冊，其中有6冊是專論性教育，如第37冊《性教育概論》、第38冊《性教育理論》、第39冊《性教育與學校課程》，並在同年出版了潘公展的《巴哥羅的兩性教育觀》；1927年，上海世界書局出版了南洋大學學監柴福源著《性教育》；1928年，世界書局「ABC小叢書：科部自然科學組」中，收入了他的另一著作《性學ABC》；同年周建人的《性教育》一書出版，為商務印書館「師範小叢書」中的一種；1930年，楊冠雄的《性

〔註45〕章璞：《性欲教育談》，《平民教育》70期，1923年11月。

〔註46〕潘光旦：《優生概論》（下編），《民國叢書》（第1編第20冊），上海書店，1989年，第250頁。

〔註47〕杜元載：《論兩性教育》，《晨報副刊》1923年8月16日。

教育法》由上海黎明書局出版；1936 年，杜古眞著的《幼兒期性教育》由北京教育短波出版社出版。〔註48〕

　　20 年代性教育思潮的勃興，是與思想界對「性」的認識不斷深化的必然結果。新文化運動的倡導者從一開始就將「人的發現」擺在思想啓蒙的中心位置，特別是「性」在人格培養中的作用。面對新文化運動提出的「立人」的目標，隨著性教育思潮的到來，越來越多的學者開始有意識地把現代性愛觀視爲啓蒙運動的原動力，選擇了以揭示舊道德對性欲望的壓抑來推動當時的「人」的啓蒙運動，實際上就是通過對現代性愛權利的訴求來求得個人自由意志的張揚，由這種個人自由意志的張揚最終達到整個社會的進化。

三、性的發現與女性身體的發現

　　在中國傳統的性道德中，女性要「三從四德」、「寡婦要守節」、「女子不嫁二夫」、「餓死事極小失節事極大」等等，這些禁欲、非淫、貞操的傳統道德觀是殘酷的、悖理的、摧殘人性特別是壓迫女性的，嚴格地規範著中國婦女的性觀念與性行爲，成爲男子的附屬物，家務勞動的奴隸，生兒育女的工具，性只有與生兒育女聯繫起來才是合法的。這種統治中國數千年的禮教，實際上就是維護種種男子統治關係的性道德，而女人在性生活及性文化上，從來沒有「做女人」的權力與意識，無性的愛和無愛的性，構成了女性「文化的死角」。〔註49〕藹理斯歷史發展到五四時期，科學成爲一個時代的價值尺度，上昇爲一個時代的普遍的、總體性的話語，誠如汪暉所言：「到五四時代，科學文化逐漸上昇到普遍公理的地位，就成爲反傳統運動中一個最重要的知識上的支撐，一個價值上的取向。」〔註50〕五四先驅者紛紛以科學作爲評判的標準來「重估一切價值」，「再造文明」。〔註51〕現代科學知識所編織的知識學背景，爲五四時期人們重新發現女性情欲、認識和建構女性身體提供了新的可能。在科學之光的照耀下，女性身體逐漸從傳統文化與倫理的包裹中脫離，顯露出自己的原初本質──一個生物個體、一個有欲望的生命體。

〔註48〕楊義勝：《思潮與實踐：民國初期的性教育》，合肥：安徽師範大學出版社，2007 年，第 10～11 頁。

〔註49〕劉慧英：《走出男權傳統的樊籬──文學中男權意識的批判》，北京：三聯書店，1995 年，第 120 頁。

〔註50〕汪暉：《科學話語共同體和新文化運動的形成》，《學術月刊》2005 年第 7 期。

〔註51〕胡適：《「新思潮」的意義》，《新青年》第 7 卷第 1 期，1919 年 12 月 1 日。

在新文化的性愛思潮中，人們逐漸認識到依靠科學來給女性身體去魅。這種觀念，成爲了一個時代女性解放的總精神綱要。周作人認爲，只有科學之光才能徹底根除婦女問題上的迷信和禮教：「我們無論做什麼事情，科學思想都是不可少的，但在婦女問題研究上尤其要緊。……凡是關於兩性間的舊道德禁戒幾乎什九可以求出迷信的原義來。要破除這種迷信與禮教，非去求助科學知識不可，法律可以廢除這些表面的行迹，但只有科學之光才能滅它內中的根株。」〔註 52〕他進一步指出，兩性道德的進步，也只能依靠「理性之清明」，「知識的解放與趣味的修養」。〔註 53〕隨著近現代西方生物學、解剖學知識以及性學等科學知識的傳入，人們對兩性的身體構造和機能有了全新的認知。從「性」的科學知識出發，人們發現了女性與男性的性別差異，即在「性」構造和功能上，女性與男性完全相異。女性不是男性複製品，女性有自己獨特的生理特徵，從而確立起女性的獨特性和在文化中的獨立位置。而對這些生理特徵的認識，爲人們建構一個現代的女性身體提供了知識學基礎。

其次，「女性中心說」的出現和傳播，無疑是對以男權爲中心的中國傳統文化和社會制度的一種反動。「女性中心說」是美國社會學家萊斯特‧伍德（Lester F. Ward）（五四時期，人們也譯爲瓦特、烏德等名）提出的一種學說，它以進化論爲理論基礎，在綜合了對自然界的各種生物現象的考察後，最終得出女性爲生物界和人類社會的中心的結論。中國最早翻譯介紹伍德的「女性中心說」的人是李達，他在 1921 年，根據日譯本翻譯了《女性中心說》一書。緊隨其後，《婦女雜誌》在第 8 卷第 7 期也介紹了《女性中心說》。1924年，夏丏尊再次翻譯了《女性中心說》。當時不少的文章和論著在探討女性問題時，也借鑒和吸收了「女性中心說」的思想內核。女性中心說從生物學的角度凸顯出女性身體的重要意義，它一方面是對中國傳統文化中男尊女卑文化習俗一種徹底反抗，是對男性價值爲主導的社會價值的一種顛覆；另一方面，也是人們以科學的名義來解釋女性身體的起源和發展的一種努力，爲新文化思想者們透視和想像女性身體提供了新的理論。

〔註 52〕　周作人：《婦女問題與東方文明等》，《永日集》（周作人自編文集），止菴校訂，
　　　　　　石家莊：河北教育出版社，2001 年，第 98 頁。
〔註 53〕　周作人：《狗抓地毯》，《雨天的書》（周作人自編文集），止菴校訂，石家莊：
　　　　　　河北教育出版社，2001 年，第 100 頁。

　　1925 年張競生在《美的社會組織法》中，提出的「新女性中心論」無疑是「女性中心說」的一種發展和深化。他認為，「一個美的社會必以情愛、美趣及犧牲的精神為主，可是，這些美德不能從男子方面求得的」，而「女子本性富有情愛、美趣及犧牲的精神，」〔註54〕因此，只有通過對女性情欲探討，使女性擺脫受奴役的不平的地位，一旦女子不再是性欲的奴隸，而在性事和生育上掌握自主權，那麼就能用女人天性中的「愛」與「美」的特性來主導社會，從而構成一種男女兩性和諧的「藝術生活」。

　　隨著對女性身體的科學發現，關於女性解放和女性性解放的話題也開始浮出水面，成為人們熱烈討論的議題。長期以來，由於受性卑污、性忌諱、性神秘心態的影響，人們談「性」色變，更遑論探討女性的性問題。新文化性愛思潮中，先覺的新文化人開始認識到，「在人類把性的關係和行為、要求、欲望看做低劣污穢的時候，婦女將永遠被置在卑微的地位，婦女問題決不會有解決的希望，這是我們所敢斷言的。」〔註55〕甚至宣稱：「婦女問題的實際只有兩件事，即經濟的解放與性的解放」〔註56〕。面對積習久遠的傳統性壓抑文化，他們從女性解放的角度，對傳統性愛倫理的性忌諱、性禁錮等心態習俗進行鞭闢入裏的鞭韃，大聲疾呼女性性解放。

　　在這場尋求女性欲望合法化的性解放思潮中，周作人無疑是其中很重要的一位思想家，他自始至終關注著女性的解放，並以其系統的性愛思想推進著性道德的革命。早在 1918 年，周作人在《人的文學》一文中「關人荒」時，即提出「靈肉一致」的婦女觀，即「獸性與神性，合起來便只是人性」。在他看，既然人都是「獸性與神性」的統一，那麼女性的「禁欲」「殉節」都應摒棄，男女應是兩本位的平等，「真實的愛與兩性的生活，也須有靈肉二重的一致」。〔註57〕隨後，他在《北溝沿通信》指出：「人生有一點惡魔性，這才使生活有些意味，正如有一點神性之同樣地重要。對於婦女的狂蕩的攻擊與聖潔之要求，結果都是老流氓的變態心理的表現。」〔註

〔註54〕張競生：《張競生文集》（上卷），廣州出版社，1998 年，第 161～162 頁。

〔註55〕周建人：《戀愛的意義與價值》，《婦女雜誌》，第 8 卷第 2 號，1922 年 2 月。

〔註56〕周作人：《北溝沿通信》，《周作人書信》，止菴校訂，石家莊：河北教育出版社，2001 年，第 77 頁。

〔註57〕周作人：《人的文學》，《新青年》5 卷 6 號，1918 年 12 月 15 日。

〔註58〕周作人：《北溝沿通信》，《周作人書信》，止菴校訂，石家莊：河北教育出版社，2001 年，第 80 頁。

58〕他明確提出「女子的這種屈服於男性標準之下的性生活之損害決不下於經濟方面的束縛」,「古來的聖母教崇奉得太過了,結果是家庭裏失卻了熱氣」。〔註59〕為了打破兩性之間不平等的性道德觀念,周作人大力宣傳和譯介了不少西方近代性觀念與性心理學知識,呼籲將女性從性的壓抑中解放出來。從最先在《新青年》上翻譯介紹《貞操論》,到介紹藹理斯的性心理學及西方近代文學中的婦女觀。他秉承了藹理斯的自由主義性思想:以澄明徹淨的眼光來看待人的性欲望,承認性是人之為人的正常的欲求之一,並且肯定了女性性欲望的正當性和合理性。周作人談到性在女性的生活中的位置:「在這裏所當說明者,鮑耶爾以為女子的生活始終不脫性的範圍,我想這是可以承認的,不必管他這有否損失女性的尊嚴。」〔註60〕的確,無論是在物質上還是在文化上,在女性生命歷程中,性是不可輕視的重要元素。對於女性而言,從肉體的角度來講,存在著同男性一樣正當的性欲望;從文化的角度上來看,在歷史上,性往往成為女性最重要有時甚至是唯 的存在。

　　沿著對女性欲望合法性強調的思路,周作人進一步提出了「女性身體本位觀」。他說「有些人知道兩性要求的差異,以為不能兩全,只好犧牲了一方面,『而為社會計,還不如把女子犧牲了。』大多數的男子大約贊成這話,但若如此,這決不是愛了,因為在愛裏只有完成,決沒有犧牲的,要實現這個結婚的愛,便只有這相互的調節一法,即改正兩性關係,以女性為本位。這雖然在男子是一種束縛,但並非犧牲,或者倒是祝福。我們不喜那宗教的禁欲主義,至於合理的禁欲原是可能,不但因此可以養活純愛,而且又能孕育夢想,成文藝的種子。我想,欲是本能,愛不是本能,卻是藝術,即本於本能而加以調節者。」〔註61〕在《新中國的女子》一文中,周作人便將這樣的現代女性封為「風雅的盟主」(Elegantiae Arbiter)。他希望這「風雅的盟主」、現代的女性成為引領男性共同實踐愛與生命:「生在此刻中國的女子不但當以大膽與從容的態度處理自己的戀愛與死,還應該以同樣的態度來引導──

〔註59〕周作人:《北溝沿通信》,《周作人書信》,止菴校訂,石家莊:河北教育出版社,2001年,第80頁。

〔註60〕周作人:《北溝沿通信》,《周作人書信》,止菴校訂,石家莊:河北教育出版社,2001年,第78~79頁。

〔註61〕周作人:《結婚的愛》,《自己的園地》,止菴校訂,石家莊:河北教育出版社,2001年,第122頁。

不，我簡直就說引誘或蠱惑男子去走同一的道路，而且使戀愛與死互相完成。」
〔註62〕

　　周作人倡導的以女性身體爲本位的新型兩性關係，承認並滿足包括女性
在內的所有人的合理的性欲望。在實現過程中，要將女性的需求和感受放在
第一位。他提出：「婦女問題的實際只有兩件事，即經濟的解放與性的解放。」
〔註63〕在周作人那裏，「性的解放」，是指人們科學純潔的態度來看待性，破
除在性上的一切迷信，婦女在性的問題上解除一切舊性道德和舊文化的束
縛，讓自己的情感和欲望得到正常和自由的釋放與表達，從而改變女性屈從
於男性的社會文化制度。「性的解放」所要努力的方向，不僅是使婦女浮出歷
史的地表，成爲與男性平等的世界主人，更重要的是，「性的解放」是一種婦
女身心的全面解放：婦女不再以男權社會制定的道德標準和文化標準來衡量
和判斷自己的欲望和情感，特別是在性的問題上，婦女應該掌握著自己的權
利和自由，不被男性的標準和觀念所束縛。

　　從人的發現到女人的發現再到性解放思潮的興起，中國婦女解放不僅僅
是在政治、經濟的層面展開，而且已經深入到人類文化觀念層面的變革。正
是通過對性關係這一人類最基本關係的改造和思考，顯示了新文化性愛思潮
的思想深度。

　　「性」在傳統中國文化中，常常是一個被壓抑而曖昧的話題，它可以在
房中術和色情小說中出現，卻很難出現在公開的主流話語中。但是，五四時
期，借助科學之光，「性」獲得了尊崇的地位：「照科學上觀察起來，性的本
能一方面的事情，和自我本能的一方面有同樣的重要與尊嚴，不容我們分別
那一種本能是光明，那一種本能是猥褻。近代科學的光明已經衝破這種卑視
性的本能的矛盾思想，所以性教育也就漸漸起來了。」〔註64〕性成爲一種正
規的知識，在其翻譯的美國學者魯濱遜著的《性的知識》的譯序中，方可談
到作者是純科學著述的介紹：「他在這書中，指導一般青年男女以正當確切的

〔註62〕周作人：《新中國的女子》，《澤瀉集過去的生命》，止菴校訂，石家莊：河北
　　　　教育出版社 2001 年，第 65～66 頁。
〔註63〕周作人：《北溝沿通信》，《周作人書信》，止菴校訂，石家莊：河北教育出版
　　　　社，2001 年，第 77 頁。
〔註64〕周建人：《性教育的理論與環境》，《中國婦女問題討論集》（第五冊），上海書
　　　　店，1989 年，第 161 頁。

性知識，絲毫不雜有何等不純潔的目的。」〔註65〕以科學來剝去「性」之上的道德附加，還「性」一個科學、「正常」的面目。性道德的去魅，成爲一個時代的中心話題。

第三節　新性道德的建構

「五四」時期的時代精神就是自由、民主、個性獨立等現代性追求下的「人的發現」和「人的解放」，而性愛則是作爲人的解放的一個重要方面得到肯定和宣揚的。「性倫理的問題是人生第一大的問題」「性的解放者……蓋人由性而解放。」〔註66〕周作人也說，「社會文化愈高，性道德愈寬大，性生活也愈健全。」〔註67〕在時人的言論中我們不難察覺他們似乎把性解放與自我解放看成是一回事，甚至可以說，在當時很多人心目中，性解放成爲個人解放的前提，而個人解放則是國家民族解放的首要條件。因此，沒有像性道德這種深層價值秩序的改革，新的「人」是不會出現的。正是這股現代性愛思潮的不斷高漲，這一時期，關於戀愛自由、婚姻自由、離婚自由的討論在當時主要的媒體上進行得如火如荼。而打破傳統性道德，在男女平等和戀愛自由的基礎重建新的性道德的設想，無疑反映出新文化知識分子在重整兩性關係時思考的深度。

一、戀愛自由、婚姻自由思潮的高漲

「五四」新文化運動以摧枯拉朽之勢蕩滌封建主義的舊思想、舊文化、舊道德和舊習慣，現代性愛意識的產生，標誌著「五四」前後知識分子的重大覺醒。在這股勃興的現代性愛思潮中，戀愛自由以及婚姻自由的討論，成爲先進知識分子普遍關注的熱點。有人曾如此說：「我們試看上海、北京各報紙的社會新聞，每天每個報紙平均至少有兩條是婚姻問題的記載。」〔註68〕

〔註65〕〔美〕魯濱遜著，方可譯：《性的知識》，上海：開明書店，1926年版，第4頁。

〔註66〕黃蕭儀女士：《戀愛結婚之眞義》，《婦女雜誌》，第8卷第7期，1922年7月1日。

〔註67〕周作人：《北溝沿通信》，《周作人書信》，止菴校訂，石家莊：河北教育出版社，2001年，第102頁。

〔註68〕易家鉞、羅敦偉：《中國家庭問題》，上海：泰東書局，1924年，第12頁。

中國傳統婚姻的宗旨是「合二姓之好，上以事宗廟，下以繼後世」，婚姻的締結是為了聯結男女兩個家族的姻親友好的關係，是為了祭祀祖先、傳宗接代，而男女雙方的感情並不在考慮之列，「中國向來認為戀愛和婚姻為兩件不相關連的事情……在中國按實說愛的概念，還不大發達，只有小說中的男女關係算是愛情，這固然為禮教所不許」，〔註 69〕一語道破中國漫長封建社會禮教對愛情的扼殺，以及愛情與婚姻分裂的現實。而這種「男女失其平權，戀愛失其均勢」〔註 70〕的無愛結合的婚姻，給男女當事人帶來了無窮的痛苦，至釀成許多家庭悲劇。五四時期，隨著「人」的發現，與個人生活緊密相關的愛情、婚姻、家庭等問題也浮出了水面。周作人的《人的文學》從人道主義出發，認為人的理想生活是靈肉一致的生活，愛與性應各不偏枯：「真實的愛與兩性的生活，也須有靈肉二重的一致。」許多報刊雜誌也都紛紛撰文討論，戀愛自由以及婚姻自由的思潮在「五四」時期得到前所未有的高漲。

五四時期中，隨著科學民主觀念和自由平等思想的傳入，戀愛自由的觀念深入人心，人們開始嚮往、讚美純真的愛情，1917 年《新青年》第 3 卷第5 號刊載了震瀛譯述的美國高曼女士《結婚與戀愛》一文。文中說：「愛情者，人生最要之元素也。極自由之模範也，希望愉樂之所由創作，人類命運之所由鑄造」，「貴為天子，富有四海，若愛情不屬於己，終難免離索之苦也。若愛情之我屬，則如冰天雪地，忽現陽春。甕腑繩樞，驟登大寶。是以愛情之魔力，足以使乞丐變為天上人」，並宣稱「一旦愛根既固，雖憲法之條文、世界國家之法庭、俱不能轉移之」。〔註 71〕他們甚至宣稱戀愛至上：「我十分相信，宇宙間除了真誠的，戀愛之外，什麼都是虛幻的，無意識的。只有真純的愛情，可以上參天地，下感萬物。」〔註 72〕「戀愛是神聖不可侵犯的，為了戀愛的緣故，無論什麼皆當犧牲：只有為了戀愛而犧牲別的，不能為了別的而犧牲戀愛。從這意義上，戀愛神聖也就是『戀愛自由』的意思：戀愛應

〔註 69〕長青：《戀愛與婚姻》，《盛京時報》，1925 年 4 月 17 日，第 5 版。

〔註 70〕世衡：《戀愛革命論》，梅生：《中國婦女問題討論集（第 4 冊）》，上海書店，1989 年影印本，第 76 頁。

〔註 71〕高曼著、震瀛譯：《結婚與戀愛》，《新青年》，第 3 卷第 5 號，1917 年 7 月 1日。

〔註 72〕漱琴：《我之理想的配偶》，《婦女雜誌》9 卷 11 號，1923 年 11 月 1 日。

該極端自由,不受任何外界的牽制。」〔註73〕強調戀愛是人類最根本的需要之一,「是人生的花,是精神的高尚產品」,〔註74〕「自由戀愛是男女互相愛悅的一種天真燦爛最真、最善、最美的感情」,〔註75〕大聲疾呼青年男女進行「戀愛革命」,以建設新社會平等的、自由的、真正戀愛的男女結合。

而瑞典婦女理論家愛倫‧凱戀愛婚姻學說,對「五四」時期青年產生了較大的影響。愛倫‧凱認為,極力推崇戀愛,甚至把戀愛當作一種「宗教」,認為宗教的情感一定要靠偉大的戀愛才能在人的心裏發生深刻的影響。其次,她指出戀愛的重要性:戀愛不僅是人類藉以繁衍種族的本能行動,戀愛是一種大力,父母把它遺傳給子女,它能在一切人類關係中起感應作用,並按照遺傳的程度使人類種族連結在一起而趨於高貴。因為人生各種事情都和戀愛有連帶關係。那些訴責戀愛的人不知道戀愛的全表現,不知道它是一切情感中最能擴大靈魂,使靈魂和諧的。而且戀愛最大的長處就在於能吸收一切其它愛中最高尚的性質,因為它將靈魂與肉體、個人生活與社會生活融合在一起。最後,她強調戀愛必須絕對自由,就是說必須完全依照當事人的選擇,其他的人,無論是社會、家庭、父母、法律都不能加一點限制或干涉。她的戀愛論沒有權利與義務,沒有強迫與佔有,是具有獨立人格的自由男女去追求精神、肉體的關係,是「精神同感與性生活的結合」〔註76〕。

隨著戀愛自由呼聲的漸漸高昂,爭取婚姻自由的思潮也逐漸彙聚成了席卷全國的熱潮。新文化知識分子們首先猛烈抨擊了傳統婚姻的罪惡,稱之為「買賣婚姻,劫掠婚姻,迫誘婚姻」〔註77〕,「把兩個不相合的人,聯為終生的伴侶,強迫地廝守著,人生的幸福快樂,遂全被剝奪了」〔註78〕,是「把男女當做陰陽螺旋,硬性要用機械的手段去湊合」,〔註79〕是「完全靠著專制的勢力和虛偽欺騙的手段,把一對素不相識的青年男女,牽合在一塊」,因此,「這種野蠻、強迫的婚姻,在現存社會絲毫沒有存在的價值」。〔註80〕而「將

〔註73〕 雁冰:《新性道德的唯物史觀》,《婦女雜誌》,11 卷 1 號,1925 年 1 月 1 日。
〔註74〕 周建人:《戀愛的意義與價值》,《婦女雜誌》8 卷 2 號,1922 年 2 月 1 日。
〔註75〕 世衡:《戀愛革命論》,梅生編:《中國婦女問題討論集(第 4 冊)》,上海書店,1989 年,第 76 頁。
〔註76〕 瑟盧:《愛倫‧凱女士與其思想》,《婦女雜誌》7 卷 2 號,1921 年 2 月 1 日。
〔註77〕 炳文:《婚姻自由》,《婦女雜誌》6 卷 2 號,1920 年 2 月 1 日。
〔註78〕 炳文:《婚姻自由》,《婦女雜誌》6 卷 2 號,1920 年 2 月 1 日。
〔註79〕 陳德徵:《袁舜英底死》,《新婦女》,4 卷 3 號,1921 年。
〔註80〕 妙然:《婚制改良的研究》,《新婦女》,1 卷 3 號,1920 年。

來的婚姻必須不受一切外力———一切法律經濟以及道德律等等——的約束，家庭完全是自由的園不是牢獄，而得彼此瞭解和諧共同合作的生活，這才是戀愛的眞的精神。」〔註81〕

其次，他們積極探討了婚姻自由的本質。他們認爲婚姻自由就是已成年的子女對於婚姻有完全的自由選擇權。炳文的《婚姻自由》一文，很有代表性。他對婚姻自由的本質內涵作了深刻的剖析。他認爲，現在的買賣婚姻、劫掠婚姻、迫誘婚姻，都不是自由婚姻，只有「自由戀愛的結合，才算眞實、正確、含有意義的婚姻———才算婚姻自由」，當然，婚姻自由，不是「沒有制限可以任意徑行的」，否則就成了「朝秦暮楚、送舊迎新的妓女性質了」，所以，婚姻自由，「仍舊要受法律規定」。由於婚姻也是一契約，契約有締約自由、解約自由，所以「婚姻也有訂婚自由、離婚自由和再婚自由」。總而言之，所謂「婚姻自由」就是「已成年子女，對於婚姻，有完全自由抉擇權。但是既經擇定之後，不得同時再有所選擇，這是維持一夫一妻制的要著。斯時選擇權雖然喪失，同時卻發生完全自由脫離權，既經脫離之後，又完全取得自由抉擇權了」。〔註82〕婚姻自由是嚴肅專注的，是以情愛爲核心爲轉移的。這可謂是對婚姻自由本質內涵的透徹理解與深刻把握。

進一步強調戀愛在婚姻中的重要性，「提倡以戀愛爲中心的結合」。愛倫‧凱的「結婚應以戀愛爲中心的，有戀愛的結婚無論那法律上的手續如何不完全仍是道德的」觀點，遂被五四新青年們奉爲圭臬。他們認爲只有通過自由戀愛，才能結成理想的夫婦關係。如胡適就宣稱，「專一的異性戀愛」應成爲夫妻婚姻生活中心點，若沒有一種眞摯的異性戀愛，那麼，共同生活便成了不可終日的痛苦，「只可說是異性的強迫同居」。〔註83〕李達也認爲「戀愛」是「男女結婚的中心要素」，「必定先有戀愛，方可結爲夫婦，必定彼此永久戀愛，方可爲永久的夫婦」，「而且彼此戀愛，個人相互間的幸福愈益增進，可構成社會的眞價值」，「夫婦間若無戀愛，便無道德，離婚也可，再婚也可，愛盡交疏，理之當然。」〔註84〕「由愛情結成的婚姻，方爲正當；否則，就和強姦無異」〔註85〕。當時的思想文化界普遍認爲，「沒有戀愛的婚姻，雖然

〔註81〕周建人：《戀愛的意義與價值》，《婦女雜誌》8卷2號，1922年2月1日。
〔註82〕炳文：《婚姻自由》，《婦女雜誌》6卷2號，1920年2月1日。
〔註83〕胡適：《論貞操問題》，《新青年》，6卷4期，1919年4月15日。
〔註84〕李達：《女子解放論》，《解放與改造》，1卷3號，1919年。
〔註85〕下天：《一件離婚的報告》，《婦女雜誌》8卷4號，1922年4月1日。

白頭偕老，神的最後的審判，仍逃不出一種強姦生活和賣淫生活」〔註 86〕，因此沒有愛情的婚姻是不道德的，無愛情者不應該結婚。

正是經過新文化知識分子們的大力宣傳，「婚姻須以戀愛為原則」，這個觀念已經深深根植於廣大知識青年的內心，「這在今日已成為自明的眞理，沒有討論的必要了」〔註 87〕，「已經沒有人敢說不是了」〔註 88〕。瑞典婦女運動家愛倫・凱的名言：「不論怎樣的結婚『有戀愛才算得道德』若沒有戀愛，即使經過法律上的結婚手續，也是不道德」在「現代已公認為婚姻的唯一原則了」。〔註 89〕

二、婚姻自由與離婚自由

中國封建社根本沒有法律意義上的離婚概念，也絕對不允許婦女主動提出離異要求，只有單方面「休妻」的習俗，並且還制定了「七出」的條例，也就是對男性離棄女性的七條規定。對此，瑟盧駁斥道：「所謂『七出』，不但要使男于在離婚上完全佔優勢的地位，實在要想永遠束縛女子，使他們成為萬劫不復的奴隸」。〔註 90〕

五四時期，傳統的婚姻制度開始受到挑戰，隨著戀愛自由思想的逐漸深入人心，離婚自由問題也成為人們關注和討論的熱點問題。當時報刊雜誌上發表的關於離婚問題的討論文章可謂汗牛充棟，如《東方雜誌》、《大公報》、《申報》、《民國日報》等，就刊載了許多探討離婚問題的文章，一些刊物還推出了「離婚問題」的討論專號，如陳望道在其主編的《民國日報》副刊《婦女評論》上推出的「自由離婚號」，以及章錫琛主編的《婦女雜誌》1922 年推出的「離婚問題專號」。尤其是《婦女雜誌》的「離婚問題專號」的討論，不僅涉及離婚的道德問題，結成婚姻的標準問題，還涉及婦女離婚之後的生存問題，並提出相對的救濟對策等等，從而把這場論爭引向深入。

新文化知識分子們首先全面探討了婚姻自由的本質，指出其不僅包括結婚自由，而且也包括離婚自由與再嫁自由。所謂離婚的自由，就是夫妻雙方

〔註 86〕YD 先生譯：《近代的戀愛觀》，《婦女雜誌》8 卷 2 號，1922 年 2 月 1 日。

〔註 87〕澹如：《戀愛結婚的失敗》，《婦女雜誌》9 卷 10 號，1923 年 10 月 1 日。

〔註 88〕周建人：《戀愛的意義與價值》，《婦女雜誌》8 卷 2 號，1922 年 2 月 1 日。

〔註 89〕記者：《戀愛結婚成功史》，《婦女雜誌》8 卷 3 號，1922 年 3 月 1 日。

〔註 90〕瑟盧：《從七出上來看中國婦女的地位》，婦運史研究室編：《五四時期婦女問題文選》，北京：三聯書店，1981 年，169 頁。

有「完全自由脫離權」，當對婚姻不滿時，任何一方有要求解除的權力。沈兼士認爲：「獨身、結婚、離婚，夫死再嫁，或不嫁，可以絕對自由」〔註91〕。吳炳文認爲，婚姻自由應包括「訂婚自由、離婚自由、再婚自由」，都將離婚自由看成是婚姻自由的重要組成部分。

　　關於離婚自由的必要性和重要性，當時的人們從各個角度進行了論證。如吳炳文認爲「婚姻也是一種契約」〔註92〕，契約有解除的自由，婚姻也應有離異的自由；張崧年認爲婚姻是「從愛情生出來的人間關係，便該純全隨著愛情定去留」，「男女有愛情便可共處，愛情盡了，當然走開」〔註93〕。在《婦女評論》創刊宣言中，陳望道比較了自由結婚與自由離婚，認爲二者「一樣的很重要」，「自由結婚是兩性青年對於父母專制的反抗，自由離婚卻是對於社會專制的反抗」，隨著父母包辦結婚制度的瓦解，自由結婚制日益得以實現，「但如果不同時鼓吹自由離婚，那就這自由結婚制也必然成了鎖鐐」〔註94〕。因此，他認爲：「既然要自由結婚，就該要求自由離婚！不然，豈不是未結婚時要自由，結婚了便不要自由了嗎？也許有人說，可以自由離婚，愛情便無保障。這也許是道理！但換一面看，又不是因無保障，更會細護愛情嗎？」〔註95〕因此，他們認爲自由結婚與自由離婚並行不悖。「自由結婚，不是單獨成立的，和自由離婚相對並峙的；因爲只有自由結婚而不能自由離婚，那家庭中悲愁慘淡的空氣和舊式婚制一樣。」〔註96〕同時他們認爲：「離婚的價值，實與自由結婚有同樣的價值，我們不可單獨提創自由結婚而對於離婚問題不稍顧問的。」〔註97〕甚至有人進一步指出：倡導自由離婚對於自由戀愛的發生和發展具有一定的推動作用，並在當時作爲一種好的現象被認可和提倡。「離婚對於社會，確是一種病的現象；然在向來用買賣或非戀愛結合的中國婚姻制度上，這實在是一種萬不能免的現象；而且這現象的發生，可說是買

〔註91〕沈兼士：《兒童公育》，《五四時期婦女問題文選》，北京：三聯出版社，1981年，第318頁。

〔註92〕炳文：《婚姻自由》，《婦女雜誌》6卷2號，1920年2月1日。

〔註93〕張崧年：《男女問題》，《新青年》6卷3號，1919年3月15日。

〔註94〕陳望道：〈婦女評論〉創刊宣言》，《陳望道文集》第1卷，上海人民出版社，1979年，第73頁。

〔註95〕陳望道：《我想（一）》，《陳望道文集》第1卷，上海人民出版社，1979年，第28頁。

〔註96〕顧綺仲：《自由離婚的價值》，《婦女雜誌》8卷4號，1922年4月1日。

〔註97〕顧綺仲：《自由離婚的價值》，《婦女雜誌》8卷4號，1922年4月1日。

賣婚姻非戀愛婚姻根本崩壞的表徵。」這種沒有感情基礎的離婚，是一種真正意義上的自由離婚。感情是維繫婚姻最重要的因素，婚姻不僅僅意味著是從法律上對兩者關係的一種認可，更重要的是彼此之間感情融洽的最集中的表現形式。

其次，批駁了離婚不道德的傳統觀念。沈雁冰在討論中指出「『道德問題』乃指兩性間的標準道德的問題。現在世界上，無論何國對於兩性的道德總沒有同一的標準，同樣的關係於性欲的事，男子犯了不為道德，女子犯了便為大不道德……現在的離婚大多都是根據了這個偏頗的兩性道德觀產生出來的……必須先解決兩性間標準道德問題，然後離婚問題有正當解決法」，因此「離婚與個人道德無損，在男子方面不為不德，在女子方面不為不貞。」〔註98〕他們進一步反駁離婚不道德的觀點，認為：「主張這種道德的，才是不道德，因為他們不但把女子看作非人，還把男女關係看作只是單純的性的關係」，〔註99〕「離婚這件事，決不是不道德的。只有一對毫無愛情的夫妻，社會上用了舊禮教來壓迫、束縛，不准他倆離婚，這才是不道德。」〔註100〕有論者還指出，「目前的離婚難完全是舊習慣舊道德所造成的」。〔註101〕於是，在婦女解放運動日益展開之際，道德問題便一時成為各大報刊討論的熱點。而樹立新的道德觀念，便作為一種進步主張被提出來。一些人士指出：「從兩性倫理上說，沒有戀愛的婚姻，完全是不道德，所以因沒有戀愛而離婚，是性的道德所以承認為最正當的辦法。」〔註102〕正如恩格斯所說：「如果說只有以愛情為基礎的婚姻才是合乎道德的，那末也只有繼續保持愛情的婚姻才合乎道德。……如果感情確實已經消失或者已經被新的熱烈的愛情所排擠，那就會使離婚無論對於雙方或對於社會都成為幸事。」〔註103〕。

當時社會上普遍存在著「尊重女性可否與自己不滿意的舊式妻子離異」？這樣的疑慮。1924 年的《婦女雜誌》的一位讀者就提出了這個問題。在這場

〔註 98〕沈雁冰：《離婚與道德問題》，《婦女雜誌》8 卷 4 號，1922 年 4 月 1 日。

〔註 99〕BL：《離婚問題的實際和理論》，《婦女雜誌》8 卷 4 號，1922 年 4 月 1 日。

〔註100〕夏梅：《自由離婚論》，《婦女雜誌》8 卷 4 號，1922 年 4 月 1 日。

〔註101〕紫瑚：《中國目前之離婚難及其救濟策》，《婦女雜誌》8 卷 4 號，1922 年 4 月 1 日。

〔註102〕紫瑚：《中國目前之離婚難及其救濟策》，《婦女雜誌》8 卷 4 號，1922 年 4 月 1 日。

〔註103〕恩格斯：《家庭、私有制和國家的起源》，《馬克思恩格斯選集》第 4 卷，北京：人民出版社，1972 年，第 78～79 頁。

討論中，有被稱爲「人道主義」派的論爭者，他們認爲，「因離婚而使女性生意外是危險的」也是不道德的，「黑暗的社會怎有個被丈夫擯棄而生活不能獨立的舊式女子站腳的地位呢」？〔註104〕這種貌似正義的道德觀念，在當時很是流行。爲了解除人們受此思想的束縛，一些知識分子倡導：「我以爲道德的眞價，不在盲目的消極的成人之美，乃在理性的積極的去人之惡。在從前的道德大家，有『從一而終』的腐敗思想，在最近的道德學者，有『人道主義』的新鮮觀念。兩者共同的最大錯誤，即在想以最簡單的腦筋來解決最繁雜的事實。⋯⋯離婚問題，決不是道德所可解決的⋯⋯一樣的受著經濟、政治、文化各種要素的不少的影響。而且道德的標準問題，亦隨個人而異其趣，更不能強人以一致的默從。」〔註105〕他們甚至宣稱「離婚問題，在某種意義上，也可以說是一個道德問題，但我們要分別清楚，說離婚是道德，或是不道德，都可以，然不能拿道德來干涉離婚，或把離婚來侵入道德。⋯⋯離婚應該完全絕對的自由，這種自由無論何種外界的勢力，哪怕是法律，道德，一樣的不配干涉，在中國這種新舊道德混雜的時期，正是離婚乘機增加數量的時期。凡一方面有充分的離婚的理由的人，你們要分離便是，從你們自己的心身分離起，不必怕什麼道德的非難。」〔註106〕

中國婦女受傳統的貞節觀念的禁錮著，離婚往往被視爲可恥和屈辱。針對這種落後觀念，新文化知識分子們提出了建設「新貞節論」。李季誠在《離婚與貞節及子女》一文中指出「離婚與貞節無關，至萬不得已，愛情絕對不可望恢復時，男女都應有離婚的自由，這也不過是『兩害相權取其輕』的意思罷了」；「因眞正的自由戀愛而結合成爲夫婦的男女，在戀愛的心理未斷或已斷而未將婚姻正式解除之時，不再與第三的男女因戀愛而發生性的行爲。無論男女離婚也好，結合也好，與這定義相違反的都是不貞節；不與這定義相違反的，都不能說是不貞節。」〔註107〕新的貞節觀念提倡，貞節是關於愛情的問題，而和離婚無關。「凡委曲求全於性的奴隸狀態下，便是被奸，被奸

〔註104〕《尊重女性可否與自己不滿意的舊式妻子離婚？》，《婦女雜誌》10 卷 4 期，1924 年 4 月 1 日。

〔註105〕易家鉞：《中國的離婚問題》，梅生編：《中國婦女問題討論集》第五冊，上海新文化書社 1923 年版，第 10 頁。

〔註106〕易家鉞：《中國的離婚問題》，梅生編：《中國婦女問題討論集》第五冊，上海新文化書社 1923 年版，第 11 頁。

〔註107〕李季誠：《離婚與貞節及子女》，《婦女雜誌》8 卷 4 號，1922 年 4 月 1 日。

便是失節！現在的婦女要想因離婚而獲得自由的光榮，第一不可不打破這種恐怖的寄生觀念」。〔註108〕只有轉變觀念，解除貞節對自由離婚的束縛，才能為自由離婚的實現提供廣闊的空間。

　　20 年代初，受婚姻自由思想的影響，傳統的婚姻觀念開始出現鬆動，離婚、再婚現象逐漸增多，這無疑體現了社會的進步。但新的社會問題也隨之出現，也就是在這股離婚潮中，更多的卻是男方單方面提出的離婚。女性往往成為犧牲者，尤其是一些長期脫離社會的女性，離婚使她們一下子處於生活無助、無可依靠的窘境。高山在《兩起離婚事件的感想》一文中提出了自己的思考「但是我以為夫妻之間，如感情已傷，離婚是正當的辦法，如一造愛情已經消滅，再叫他（或她）熱烈的去愛她（或他），這是不可能的事……總之，現在的中國是新舊過渡的時代，舊制度與觀念已經不適用，而新的還沒建設；有些婚姻還是有雙親待定，別有許多，雖出於自己的主權，但欲未成熟的戀愛裏，想望建設安樂的家庭，不失敗倒反是可怪了。代定的婚姻一經略覺不滿意，即打破他，找料想可以減少許多苦痛，未成熟的戀愛再靜待幾時或者即能可看出破綻來，就在目前許多苦痛，也都可省的。但我想對於這個人的錯誤少加批評，希望對於女子的犧牲表同情的人們能怎樣設法幫助女子，使她們能在社會上站些地位，怎樣用平等的制度和觀念，替代從前那些不平等的，才是根本方法呢。」〔註109〕對此，他們討論了婦女離婚之後的生存問題，並提出相對的救濟對策等，使關於離婚問題的討論，也具有了人性的深度。

　　民國前期知識分子對離婚問題的探索，很大程度上衝擊了舊式婚姻家庭制度，推動了婚姻家庭問題上民主、自由觀念的深入人心，並且促進了近代婦女解放運動。其中對個性主義的提倡，以及在此基礎上重建新性道德的設想，對推動現代性愛思潮的發展，起到了積極的作用。

三、關於「新性道德的討論」

　　性道德作為指導和制約兩性關係的行為準則和道德規範，包含著諸如婚戀觀、女性觀、貞節觀和生育觀等方面豐富的內涵。作為一個以儒家思想為

〔註108〕易家鉞：《中國的離婚問題》，梅生編：《中國婦女問題討論集》第五冊，上海新文化書社 1923 年發行，第 17 頁。

〔註109〕高山：《兩起離婚事件的感想》，《婦女雜誌》9 卷 3 號，1923 年 3 月 1 日。

主導的宗法制社會，傳統社會中道德力量極爲巨大，傳統性道德更是影響深遠。在中國歷史上，它一直制約著人的正常發展；對於女性而言，性道德更是一道枷鎖。性道德問題由此引起了新文化知識分子們的高度關注。在思想啓蒙的最初階段，《新青年》就對貞操問題進行熱烈討論，二十年代關於戀愛自由、婚姻自由、離婚自由的討論中，批判傳統舊性道德，呼籲建立現代的新性道德的聲音日漸高漲，《婦女雜誌》更是在 1925 年 11 卷 1 期推出了「新性道德專號」，明確提出建構「新性道德」的主張，並與堅持傳統性道德的守舊派、保守派，展開了激烈的論爭。

在《婦女雜誌》1925 年第第 11 卷第 1 期推出的「新性道德專號」中，章錫琛《新性道德是什麼？》、建人（即周建人）《性道德的科學標準》、雁冰（即沈雁冰）《新性道德的唯物史觀》是最有分量的三篇文章。他們首先批駁了傳統的性道德，指出舊的性道德就是建立在男女不平等的基礎上的片面貞操觀：「男子可以於正妻之外，同時與別的女子性交，而女子則絕對不能，這便是有史以來人類所公認的兩性間的正當關係——性道德」。〔註110〕他們對「貞操主義」進行了更爲激烈的批判：

> 新性道德反對片面貞操，並非即爲主張把舊性道德所責望於女子的貞操主義亦依樣的加之於男子身上：這是我先須知道的，舊日的貞操主義強令凡女子終身只能愛戀一個男子——或不如露骨的說，只能與一個男子發生性的關係——是片面的，故爲不合理，但是假若並要強令凡男子終身亦只可戀愛一個女子，則雖已改片面的爲兩面的，理論上似屬圓滿，而其爲不合理也如故。因爲戀愛不過是人類感情中之勢最強烈，質最醇潔，來源最深遠者而已，決不能保其永久不變遷；若依貞操主義的說法，便是強令男女擔保第一次的戀愛永不變遷，在勢必不可能，如果定要強而行之，則貞操主義必將徒存形式……〔註111〕

在他們看來，道德的標準應該是「第一，人的自然的欲求是正當，但這要求的結果須不損害自己的他人。第二，性的行爲的結果，是關係於未來民族的，故一方面更須顧到民族的利益」〔註112〕。因此節烈貞操是不道德的，因爲節

〔註110〕建人：《性道德之科學的標準》，《婦女雜誌》11 卷 1 號，1925 年 1 月 1 日。
〔註111〕雁冰：《新性道德的唯物史觀》，《婦女雜誌》11 卷 1 號，1925 年 1 月 1 日。
〔註112〕建人：《性道德之科學的標準》，《婦女雜誌》11 卷 1 號，1925 年 1 月 1 日。

烈不是女子的自然欲求，只是男子要永久佔有女子而設的牢籠，並且這種行為對於社會和民族也無裨益，而於自己非常有害，因此必須將之打破，建設新的性道德，也就是「反對片面貞操觀與夫婦形式主義」，提倡「戀愛應該極端自由，不受任何外界的牽制」〔註113〕的性道德。

　　章錫琛《新性道德是什麼？》一文，大張旗鼓地宣傳建立在戀愛自由上的新性道德觀。他指出新性道德的四個條件：第一個是離婚的自由，「結婚的雙方無論哪一方，感到他們的婚姻生活上有了極大的障礙，非分離不可時，便應該任其分離」。第二個是貞操問題，新性道德可以允許男女衝破戀愛的兩人關係。只要不損害於社會及其他個人，超出兩人的性關係也不能認為是不道德的。第三是戀愛的自由，「兩性的結合應建立在完全平等的基礎上」。第四關於性的欲望，「性的欲望乃是人類天然的欲望，把供給男子的性欲滿足認為是女子在結婚生活上的義務」是不道德的，女子同樣也有滿足的權利。〔註114〕章錫琛在闡釋「新性道德」時說：

> 舊來的性道德觀，最奇怪的，莫過於規定了性的行為只有在經過結婚形式的男女兩人間方可發生……已經成年而具有責任能力的男女，因了自己雙方的合意，互相結合，這是無論從那一方看來不會有害於社會及個人的，然而一般社會卻常常看做不道德。照新道德上看，男女間的性的行為，只要他們的結果不害及社會，我們只能當作私人的關係，決不能稱之為不道德的……甚至如果經過兩配偶者的許可，有了一種帶著一夫二妻或二夫一妻性質的不貞操形式，只要不損害於社會及其他個人，也不能認為不道德的。〔註115〕

周建人在《性道德之科學的標準》也表達了女子戀愛多人並非不道德的觀點來支持章錫琛的論調：「同時不妨戀愛二人以上的見解，以為只要是本人自己的意志如此而不損害他人時，決不發生道德問題的（女子戀愛多人也是如此）。」〔註116〕

　　新性道德討論的專號一經發表便遭到了來自反對派的猛烈攻擊，其中北大教授陳百年的批評較具有代表性。陳在《現代評論》雜誌上發表了《一夫

〔註113〕雁冰：《新性道德的唯物史觀》，《婦女雜誌》11卷1號，1925年1月1日。
〔註114〕章錫琛：《新性道德是什麼》，《婦女雜誌》11卷1號，1925年1月1日。
〔註115〕章錫琛：《新性道德是什麼》，《婦女雜誌》11卷1號，1925年1月1日。
〔註116〕建人：《性道德之科學的標準》，《婦女雜誌》11卷1號，1925年1月1日。

多妻的新護符》，批評章錫琛有支持「一夫多妻」的嫌疑，「足以爲過一夫多妻的生活的人所藉口，足以爲一夫多妻的新護符」，〔註117〕主張還是一夫一妻制和維持適度的性欲比較適合中國國情，其次陳嚴屬質疑了新性道德有縱欲傾向。

針對陳百年的攻擊，章、周二人借申辯的機會來擴大「新性道德」論的影響力，分別寫了《駁陳百年教授〈一夫多妻的新護符〉》、《答〈一夫多妻的新護符〉》兩文，掀起了新一輪的論戰。

論戰的焦點是新性道德與一夫一妻制之間的關係。面對新性道德是一夫多妻制新護符的攻擊，章錫琛認爲新性道德乃是立足於愛他和利己的性的解放，不可與舊式一夫多妻制相提並論。並且他認爲眞正的一夫一妻制，應該是「樹立在兩性關係完全自由的基礎上」，「絕不能像現在通行的以妻爲夫的佔有物，彌補虛僞的道德，獎勵黑暗的罪惡」。〔註118〕周建人也重申戀愛的重大意義：「我們所說的性關係是指戀愛的狀態，自由的意志，且秉承男女平等關係，批評我們是舊式一夫多妻制的護符簡直就是無稽之談。」〔註119〕在面對陳百年質疑新性道德有縱欲傾向時，章、周二人也進行了駁斥，他們認爲法律倫理、野蠻的所有權觀念、嫉妒道德這三種所共同維護的嚴格的「一夫一妻」是表面的，根本無法束縛想要縱欲的人們。只有眞正理解並實踐新性道德的人們才能身體力行「一夫一妻制」。

顯然，「新性道德」觀雖然強調男女間性愛的自由，但是這種自由是以戀愛爲前提的，其中蘊含著覺醒了的現代人人格的自律，所以當時參加討論的顧均正和許言午聲稱：「章先生的原意所謂一夫二妻或二夫一妻的不貞操形式，是指當事人中有眞眞的以人格抱合的戀愛而言」〔註120〕；「要知道周章二先生所說的都須由於戀愛的狀態」〔註121〕。

當然，「新性道德」論爲了要打破傳統貞操觀對於戀愛自由的束縛，爲此不惜過度強調戀愛的肉欲因素和自由程度。這種傾向發展到後來走向了極

〔註117〕陳百年：《一夫多妻的新護符》，《現代評論》，1925 年第 14 期。

〔註118〕章錫琛：《新性道德與多妻》，《現代評論》，1925 第 22 期。

〔註119〕周建人：《答〈一夫多妻的新護符〉》，《莽原》，1925 年第 4 期，1925 年 5 月 15 日。

〔註120〕顧均正：《讀〈一夫多妻的新護符〉》，章錫琛編：《新性道德討論集》，上海開明書店，1925 年，第 148 頁。

〔註121〕許言午：《新性道德的討論——讀陳百年先生的〈一夫多妻的新護符〉》，章錫琛編：《新性道德討論集》，上海：開明書店，1925 年，第 155 頁。

端，一些激進者的戀愛觀念從以前單方面強調精神因素，轉向了單方面強調肉欲因素，提倡純「肉」化的「性交自由論」。他們認為，性交自由不是可恥的行為，而是「超道德的價值判斷的行為」〔註122〕，從而反對一切形式的貞操，認為「無論過去的貞操，現代的貞操，單方面的貞操，雙方面的貞操，或者『自發的貞操』，都是『掠奪與壓迫』而欲取得社會承認權的結果……貞操簡直是垃圾箱中的廢物，而不可以一用的廢物」。〔註123〕。「性交自由論」自然遭到了「靈肉一致戀愛論」者的強烈反對，他們指出「太聽順於肉的衝動，而忽略於靈的追求，這是足使人或社會流於鄙薄，庸俗，而缺乏向上的優越。」〔註124〕針對「性交自由論」者反對一切形式的貞操，他們提出戀人之間應該相互保守「戀愛的貞操」，即「不與無感情的契合的異性發生性交的行為」〔註125〕。實際上，這種所謂的「貞操」，也就近似於今人所謂的戀人之間的「專一」。但是，即使是「戀愛論」者，也從不否認愛情中包含著肉欲的因素，「沒有性欲當然沒有戀愛」，「性欲與戀愛不能分離」〔註126〕，區別戀愛與亂交的關鍵在於「有無全靈魂的真摯的靈的交感與擁抱」〔註127〕而已。

在這次討論中，我們可以看到，章、周二人的婚戀觀實際上已經由西方的現代一夫一妻形式過渡到了一種更為自由、浪漫、現代的兩性關係，並且充分具備了一種現代的男女平等意識。只不過西方自由主義思潮還未被近代中國廣泛接受，因此，他們超前的性道德論必然遭到傳統道德的駁斥。而性交自由論者在此基礎上走得更遠，他們的主張也許不無過激之處，但是他們主張從性的根本上解放婦女，進而解放人類、改造社會，卻也具有相當重要的理論意義。

第四節　先知的悲劇──張競生及其性學研究

在二十世紀上半葉，中國很多現代知識分子都曾對性投入了精力，做了多樣的探索，如蔡元培、周作人、周建人、章錫琛、潘光旦等等，或以科學

〔註122〕劍波：《談「性」》，《新女性》3 卷 8 期，1928 年。

〔註123〕謙弟：《非戀愛與戀愛》，《新女性》3 卷 5 期，1928 年。

〔註124〕陳醉云：《個性本位的戀愛》，《新女性》3 卷 12 期，1928 年。

〔註125〕晏始：《答劍波謙弟二君》，《新女性》2 卷 9 期，1927 年。

〔註126〕晏始：《答劍波謙弟二君》，《新女性》2 卷 9 期，1927 年。

〔註127〕陳望道：《戀愛論發凡》，《陳望道文集》（第一卷），上海人民出版社，1979年，第 112 頁。

的態度對性進行研究，或從倫理道德的角度向舊道統宣戰，以建立新的性道德觀。張競生是其中之一。他曾在北大的課堂上開設性育講座，出版《美的人生觀》、《美的社會組織法》等宣傳性美性育的專著，1923 年在《晨報副刊》上引發了一場關於「愛情定則」的大討論，從而譽滿天下。然而轉瞬間，他又因為《性史》（1926 年）的出版，引起一場大風波，從此謗滿天下，聲名狼藉。而創辦《新文化》月刊，更是讓他從此不見容與新文化學術主流，被攆出學術領地，剝奪了話語權，獨守一隅，默默而終。可以說，張競生的一生因為與性相連，充滿了悲劇色彩，其著作被普通民眾看作色情文化，被封建衛道士口誅筆伐，被當權者列為禁書查封，也受盡當時標榜民主科學的思想文化界主流學者們的誤解與嘲諷。

在《兩度旅歐回想錄》中，張競生有一段夫子自道，值得一讀：

> 有人要這樣問：「既是學者，又有錢遊歷全世界，別項學問又那樣多，偏去考究那個穢褻的陰户問題，實在太無謂吧！」現先當知的是對這個問題的觀察點，常人與學問家，根本上不大相同。常人不肯說，不肯研究，只要暗中去偷偷摸摸。學問家則一視同仁：他們之考究陰户與別項性問題，也如研究天文之星辰運行，日月出沒一樣。這個並無所謂穢褻，與別種學問並無所謂高尚，同是一種智識，便具了同樣的價值。且人生哲學，孰有重大過於性學？而民族學、風俗學等，又在在與性學有關。學問家，一面要有一學的精深特長；一面，對於各種學問，又要廣博通曉。無論哪種學問，都可研究。而最切要的，又在研究常人所不敢或不能研究的問題。〔註128〕

從這段話中，我們可以看到張競生是以何等決絕的勇氣進行他的性學研究的。張曾說：「毀譽原無一定的，凡大思想家類多受詆於當時而獲直於後世者。世人蠢蠢而不知賢者之心情，而賢者正不必求世人之諒解。」〔註129〕他清醒地知道自己的思想超前於時代會有怎樣的悲劇，但還是沒有退縮。他一生因宣揚性學而運命多舛，也算求仁得仁吧。

歷史已經翻開了新的一頁，到今天，張競生「20 世紀中國性學第一人」、「中國計劃生育第一人」的地位已經得到了大家的公認，他也是第一個把性

〔註128〕張競生：《張競生文集》（下卷），廣州出版社，1998 年，第 230 頁。
〔註129〕張競生：《〈懺悔錄〉第三版序》，《張競生文集》（上卷），廣州出版社，1998 年，第 404 頁。

提高到美的高度來公開提倡的人，其學說和思想也得到了越來越多的人的重視和研究。正如李敖所言：

> 編《性史》的張競生，主張在教室公開做人體寫生的劉海粟和唱毛毛雨的黎錦暉，被傳統勢力目為「三大文妖」。可是，時代的潮流到底把「文妖」證明為先知者。〔註130〕

一、愛情定則大討論

1923 年 4 月 29 日，《晨報副刊》發表了張競生的《「愛情定則」與陳淑君女士事的研究》，一石激起千層浪，引發了一場關於「愛情定則」的大討論。

事件的起因是北大教授譚熙鴻與陳淑君的婚姻事件。1923 年，時年 33 歲的北京大學生物系主任譚熙鴻喪妻（陳緯君），兩個月後譚即與其妻妹、22 歲的陳淑君（北大的學生）相戀，進而結婚（陳緯君、陳淑君均為汪精衛之妻陳璧君的妹妹）。陳淑君在廣東的未婚夫沈原培聞訊趕赴北京，在報章著文痛斥譚熙鴻無行，陳淑君負義。後陳雖著文聲明與沈並無婚約，但一般輿論界仍對譚、陳進行口誅筆伐。譚留法時的學友、北京大學哲學系教授張競生遂撰寫《愛情的定則與陳淑君女士事的研究》一文，為譚、陳辯護。

張競生在文章中首先指出了愛情的定則有四項：

（1）有條件的。這些條件舉其要的：為感情、人格、狀貌、才能、名譽、財產等項。凡用愛或被愛的人，都是對於這些條件，或明較，或暗算，看做一種愛情的交換品。那麼，條件愈完全的，愛情愈濃厚。條件全無的，斷不能得多少愛情的發生。

（2）是可比較的。既然愛情是有條件的，所以同時就是可比較的東西。凡在社交公開及婚姻自由的社會，男女的結合，不獨以純粹的愛情為主要，並且以組合這個愛情的條件多少濃薄為標準。

（3）是可變遷的。因為有比較自然有選擇，有選擇自然有希望善益求善的念頭，所以愛情是變遷的，不是固定的。大凡被愛的人愈有價值，用愛的人必然愈多。假使在許多用愛中，被愛的暫

〔註130〕周彥文：《張競生：中國出版史上的失蹤者（序一）》，張競生：《張競生文集》（上卷），廣州出版社，1998 年，第 5 頁。

時擇得一人，而後來又遇見一個比此人更好的，難保不捨前人而擇後了。

（4）夫妻爲朋友的一種。愛情既然是有條件的、可比較的、可變遷的，那麼，夫妻的關係，自然與朋友的交合有相似的性質。所不同的，夫妻是比密切的朋友更密切。所以他們的愛情，應比濃厚的友情更加濃厚。〔註131〕

據此四原則，張競生替悔婚另嫁的陳女士辯護。他認爲「他們以舊式眼光審視，陳女士應生爲沈家人，死爲沈家鬼，再不能另有選擇了。現在我們應當明白，婚姻應當自由，要訂婚就訂婚，要解約就解約，即使結爲夫婦，也可以離婚姻。」並且盛讚「陳女士是一個新式的、喜歡自由的女子，是一個能瞭解愛情，及實行主義的婦人。」「我個人對於陳女士不獨要大大原諒她，並且要贊許她。」〔註132〕

張競生的此番言論一石激起千層浪，引起了熱議，《晨報副刊》的主編孫伏園從中發現了一個值得探討的社會問題，爲此在該刊特闢「愛情定則討論專欄」。從4月到6月，《晨報副刊》從眾多的來稿中選刊了稿件24篇、信函11件，共計35篇。參加討論的除魯迅、許廣平、孫伏園外，據落款處的簽名可以看見，有16位明確注明自己的單位爲北大、朝陽大學、法大、平大、南開、中國大學、精神哲學社，其他的參與者大致可推斷多爲接受過高等教育的「新青年」，其中大部分都反對張競生的觀點。編者也稱「很使我們失望，裏面有大半是代表舊禮教說話，可見現在的青年並不用功讀書，也不用心思想，所憑籍的只是從街頭巷尾聽來的一般人的傳統見解」〔註133〕

反對者的意見主要集中在兩點：首先不承認愛情是有條件的，認爲「絕不應滲入旁的一絲條件，不然，便不能算眞正愛情，純正戀愛」。〔註134〕因此他們質疑：「以條件的優劣，爲愛情的轉移。那麼他原來的目的，不是爲愛情而講愛情。完全是爲得物質上的驅使，或欲望上的衝動而講愛情。這種愛情，

〔註131〕張競生：《愛情的定則與陳淑君女士事的研究》，《晨報副刊》，1923年4月29日。
〔註132〕張競生：《愛情的定則與陳淑君女士事的研究》，《晨報副刊》，1923年4月29日。
〔註133〕編者：《愛情定則的討論》，《晨報副刊》，1923年5月18日。
〔註134〕鍾孟公：《關於愛情定則討論的來信（二）》，《晨報副刊》，1923年6月12日。

還算愛情嗎？」〔註135〕並進一步發難：「如果一個女子因為他的丈夫生的醜陋，轉嫁別人，張先生以為這種行為是合理的嗎？如果一個女子因為丈夫家窮而另嫁有錢的夫婿，張先生以為這種舉動不算得棄貧重富嗎？又如果一個大學教授的妻子因大學教授雖有名譽而究不及一官僚或軍官，張先生以為這種女子也不應該受社會的鄙賤嗎？」〔註136〕

其次，他們認為愛情是不可以比較和選擇的。在他們看來條件是有高有低的，「在地位，資望，名譽上說：有學士，還有博士；有教授，還有校長；有大總統，現在還有太上大總統；有小區區地學者，還有大名鼎鼎地學者，其他還多得很，我們舉不勝舉。」〔註137〕其他如財產、才能、門閥也都如此。如果愛情可以比較的，那麼就可能出現「今天見好的，愛情變遷了，因而至於愛好的，明天見更好的，愛情變遷了，又去愛更好的」〔註138〕的情形。那時的愛情「比孫悟空還要變化得多。在無婚姻制度實行亂交的無政府主義時代，或者會行得通」，〔註139〕「那麼盡可以將訂婚結婚這種手續廢去，何必找許多麻煩？實行『亂交』好了！」〔註140〕

從他們的反覆辯詰中，我們可以清楚地看到在新舊觀念的交互影響下，一般知識階層是如何構造他們糅合新舊的畸形的雙重愛情標準的。一方面他們受時代思潮的感染，承認戀愛自由、結婚必須以愛情為基礎的正當性；另一方面，他們又把愛情的比較和變遷的原則限定在婚前：「愛情是變遷的，這話我們不敢否定。我們要請教張先生的是：愛情雖可變遷，但愛情的變遷是不是應該加以限制？女子在未定婚或未結婚以前，慎重其事，嚴格擇人，這種態度自然是極應佩服的。但如果既與人定婚或結婚，而其後只因遇著了條件更合適的人，於是不管自己的夫婿有罪無罪，有人格沒人格，對待自己的感情如何，隨隨便便的便把愛情變更，這種女子難道配受人的原諒嗎？這種行為難道還算得正當嗎？」〔註141〕耐人尋味的是，當時參加討論的許廣平，化名維心，也站在舊禮教一邊，否定了張競生的觀點，並對譚陳二人的婚事

〔註135〕丁勒生：《愛情定則的討論之六》，《晨報副刊》，1923年5月22日。
〔註136〕丁文安：《愛情定則的討論之四》，《晨報副刊》，1923年5月20日。
〔註137〕丁勒生：《愛情定則的討論之六》，《晨報副刊》，1923年5月22日。
〔註138〕世良：《愛情定則的討論之三》，《晨報副刊》，1923年5月19日。
〔註139〕彭拔勳：《愛情定則的討論之十一》，《晨報副刊》，1923年5月26日。
〔註140〕黃慎獨：《愛情定則的討論之二十》，《晨報副刊》，1923年6月6日。
〔註141〕陳兆疇，梁國常，張澤熙，陳兆畔：《愛情定則的討論之三》，《晨報副刊》，
　　　　1923年5月19日。

加以批評，甚至還嘲笑陳淑君的見異思遷：「我個人理想，以爲愛情是最眞摯，不屈於一切的。彼此如果有深厚愛情……忘我忘他，捨生捨死，心中目中，只有一人，那時尚容得著比較嗎？尚有可以變遷的嗎？」「譚陳僅月餘的同住就結婚，恐怕不算得徹底的下功夫加一番考慮，他們雙方如果一方有理智的判斷在裏頭，則斷不至於有條件的比較而變遷，張君更稱陳是能瞭解愛情，實行主義的，在這裏我就有點疑惑，陳愛情變遷，何以不在一個月以前（在粵）而在來京以後呢？廣東盡很多條件豐富的人，何以陳未選著一個？偏偏到京就選著呢？難道因爲廣東有沈在旁不便選擇嗎？那麼，陳是不能算的喜歡自由的人」。〔註 142〕

　　針對反對者的意見，張競生寫了《答覆「愛情定則的討論」》，分上下篇，刊登在《晨報副刊》1923 年 6 月 20 日和 22 日，進行了答辯，同時也是爲這場討論做結。張競生在文中首先駁斥了「愛情是神秘的、無條件的」觀點。其次，對於爭論較爲激烈的「愛情比較和變遷的原則是否適用於婚後」，張競生作出了肯定的回答。他認爲愛情變遷既適用於選擇期，也適用於訂約期及成婚期，即無論在何時期皆可因選擇而變遷。他指出那些認爲比較與變遷定則僅適用於婚前的人，是把愛情與婚姻制度混爲一談了，因此只局限於婚姻倫理道德的約束而沒有看到情愛才是夫妻間離合的條件。另外，他強調要從向上和進化方面去改善愛情，「使一些男女在選擇的時候，應當有一個客觀的美滿愛情的條件爲標準；即在已成夫妻的人，也當知愛情可以變遷的，應當竭力向上，取得一個進化愛情的訣竅。」〔註 143〕

　　從討論中我們可以看出，張競生的理論，實際上是以情人制和反婚姻制爲基礎的。這與他在《美的人生觀》和《美的社會組織法》中提出的「美的性育」、「情人制」是一脈相承的。他認爲「自婚姻制立，夫婦之道苦多而樂少」，「男女的交合本爲樂趣，而愛情的範圍不僅限於家庭之內，故就時勢的推移與人性的要求，一切婚姻制度必定會逐漸取消，而代爲「情人制」。〔註 144〕其理由是：第一，「愛的眞義不是佔有，也不是給予，乃是欣賞的。」〔註 145〕而這樣一種相互之間的美的欣賞，只有在情人之間才能得以長期保持；第

〔註 142〕維心：《愛情定則的討論之十》，《晨報副刊》，1923 年 5 月 25 日。

〔註 143〕張競生：《答覆「愛情定則的討論」（上）》，《晨報副刊》，1923 年 6 月 20 日。

〔註 144〕張競生：《張競生文集》（上卷），廣州出版社，1998 年，第 151 頁。

〔註 145〕張競生：《張競生文集》（上卷），廣州出版社，1998 年，第 152 頁。

二，愛離不開美，只有美才能得到愛。一位男子要在情場上獲勝，就不能不發憤，不能不注意美的外貌，不能不注意性情的提高；女性出於競爭，也會保持衣飾及住室之美。因此，「愛與美乃屬情人制下的雙生兒，一個社會如能行情人制，自然能得到愛與美的創造與進化。」〔註146〕也就是說，情人制當以情愛作為男女結合的根本條件，因此，無論是日日換伴侶，或者自始自終僅有一個情人，只要能領略真正的情愛則不妨。

當然，張競生的觀點，即使是現在看來，也是相當激進的。但就這場討論本身來說，能夠公開討論愛情為何物，在當時的社會，意義的重大，也是無須贅言的。

新文化運動中，各種思想的交鋒頗為激烈，論戰諸多。幾乎就在這場「愛情定則」論戰進行的同時，另一場關於「科學與玄學」論戰也在《晨報副刊》上如火如荼的進行著。比較一下這兩場論戰，我們發現歷史頗為意味深長之處：「科學與人生觀」論戰由《晨報副刊》於1923年5月開始，至6月結束，共刊載討論文章21篇。「愛情定則」大討論則由1923年4月29號刊載張競生的《「愛情定則」與陳淑君女士事的研究》一文開端，一共刊載了36篇討論文章。參與「科學與人生觀」論戰的多為知名學者，如胡適、丁文江、吳稚暉、陳獨秀、梁啓超、張君勱等；而參與「愛情定則」討論的，除了魯迅以外，幾乎全是名不見經傳的一般讀者。臺灣學者彭小妍的話也許不無道理：「這個現象可能是某種重要事實的指標，而由於五四研究一直偏重於民主、科學救國的迷思，這個事實便被忽略了。筆者要指出的事實是，民主、科學的關懷可能屬於五四精英文化的層面，而一般多數民眾真正關心的多半是家庭、婚姻、愛情等問題，因為這才是個人能切身體驗到的。」〔註147〕「科學與玄學」論戰作為中國現代三大學術論戰之一（李澤厚語），被後來的學者一再提起；而「愛情定則」論戰卻長期在歷史的塵煙中幾乎被淹埋，以至長期被遺忘，其中的原因，也值得我們深思。

二、《性史》風波

「愛情定則的討論」使張競生聲名大噪，而1925年他在北大哲學系任教

〔註146〕張競生：《張競生文集》（上卷），廣州出版社，1998年，第153頁。
〔註147〕彭小妍：《性啓蒙與自我的解放——「性博士」張競生與五四的色欲小說》，《文藝理論研究》，1995年第4期。

期間（1921～1926）所編的講義《美的人生觀》、《美的社會組織法》的相繼出版，也為他在學界贏得了很高的聲譽，如周作人對《美的人生觀》就予以了相當高的評價。而1926年《性史》的出版，卻造成一場聳動社會的風波，使張競生一下子聲譽掃地，「性教父」「性博士」「賣春博士」「文妖」「大淫蟲」諸惡名被身，謗滿天下，「從此既不諒於社會，又不容於鄉黨」。〔註148〕可以說，《性史》風波是導致張競生「身敗名裂」的直接原因，也是他人生悲劇性的轉折點。那麼，這場聳動社會的風波，究竟是怎麼回事呢？

1923年5月，北京大學國學門成立「風俗調查會」，張競生出任主任委員。他擬定風俗調查表，列出30多項，其中有「性史」一項，後經會員們（皆為當時的北大教授）討論，議定將性的調查另出專項。1925年深秋，張競生在《京報副刊》上發出《一個寒假的最好消遣法》徵稿啟事，正式向社會徵集性史。來稿出乎意料地踴躍，他從收到的 300 餘篇稿件中精心選出有代表性的七篇，加上序言和對每一篇的批語，編為《性史》第一集，於1926年4月，由性育社印行出版。

《性史》出版，不啻投向當時保守的中國社會的一枚炸彈，頓時引起了軒然大波。人們爭相傳閱，先睹為快，有人描述其效應是：「正人君子搖頭歎息，而又在暗中讀得津津有味；封建衛道士更氣急敗壞，活像掘了其祖墳。」《性史》出版後僅四個月，便先在天津遭禁。南開學校校長張伯苓，致函警察廳，將《性史》與《情書一束》、《夫婦之性的生活》、《渾如篇》等書列出，稱「誨淫之書，以此為最，青年閱之，為害之烈，不啻洪水猛獸。」於是警察廳下令將《性史》等書全部沒收，並且「嚴密查察，如有售賣，送案究懲，勿稍姑息，以維風化」。此後，《性史》在其他地方也紛紛遭禁，許多學校也貼出查禁此書的公告。《性史》遂被目為色情作品的同義語。

引起這麼大風波的《性史》，真的就是洪水猛獸嗎？

《性史》第一集中共有七篇以第一人稱講述個人性經歷的自敘故事，涉及性衝動、性覺醒、性遊戲、性飢餓、性冷淡、手淫、偷情、性和諧、性高潮等多個方面的問題。在每一篇文章的篇末，張競生都附上針對某一性問題，諸如夫妻如何通過性生活協調雙方情感問題、避孕問題、女性性高潮問題等等，寫成通俗而科學的「編後語」。在《性史》序言中，張競生寫道：「這部《性史》不是淫書，乃是科學及藝術的書。凡有眼者只要開眼一看便即了然」，

〔註148〕張競生：《張競生文集》（下卷），廣州出版社，1998年，第450頁。

「在這書中，無所寫的為正態為變態，只要它是實在，它便具有科學的價值。它與淫書不同處，淫書是以作者個人虛構的情狀，專門挑動讀者的獸欲為宗旨。這書乃以科學的方法，從種種的實在方面描寫，以備供給讀者研究的材料。」「陰陽器官為我人身體上最要的機關，明白它的構造便明白了人身大部分的生理學。講究它的衛生，是講究一部分極緊要的衛生學。研究它的作用，即得到了人類許多的行為論及優生學。知道了性的衝動是何因由與何結宿，我們就知道了不少的性心理學。」〔註149〕也就是說，張競生是以科學與藝術的態度，以圖啓迪國人的性蒙昧。

　　《性史》之所以受人詬病，與其第一人稱自敘傳的敘事形式有很大關係。考查《性史》裏特殊的自傳體敘事形式，明顯可以看到英國著名的性學家藹理斯的《性心理學》的影響。在《性心理學》中，藹理斯為了強化同性戀為一種天生、自然且無害的現象，在《性欲內轉》的部分編排了幾個同性戀人士的自傳投書。翻閱過後，我們不難發現這些自傳性敘述生活化了生硬的理論，較之理論的辨析來得更具說服力。張競生在法國留學期間就接觸到了藹理斯的著作，也感受到這種自傳形式的力量，在回憶錄《十年情場》中，張競生說到：「我當時受了英國大文豪藹理士那一部六大本世界聞名的性心理叢書極大的影響。在這部書中，藹氏於論述各種性的問題後，就附上許多個人的性史。因為要成為一種科學，當有這件科學的證據做材料。那麼，假如性也要成為科學，當然要先有性史做材料。性史就是『史』，就是性的材料，愈多愈好，不管它是正常的，或是變態的，都應一齊包括，搜集起來，然後就其材料整理，推論它的結果，而成為一種科學的論據。我當時抱著這個野心想在我國人性行為中，做出一點科學的根據，所以我也學藹氏先從性史搜集材料了」。因此，《性史》中的「自傳故事」，張競生顯然是當成是「案例故事」加以運用的，是與藹理斯的治學途徑一脈相承的。《性史》中關於性經驗的自傳，如果沒有了張競生的評語，就不能算是完整。也就是說，這些自傳故事只是他用來闡述理論的「數據」罷了。所以如果認為張有意把它們當作「文學作品」，顯然就和他的原意大相徑庭了。因此，周建人的指責「那些性的經歷的自述，差不多大部分盡是事實的敘述，描寫性生活之處，也多是文學的」，「一般人所需要的是由論料得來的結論，而不是論料本身」，〔註150〕就顯得很蒼白了。

〔註149〕張競生：《張競生文集》（下卷），廣州出版社，1998 年，第 366 頁。
〔註150〕張培忠：《文妖與先知‧後記》，北京：三聯書店，2008 年，第 414 頁。

　　其次，《性史》每一篇自敘文後都附有張競生的按語，這些個人自傳和按語緊密相連，明顯體現出是張按照其性學教育的目的，而刻意編排的。在這些按語中，張提到的性學知識，有歇斯底裏和性壓抑的關聯，「第三種水」的理論，瑪麗·司托潑夫人在《結婚的愛》和《賢明的父母》等書中闡釋的女性性學理論，藹理斯的《性心理學》，經期和性欲的關係以及兒童性教育等等。在這些按語中，張競生揭開了女性情欲的秘密來確保兩性性行爲的雙方協調，並且鼓勵女性的情欲自主而非被動地等待，是他在《美的人生觀》、《美的社會組織法》中的性美學理論的進一步闡發。

　　而張競生在《性史》當時被人攻擊得最狠的一個觀點是他的「第三種水理論」。「第三種水」是他爲「一舸女士」的《我的性經歷》寫的按語中提出的。他認爲女性達到極愉快的性高潮時，有的人會有「第三種水」射出。這被衛道士以及許多性醫學家斥之爲無稽之談，如周建人和周作人都斥之爲「僞科學」。但現代性學的發展已然證明「第三種水」是一種客觀存在，是女性性高潮時從巴氏腺囊釋放出來的體液。1958 年，德國女科專家格萊芬堡通過科學手段予以證實，及後還出版了專著《格氏點》，又稱「G 點」。並且即使是到了今天，性學在醫療體系中已成爲一門學科，但是女性的身體至今仍是醫學上最難解的謎團之一。因此輕易地判斷張競生的性學知識爲僞科學，終究不是嚴謹的治學態度。

　　張競生後來在談到出版《性史》的意圖時，再三強調目的是「使閱者對於今後的性欲，一面得了科學的教訓，而一面又得到了藝術的技能，希望由此方法使這個被世人誣衊爲猥褻與誤會爲神秘的性欲，變成爲實踐最美妙、最興趣和最神聖的事業」，結果事與願違：「我敢向天，向自己的良心宣誓，我的立意是正當的，但效果竟出我意料之外」，〔註 151〕「性學淫書被人混視爲一途了，我雖努力改正我的錯誤，已來不及了。『性學博士』的花名與『大淫蟲』的咒罵，是無法避免了。時至今日，尚有許多人不諒解。」〔註 152〕他在自傳性質的作品《十年情場》中說：「近來有些人以爲我是巴黎長期的學生，習染了法國的淫風。看《性史》如豬狗的苟且，盡情地任它發泄出來。又有人疑我是一個『大淫蟲』，荒誕淫逸，《性史》就是現身的說法！」〔註 153〕《性

〔註 151〕張競生：《張競生文集》（下卷），廣州出版社，1998 年，第 103 頁。
〔註 152〕張競生：《張競生文集》（下卷），廣州出版社，1998 年，第 108 頁。
〔註 153〕張競生：《張競生文集》（下卷），廣州出版社，1998 年，第 103 頁。

史》之所以讓張競生身敗名裂、橫遭非議，原因當然也是多方面的。

　　首先是大量盜版書商冒用張競生的名字瘋狂盜印，編造《性史》第二集、第三集乃至十幾集，還有性質相同的《性藝》、《性典》、《性史補》等等，據臺灣學者彭小妍稱「現在光是在東京大學的圖書館，就可以找到十冊《性史》的續集。」〔註154〕而這些粗製濫造、猥褻不堪且多模仿明清色情作品的偽作，的確給張競生帶來了很大的困擾，使他聲名狼藉。事實上，《性史》初版時，張競生名之以《性史第一集》，並且預告說將在續集中說明自身的性經驗，這都表明計劃之中還有續集出版。然而眾多偽作的搶先出版，以及形勢的急轉直下，迫使得張競生不得不放棄早先的計劃了。

　　其次，是來自當時標榜民主自由的思想文化界的學者們的誤解。正如陳平原先生所指出，張競生的長期被埋沒，「政府迫害以及民眾愚昧固然是重要因素，但此外，還必須直面一個殘酷的事實：真正讓張競生『無地自容』的，正是佔據20世紀中國思想學術主流地位的五四新文化人及其後學」。〔註155〕如性學專家潘光旦就曾嚴厲地批判《性史》：「藹氏也搜集過性史一類的材料，並且也曾發表過；他的六大冊性心理研究論叢裏，有好幾本後面附有這種史料。可是要注意的，藹氏性研究的文字，是以學理之探討為主體，中間穿插著這種史料，以示例證；至於徵求到的個人自敘的歷史，則擇優用小字在書尾附印，聊備參考。」〔註156〕周建人更是把這看作是「一種偽科學的態度，其不快更甚於被人說無科學的著作狂。」〔註157〕甚至有當時的性教育工作者蠻橫地指責「所謂張博士者，更妙想天開，無惡不作，寫出《性史》來，冒充性教育者」，「假借性教育之名，而大宣傳縱欲主義，這是性教育的破壞者！」〔註158〕來自新文化主流學術界的斥責，更是讓張競生百口莫辯。關於這一點，筆者將在下一節再詳細論述。

　　另外，也有著文本自身的原因和張競生思維方式的問題。張競生編撰《性史》無疑是希望以之作為性知識教材，普及性科學，但他在追求大眾化的過

〔註154〕彭小妍：《張競生的〈性史〉：色情還是性學》，《讀書》，2005年第8期。
〔註155〕陳平原：《文妖與先知·序》，北京：三聯書店，2008年版，第1頁。
〔註156〕潘光旦：《優生概論》（下編），收在《民國叢書》（第1編第20冊）中，上海書店1989年版，第252頁。
〔註157〕周建人：《答張競生先生》，錄在《張競生文集》（下冊），廣州出版社，1998年，第426頁。
〔註158〕楊冠雄：《性教育法》，上海：黎明書局，1930年版，第150頁。

程中，過於突出對個人性生活繪聲繪色的描述，對許多讀者，尤其是青少年誤導極大，書中充滿了挑逗性的標題，如「初次的性交」、「第三種水」、「性部呼吸」、「爬到書上尋歡」等，也極富色情刺激，使張競生不斷遭到詬病。而張競生在思維方式倡導「極端」，他認爲「唯有從極端的情感，極端的智慧，極端的志願，三項上去講求，才能得到我人心境上的美麗與成績的巨大」，「張競生的極端思維，與中國傳統的中庸之道是背道而馳、水火不相容的。這或許才是張競生不見容於學界、不見容於社會的深層原因。」〔註 159〕

　　總之，《性史》第一集擺事實，講學理，對症下藥，對國人的性蒙昧有撥雲見日之效，可惜卻生不逢時，爲各方所不容：被普通民衆看作色情文化，被封建衛道士口誅筆伐，被當權者列爲禁書查封，也受盡當時標榜民主科學的思想文化界主流學者們的誤解。從《性史》風波，我們可以看到即使在一個思想解放的時代，國人在性的問題上仍然是禁忌重重。但是歷史終究爲張競生正了名，《性史》也摘掉了淫書的帽子，迎來了被重新認識和評價的時代。1951 年《性史》被翻譯成日文，1968 年被譯成英文，它的出版比美國性學大師金賽的《金賽性學報告》早 22 年，被稱爲「中國最早的現代性教育論述」。〔註 160〕

三、曲高和寡的孤獨：張競生與新文化學術主流的分歧
——以《新文化》與《新女性》的論爭爲例

　　《性史》風波後，張競生聲譽掃地，在北大已經很難立足了，又加上北京的政治局勢發生變化，張便奔向了言論相對自由的上海。不輕言放棄的張競生不僅沒有吸取《性史》風波的慘痛教訓，從此痛改前非，閉口「性」事，反而在上海與友人合資開辦「美的書店」，專售他主編的「性育叢書」、「審美叢書」以及「藹理斯小叢書」，並創辦《新文化》月刊，繼續宣揚性學，介紹性的藝術，欲把眞正的愛和美的性生活觀念傳播給國人。生性耿介且富有科學創造精神的張競生，正是抱著「世人蠢蠢故不知賢者之心情，而賢者正不必求世人之諒解」〔註 161〕的思想，知無不言，言無不盡，並不考慮社會的接受能力和現實環境，

〔註 159〕張培忠：《文妖與先知・後記》，北京：三聯書店，2008 年，第 420 頁。
〔註 160〕張培忠：《文妖與先知・後記》，北京：三聯書店，2008 年，第 622 頁。
〔註 161〕張競生：《〈懺悔錄〉第三版序》，《張競生文集》（上卷），廣州出版社，1998 年，第 404 頁。

他具有前瞻性的美好願望面對的卻是愚昧落後的文化土壤，其後果可想而知，在當時的中國被當作異類和怪人，受盡白眼和攻訐，遭到通緝和驅逐，一生顛沛流離。更為關鍵的是，如陳平原先生所言：「出版『赤裸裸』《性史》以及主編『專注性學』的《新文化》，卻不可避免地會與主流學界反目成仇」，〔註162〕張競生正是因此最終和新文化主流學術圈分道揚鑣的。此後，他名聲淡然，被擠出學術領地，剝奪了話語權。這一章中以《新文化》和《新女性》之間的筆仗為例，探討張競生性學思想與新文化主流學術思想的分歧之處。

在《新文化》創刊號上發表的《〈新文化〉月刊宣言》中，張競生對刊物的宗旨、辦刊的思路有如此的自陳：「不客氣地說，到如今我國尚脫不了半文明半野蠻的狀態，尤可惜的是連著一般文明尚是舊的、腐朽而不是不適用的！故今要以新文化為標準對於我人一切事情——自拉屎、交媾，以至思想、文化，皆當由頭到底從新做起，這何消說是一件極困難的時期，又何消說我們對此責任的重大與工作的艱辛了」，「一切一切皆以這新文化為標準；若他是新文化，不管怎樣驚世駭俗，我們當盡量地介紹，並作一些有系統的研究。若他不是新文化，不管他在歷史及社會上多大勢力，我們當竭力攻擊到使他無立足地然後已。所以我們對本刊預備二大特色以供給閱者：第一，他所選材料必定新奇可喜，當使閱者興高採烈不似一般雜誌抄襲陳腐令人生厭。第二，專關「論辯」一欄，務使各人對各種問題，淋漓發揮，盡情討論，而使閱者覺得栩栩有生氣」。〔註163〕從中我們可以看到張矢志不移地決心以科學與藝術的眼光宣傳性育和美育，向舊傳統舊文化發起新的衝鋒。也正因為其風格的標新立異、題材的新奇可喜及行文的活潑酣暢，這份封面上標舉「中國最有新思想的月刊」一出版就很受歡迎，每期的銷路都超過兩萬冊，比當時最暢銷的《生活周刊》銷路還多，〔註164〕是當時少見的暢銷雜誌。

張競生主編的《新文化》月刊自問世起，就以「新性道德」、「新淫義」等問題，與章錫琛主編的《新女性》，打起了筆仗。在《新文化》創刊號上，發表了一篇火藥味十足的文章，題目就是《每況愈下的〈新女性〉》，署名為「娜麗女士」。這篇文章中將矛頭直指《新女性》：

〔註162〕陳平原：《文妖與先知·序》，北京：三聯書店，2008年版，第1頁。

〔註163〕《〈新文化〉月刊宣言》，《新文化》1卷1期，1927年1月。

〔註164〕彭小妍：《性啟蒙與自我的解放——「性博士」張競生與五四的色慾小說》，《文藝理論研究》，1995年第4期。

> 《新女性》的標號是『努力青年男女之心的改造，建設新性道德的底層基礎』。
>
> 然而不幸的很，《新女性》內容貧弱，甚不足當他們所標榜著的口號，且每況愈下，大有一蹶不振之勢！……〔註165〕

作為論戰對手的《新女性》，創刊於 1926 年 1 月，其主編章錫琛，曾任《婦女雜誌》主編，他在 1921 年～1925 年間和周建人主持《婦女雜誌》時，對戀愛婚姻問題也就是兩性關係問題尤為關注。從最初的對愛倫凱《愛情與結婚》的介紹，反覆強調「婚姻應以戀愛為中心」，到 1922 年首次推出「離婚問題號」以及 1925 年「新性道德號」的問世，《婦女雜誌》連篇累牘地發表以「戀愛」或「婚姻」「性道德」為主題的文字，「戀愛自由」、「結婚自由」、「自由離婚」以及建立新的性道德的聲浪一浪高過一浪。也正是「新性道德號」的推出，引起了社會極大的爭議，使得章錫琛和周建人被迫離開《婦女雜誌》，另創《新女性》。《新女性》繼續了章錫琛在《婦女雜誌》時辦刊理念，主張婚姻自由，傳播性的知識，為衝破傳統束縛建設新性道德而鼓與呼。因此《新女性》內容上有很多有關性知識和性教育的文章：如創刊號上被章錫琛稱為發刊詞的《二重道德》（周建人著），就是關於性道德標準的討論，其他的還有周作人《性的比例和兩性關係》（第 1 卷第 3 期）、君賢《婚姻與性交》（第 1 卷第 3 期）、長青《談談灌輸性知識的態度》（第 1 卷第 3 期）、陳威伯《戀愛與性交》（第 1 卷第 8 期）、黃漢瑞《打破肉的神秘觀念》（第 1 卷第 9 期）……。

針對《新文化》的挑釁，章錫琛在 1927 年 3 月號上發表題為《新女性與性的研究》的文章進行回應。他承認「有許多青年讀者認為《新女性》非常乏味，遠不及《性史》好看」，並反唇相譏「《性史》這一類書的惟一的目的完全在教人如何去尋求肉感的快樂……我們並不想蔑視肉感的快樂，但我們之所要講性的知識，決不是以尋求肉感的快樂為目的的。」他指出周建人的《二重道德》一文可說是《新女性》的「發刊詞」，特別重申該刊提倡的「新性道德」的宗旨是：打破重男輕女的習慣，提供正確的性知識，「掃除迷信和不潔思想」。他進一步指出：「張競生君的所謂『性學』，如提倡『腹部呼吸』、『丹田呼吸』、『性部呼吸』以及練習陽具吸高粱之類，乃是道道地地的服食月經的『方士』思想，與我們的目的是背道而馳的。」〔註166〕

〔註165〕娜麗女士：《每況愈下的〈新女性〉》，《新文化》1 卷 1 期，1927 年 1 月。
〔註166〕章錫琛：《新女性與性的研究》，《新女性》2 卷 3 號，1927 年 3 月。

　　從上述章錫琛的回應中，我們可以清楚地看出，雖然兩個刊物都宣傳性學，提倡性知識的普及，但兩者之間的分歧也是很深刻的。張競生致力與推廣性學，針對與女性情欲的相關問題例如性高潮、避孕、懷孕與性高潮直接的關係等，有頗多的論述。如《新淫義與眞科學》（創刊號）、《第三種水與卵珠及生機的電和優生的關係──又名「美的性欲」》（第 1 卷第 2 期）、《性部呼吸》（第 1 卷第 4 期）、《性部與丹田呼吸》（第 1 卷第 5 期）等。張競生繼續了他在《美的人生》、《美的社會組織法》與《性史》中的美的性育以及「情人制」等理論，進一步發展了他的「新女性中心論」。在《新淫義與眞科學》中，他反駁了周建人的批評，重構「淫」的定義：「我們所謂淫不淫就在男女間有情與無情。若有情的，不管誰對誰皆不是淫，若無情的，雖屬夫妻，也謂之淫。」〔註 167〕這裏，他再次表明，婚姻和性其實是兩回事。重要的是愛情，而不是婚姻這個形式。如果沒有愛情，即使有婚姻，性也無異於賣淫。這與他在《美的社會組織法》中所主張的「情人制」，仍是一脈相承的。其次，他繼續探討女性情欲問題，在女性本位的基礎上，提出了「新女性中心說」。他主張，通過對女性情欲探討，使女性擺脫受奴役的不平的地位，一旦女子不再是性欲的奴隸，而在性事和生育上掌握自主權，那麼就能用女人天性中的「愛」與「美」的特性來主導社會，從而構成一種男女兩性和諧的「藝術生活」。

　　對比周建人在《新女性》創刊號上發表的《二重道德》一文（章錫琛稱此文爲《新女性》的發刊詞），可以看出，周建人指出男女的性道德標準之所以有「二重道德」，絕非偶然，而是「埋藏著深遠的原因」，其中之一便是「男女生理的不同」，因此周建人提倡宣傳「科學的性知識」，以「打破迷信和宗教的不潔觀念（例如女性月經不潔等）」。〔註 168〕因此，《新女性》有如此多的有關性知識和性教育的文章，也就不足爲奇了。其次，綜述這些內容，我們不難看出，《新女性》「新性道德」的內涵：性知識的傳播目的不僅是教人享受性的愉悅，而是要在正視、瞭解男女生理差異的基礎上，打破重男輕女的習慣，「掃除迷信和不潔思想」，從而建立在男女平等基礎的新性道德。

　　兩相比較，我們可以看出，張競生的觀念在當時的中國可以說是「另闢蹊徑」、「史無前例」，但在還未擺脫男權中心的社會制度下，這樣一套「石破

〔註 167〕張競生：《新淫義與眞科學》，《新文化》1 卷 1 期（創刊號），1927 年 1 月。
〔註 168〕周建人：《二重道德》，《新女性》創刊號，1926 年 1 月。

天驚」的主張只能是一種理想境界，其烏托邦性質充分顯現，因此為學術界主流所不理解，也就可想而知了。

其次，學術界主流所提倡性教育，是建立在對科學的信仰的基礎上。所以才會有周建人指責張競生是「偽科學家」。而張也自稱「我不是真科學家，也不是假科學家，更不是無『科學家』，但我比此更高然超然的。我是一個『常識家』，有時又是哲學家，有時更是藝術家」，並反唇相譏稱周為「中國式的科學家」。〔註169〕可以說，張競生「性育」的意義不只在於試圖打破國人的性禁忌，他還把性與自己的美學主張統一在一起，在試圖開創一種性話語模式的同時，將性上昇到美育的高度，並且自創了很多名詞，如「第三種水」、「神交法」、「性部呼吸」等，並且在闡釋的時候，也多想像和誇飾之詞，如「性部呼吸」的理論。正如陳平原先生在《文妖與先知·序》中所指出的：「這（指張競生──筆者注）是一個趣味極其廣泛、講究『體悟』與『會通』、刻意追求『讀活書』，並以『鑒賞的態度』看待人生的哲學家。」〔註170〕張競生所宣揚的性的知識，與其說是科學的，不如說是藝術的。與此相應，《新文化》從風格上來說，的確露骨大膽。如《視覺與性美的關係》（藹理斯著作的譯文）、《美的性欲》、《怎樣使性欲發展及其利益》、《如何得到新娘美麗的鑒賞及其歡心》、《大奶復興》等文章，僅是篇名就有「挑逗性」了。其行文更是頗具曖昧和誘惑性，如：《大奶復興》，從醫學上強調束胸的危害，反對女子束胸，卻不斷凸顯要讓女子突出性徵吸引男子的眼球：「女子的大奶，不但其周身有曲線美，而且於動作時另有一種顫動和諧的姿態。遂使男子見之不但有性念，而且有種種的美趣了」，「胸前二粒高而且堅韌的如初出水的蓮苞，遂把女子美的特徵完全表現出來，使人可遠觀而不可褻玩，惟有豔羨而無法可以採摘。由此發生社會上有了美『肉苞』鑒賞的興趣。」〔註171〕

又如在一次為新人證婚時，張競生大談特談夫妻性生活，大談特談「第三種水」噴出的快感，堪稱驚世駭俗。這次證婚大約在1926年冬天，地點是上海東亞旅館內，一次集體的文明婚禮，張競生勸導新郎要有耐心，要知體貼，以三日為期，盡得新娘的歡心，然後收穫圓滿的性快樂。「在此，我又常告訴新娘們，當性交時，你們應大膽地處於主動地位，雖第一次也不可太過

〔註169〕張競生：《新淫義與真科學》，《新文化》，1卷1期創刊號，1927年1月。
〔註170〕陳平原：《文妖與先知·序》，北京：三聯書店，2008年版，第1頁。
〔註171〕張競生：《大奶復興》，《新文化》1卷5期，1927年5月。

謙讓，謙讓就要自己食虧。你們新娘如能主動，則雖第一次不覺得苦而覺得樂，因為第一次也可達到『第三種水』噴出的快感。你們女子們每次必要交媾主動而以出『第三種水』為限，則不但你自己快樂，將來由此生子女時也聰明強壯。交媾本是男女二人共同之事，理當由男女分工合作。如有一方不盡力，則失了交媾的真正意義。」他對新郎說的話更是離譜，他談到處女膜無足輕重，男人不要對此小題大做，糾纏不清，關鍵是要「於心靈上，你們新郎應知前此之事於你何與，但求今後伊能真愛你就好了。伊能愛你與否不在處女膜有無，而在彼此的情感」。〔註172〕

　　張競生創辦《新文化》，比《性史》第一集走得更遠，也引起了更加激烈的批評，包括以思想深刻著稱的周氏兄弟。魯迅在《書籍與財色》張競生的詞條下有這樣一段注釋：「〔張競生〕1926年起在上海編輯《新文化》月刊，1927年開設美的書店（不久即被封閉），宣傳色情文化。」〔註173〕周作人對張競生主編的《新文化》冷嘲熱諷，「因為張博士的《新文化》第一期是十六年一月一日出版的，而這裏面充滿著烏煙瘴氣的思想……張競生博士自己也變了禁忌家，道教的採補家了」。〔註174〕「1927年3月14同，《女伴》編輯葉正亞以《〈新文化〉上的廣告》為名，抨擊張競生是一個陰險、奸詐、兇惡的偽善男子。」〔註175〕著名性學專家潘光旦把《新文化》與《性》雜誌、《性欲》周報、《性》三同刊、《性報》這些街頭小報等量齊觀，嚴肅地指出：「不正確的性的刊物，雖不能直接目為淫穢，但是它引人入歧途的力量，和淫書差不多，前者在感情方面誘惑讀者，後者在事理方面，欺罔讀者」。〔註176〕

　　綜上所述，張競生創辦《新文化》，進一步激起了各方面的壓制。守舊的傳統勢力攻擊謾罵，當權的政府查禁（《新文化》僅出了6期就被禁），新文化學術主流排擠，以至逐漸被剝奪話語權，受盡世人的冷眼與嘲笑。還是陳平原先生一語中的：「在一個專業化潮流已經形成的時代，蔑視『專家』，斷然拒絕國人普遍信仰的『科學』與『哲學』，轉而主張直覺、頓悟、情趣的『美

〔註172〕張競生：《如何得到新娘美妙的鑒賞與其歡心》，《新文化》，1卷1期（創刊號），1927年1月。

〔註173〕張培忠：《文妖與先知·後記》，北京：三聯書店，2008年，第421頁。

〔註174〕張培忠：《文妖與先知·後記》，北京：三聯書店，2008年，第411頁。

〔註175〕張培忠：《文妖與先知·後記》，北京：三聯書店，2008年，第412頁。

〔註176〕張培忠：《文妖與先知·後記》，北京：三聯書店，2008年，第418頁。

的思想法』，就很難得到學界以及大眾的認可」。〔註 177〕正是從《新文化》與
《新女性》這兩份立場類似的刊物之間的論爭，進一步凸顯出了張競生與五
四主流學術界的差異。在新文化性愛思潮中，主流文化精英們高舉人道主義
和科學主義的大旗，反對以女性貞操觀爲核心的傳統性道德，高倡戀愛自由、
婚姻自由，以期在男女平等的基礎上建立新性道德。而張競生直覺、頓悟、
情趣的「美的思想法」無疑是對這一性愛思潮的豐富和深化。也正是他的悲
劇，我們看到五四新文化的偏頗之處，並對歷史有所沉思。

〔註 177〕陳平原：《文妖與先知‧序》，北京：三聯書店，2008 年，第 2 頁。

第三章　新文學作家與情色文學的創作

第一節　性愛與解放：性的革命意義

　　以「人的覺醒」發軔，伴隨著「血的蒸汽」的「狂人」吶喊，中國文學翻開了從傳統走向現代的歷史轉型的新一頁。在這個新的歷史文化轉型的時期，隨著新文化運動的展開，以及性愛思潮的高漲，個人解放是國家民族解放的首要條件，性解放是個人解放的必要前提，成為不少新文學作家的共識。「五四」時期的時代精神就是自由、民主、個性獨立等現代性追求，而性解放思潮的目標，就是確證以主體性為表徵的「人的發現」。正如當代學者所言：「性之所以重要有三個原因，第一、性能帶來巨大的肉體快樂；第二、性與人的自我有極密切的關係；第三、性與人的自由權利有關，因此它是所有的權利領域都不會忽視的資源，也正是由於性是權力要加以管制的領域，性成為個人自由與權力鬥爭的前沿。」〔註1〕在時人的言論中，不難察覺他們似乎把性解放與自我解放看成是一回事；甚至可以說，在當時很多人心目中，性解放成為個人解放的前提，而個人解放則是國家民族解放的首要條件。因此，從文學的角度描繪出封建禮教、倫理規範壓制下的人的性心理、性壓抑、性扭曲、性苦悶，甚至性錯亂，向中國封建社會中最根深蒂固的性觀念和性道德發起衝擊，就成了中國現代文學這座五彩繽紛的大舞臺上濃墨重彩的一筆。

　　性是人類最本能的需求，但在傳統社會中，性也受到最嚴厲的壓制。因而，對於現代文學而言，健全的個體的建構，需要使個體從傳統的性壓抑中

〔註1〕李銀河：《性的問題·福柯與性》，北京：文化藝術出版社，2003年，第3頁。

解放出來，性解放的意義由此得以凸顯，成爲個性解放思潮中的一支重要力量。而中國現代文學的產生和發展，又與中國半殖民地半封建社會的現實背景密不可分，與中國追求獨立的現代民族國家的過程同步，因此，這些個人欲望和靈肉衝突的故事，它們也通常涉及國家民族因素，具有了豐富的內涵。

具體在創作中，我們看到，郁達夫、張資平等人小說的主人公們總是在渴望著性欲的釋放以及因不能自然釋放而產生的性壓抑、性苦悶的絕望中掙扎，茅盾及早期「革命＋戀愛」小說中的那些時代女性也往往把「性的解放」等同於「個性的解放」。敘述者盡力將這種「性解放」衝動自覺地歸併至民族國家話語或革命話語之下，小說敘事中人物所經歷的衝突往往是個人身體難以承受外在壓力（國家命運、階級壓迫）而產生的衝突，而衝突的解決便只有通過階級的解放與國家的拯救而獲得解放。因而，這類創作在私人化的情欲敘述後面，寄託著國家民族或者階級的宏大話語價值或意義。

一、性與民族國家寓言：解讀郁達夫

區別於傳統社會的王朝國家，民族國家是現代性的產物，是現代性催生的和賴以存在的政治實體。嚴格的講，民族國家是西方擺脫中世紀神學統治後出現的現代國家形式。現代意義上的民族國家是建立在民族地域、民族經濟、民族文化基礎上，成爲民族共同體，代表了民族的利益。而現代民族國家形成的最主要標誌，是「主權」概念的形成。十九世紀，隨著歐洲殖民者世界範圍內的殖民擴張，民族國家的觀念也開始向外傳播。同時，歐美的殖民又加劇了各民族之間的矛盾和利益衝突，民族國家問題開始凸顯起來。中國現代民族國家意識的產生，恰與西方列強侵略的逐漸深入帶來的民族危機的日漸深重和傳統文化觀念的逐漸式微同步相生的。正如列文森所說：「近代中國思想史的大部分時期，是一個使『天下』成爲『國家』的過程」。〔註2〕

中國現代文學的產生和發展，恰與中國追求獨立的現代民族國家的過程同步，而半殖民地半封建社會的現實，給中國現代文學打上了獨特的「感時憂國」（夏志清語）的精神印記。正如美國學者詹姆遜認爲，這些第三世界的文學作品沒有純粹自我表現的作品，即使描寫了與民族無關的東西，那些描寫了個人欲望和靈肉衝突的故事，它們也通常涉及國家民族因素，他在《處

〔註2〕列文森著，鄭大華、任菁譯：《儒教中國及其現代命運》，北京：中國社會科學出版社，2000年5月，第87頁。

於跨國資本主義時代的第三世界文學》中指出:「第三世界的本文,甚至那些看起來好像是關於個人和力比多趨力的本文,總是以民族寓言的形式來投射一種政治:關於個人命運的故事包含著第三世界的大眾文化和社會受到衝擊的寓言」。〔註3〕而 20 世紀 20、30 年代郁達夫以性愛爲書寫對象的「色欲小說」〔註4〕在「民族寓言」內涵和外延上都有著更爲豐富的精神指涉,跟詹姆遜的「民族寓言」有著程度不同的暗合。

　　作爲中國現代文學史上最重要作家之一的郁達夫,在從《沉淪》到《出奔》近 50 多部中短篇小說中,約有 2/3 的篇目涉及性的敘述,性的苦悶、放縱及性的變態描寫充斥文中。而這些所謂「色情」描寫,在當時,在今天,都是特別遭人非議的。郁達夫第一篇小說《沉淪》的發表,就因性愛描寫的大膽引起了廣泛的爭議。攻擊不僅來自封建的文化保守主義陣營,以「道德」的名義斥責其爲「墮落」與「誨淫」,甚至包括新文學陣營的華漢、蘇雪林、茅盾、徐志摩、梁實秋、王獨清等。蘇雪林就稱郁達夫爲「色情狂」,其「赤裸裸描寫色情與性的煩悶」,因而是「勾起人們最卑劣本能的淫穢」作用的「賣淫文學」。〔註5〕而周作人力排眾議,及時給了郁達夫最有力的支持,他肯定:「《沉淪》雖然有猥藝的分子而並無不道德的性質」,它的價值「在於非意識的展覽自己,藝術地寫出昇華的色情,這也就是眞摯與普遍的所在。至於所謂猥藝部分,未必損傷文學的價值」。〔註6〕細讀郁達夫以《沉淪》爲代表的眾多色欲小說,我們發現,其「性事」與「國事」的等量齊觀而結成一種同構,也就是說,其中的情欲表達,從一開始就指向了民族國家的富強訴求。正如段從學所言,「這實際表明,《沉淪》對性的肯定和書寫,不是借個人的力量來完成的,而是借『國民』的群體力量來完成的」,「《沉淪》將『個人』由於自身的軟弱而被迫要求國家的庇護,從而將最具個人化色彩的『性』讓渡給了國家的過程,清晰地展示了出來。……一旦國家被認定應當爲個人的

〔註3〕詹姆遜:《處於跨國資本主義時代的第三世界文學》,張京媛主編:《新歷史主義與文學批評》,北京大學出版社,1993 年,第 135 頁。

〔註4〕彭小妍曾經提出:「五四有許多作品以色欲(Eros)爲主題,著重的是意念的描寫,較少直接描寫眞正的性行爲或動作,因此我採用『色欲小說』這個詞。」見彭小妍:《海上說情欲:從張資平到劉納鷗》,臺北:中研院文哲所籌備處,民國 90 年。本文從此論。

〔註5〕蘇雪林:《郁達夫論》,見王自立、陳子善編:《郁達夫研究資料》,天津人民出版社,1982 年,第 67 頁。

〔註6〕周作人(署名仲密):《沉淪》,《晨報副刊》,1922 年 3 月 26 日。

性挫折承擔責任，那麼個人的性也就轉化成國家的和制度的了。」〔註7〕

郁達夫的色欲小說，按照寫作的時代和背景的不同，大致可以分爲兩類：以其日本留學生活爲背景的表現「性壓抑」之作和歸國後以國內生活爲背景的表現「性放縱」之作。

郁達夫以日本爲背景的小說大部分作於一九二一年和一九二二年，也就是他在日本留學的最後兩年。這時日本正值大正時期，日本國力的日漸富強以及中國的不斷積弱，使當時日本國內彌漫著一股侮辱中國的情緒。同魯迅在日本留學的經歷相似，敏感的郁達夫在異國他鄉時時刻刻感受著民族壓迫。與魯迅不同的是，郁達夫選擇了他最擅長同時也是那個時代敏感的話題——性來表現，他說：「國際地位不平等的反應，弱國民族所受的侮辱與欺凌，感覺最深切而亦最難忍受的地方，是在男女兩性正中了愛神毒箭的一刹那。」〔註8〕在他這裏，身體之愛等於民族之愛，男女之愛等於國家之愛。於是，「性事」與「國事」形成了同構關係。

《沉淪》描寫一個留日學生青春萌動的性的欲求，卻因「弱國子民」的身份的拖累，屢屢遭到侮辱和嘲弄。回家途中遇見日本男女學生的打情罵俏，從她們對自己的態度中明白「她們已經知道我是支那人了，否則她們何以不來看我一眼呢！」「支那人」連女學生眼波也不配享有，更何況愛情呢。痛苦中敘述人撕心裂肺的呼喚著：「我何苦要到日本來，我何苦要求學問。既然到了日本，那自然不得不被他們日本人輕侮的。中國呀中國！你怎麼不富強起來，我不能再隱忍過去了……蒼天啊蒼天，我並不要知識，我並不要名譽，我也不要那些無用的金錢，你若能賜我一個伊甸園內的『伊扶』，使她的肉體與心靈，全歸我有，我就心滿意足了。」〔註9〕正常的性沒法得到滿足，他只有自瀆、偷窺房東女兒的洗澡、在野外津津有味地聽男女的野合，然而這一切都使他更加自責。當他留連日本酒館，同樣因爲國弱而無法得到日本妓女的關照時，他羞憤難當：「我再也不愛女人了，我再也不愛女人了。我就愛我的祖國，我就把我的祖國當作情人了罷」。這裏，他再次將自己不能獲得日本

〔註7〕 段從學：《20 世紀中國文學中的性與國家——從郁達夫到王小波》，《性別詩學》，葉舒憲主編，北京：社會科學文獻出版社，1999 年，第 240—241 頁。

〔註8〕 郁達夫：《雪夜》，《郁達夫全集·第四卷》，杭州：浙江大學出版社，2007 年，第 305 頁。

〔註9〕 郁達夫：《沉淪》，《郁達夫全集·第一卷》，杭州：浙江大學出版社，2007 年，第 47 頁。

女性的愛情，與祖國的落後聯繫起來，於是有了小說主人公自沉前的「吶喊」：

祖國呀祖國！我的死是你害我的！

你快富起來，強起來罷！

你還有許多女兒在那裏受苦呢！〔註10〕

於是，身體之愛等於了民族之愛，男女之愛等於了國家之愛。二者被聯繫起來，愛欲本能化爲了民族意識，情愛描寫作爲了國家寓言。

　　除《沉淪》外，這一題材的作品還包括《銀灰色的死》、《南遷》、《空虛》、《胃病》等。《銀灰色的死》敘述了留日學生伊人和日本店主女兒的故事，日本女人不斷地逃避作爲「支那」留學生的伊人，卻對日本男性主動的投懷送抱，甚至接受一個相貌粗魯、未受過良好教育的日本男人的求婚，而這個日本男人種族上的優越性是他高於作品主人公的主要原因，這一切終於導致伊人情感崩潰以至死亡。《南遷》敘述了一個日本女店主自願委身於中國留學生──伊人，讓伊人以爲這位日本女人是愛自己的，但幻覺隨即便被打破：伊人聽到了這個女人和一個日本男人粗魯做愛的聲音。這個女人甚至根本就沒有打算避開伊人去做愛！《空虛》中留日學生於質夫和日本女學生浪漫相遇，但他卻不敢面對她對自己故鄉的探問，只因爲當時「中國人在日本是同猶太人在歐洲一樣，到處都被日本人所輕視的」〔註11〕。同樣由於男性主人公弱國子民的身份，他連表達愛情的機會都沒有。而《胃病》中，男主人公愛上了一位日本姑娘。但是這位姑娘卻對他說：「我雖然愛你，你卻是一個將亡的國民！你去吧，不必再來奸我了。」〔註12〕

　　這些色欲小說無疑表明，性壓抑是強勢文化對民族生命力壓抑、閹割的表徵，近代中國面對的，是一個民族生命的壓抑。因此，通過中國男性主人公性方面的失敗，作者發出了對國家民族富強的呼喚。

　　其次，郁達夫大量的以中國爲背景的色欲小說，在文本的性放縱背後，仍然充滿了強烈的民族危機感和「感時憂國」精神。當郁達夫結束了日本的留學生活回國後，不得不面對的是中國愚昧、落後、日漸積弱的社會現實。

〔註10〕郁達夫：《沉淪》，《郁達夫全集‧第一卷》，杭州：浙江大學出版社，2007年，第75頁。

〔註11〕郁達夫：《空虛》，《郁達夫全集‧第一卷》，杭州：浙江大學出版社，2007年，第181頁。

〔註12〕郁達夫：《胃病》，《郁達夫全集‧第一卷》，杭州：浙江大學出版社，2007年，第84頁。

性再次成爲郁達夫筆下用以反抗黑暗的社會現實和傳統道德的武器，性暴露、變態性行爲的描寫大量出現，文本充滿了縱欲的意味。

　　情愛、性愛本是人的正常欲求，郁達夫曾經指出：「種種情欲中間，最強有力，直接動搖我們內部生命的，是愛欲之情。諸本能之中，對我們的生命最危險而同時最重要的，是性的本能。」但是，封建衛道士們談之色變，千方百計地予以迫害扼殺，性於是一直成爲文學的禁區。與眾多五四作家不涉及肉身欲望的婚姻家庭的小說不同，郁達夫赤裸裸地暴露自己，放縱情欲，明目張膽地寫那些「紅燈綠酒的沉湎，荒妄的邪遊，不義的淫樂」〔註13〕，妓女、肉欲、變態的性欲等情色描寫充斥著文本。他的大膽、他的坦率、他的毫無顧忌令那些守舊、保守、頑固的封建假道士們驚呆了，「性」因而具有「革命」的爆發力，鮮明地體現了「五四」時期反封建的時代精神。同時，郁達夫又以自己的眞誠，與張資平區別開來。郁達夫的小說能夠抵抗最嚴厲的道德譴責的奧秘，也就是那一種眞誠的毫不隱瞞的態度。他曾說：

> 我若要辭絕虛僞的罪惡，我只好赤裸裸地把我的心境寫出來。世人若罵我以死作招牌，我肯承認的，世人若罵我意志薄弱，我也肯承認的，罵我無恥，罵我發牢騷，都不要緊，我只求世人不說我對自家的思想取虛僞的態度就對了，我只求世人能夠瞭解內心的苦悶就對了。〔註14〕

另外，社會的黑暗，找不到反抗的道路，缺乏精神支柱，在茫茫黑夜中不辨前進的方向，也是導致這類小說中主人公自我墮落（如嫖妓）、自我麻醉（如吸毒）的一個重要原因，因此，性的頹廢和縱欲也帶上了抗議社會黑暗的意味。而即使在頹廢和放縱中，他們還是無法無視國家衰亡的現實，徹底麻醉自己。

　　《茫茫夜》中，因爲生性耿直、不願獻媚上司，在現實環境下處處碰壁的於質夫，一方面沉溺於變態的性──戀物癖，卻有獨膽的感慨「茫茫的長夜，耿耿的秋星，都是傷心的種子」，周圍環境「同癲病院的空氣一樣，漸漸

〔註13〕郁達夫：《蔦蘿集》，《郁達夫全集·第一卷》，杭州：浙江大學出版社，2007年，第252頁。
〔註14〕郁達夫：《寫完了〈蔦蘿集〉的最後一篇》，《郁達夫全集·第十卷》，杭州：浙江大學出版社，2007年，第71頁。

地使人腐爛下去」〔註15〕。《懷鄉病者》中「質夫出到院子裏來一看，覺得這北方故都裏的殘夜的月明，也帶著亡國的哀調。」〔註16〕

在《秋柳》中，於質夫把自己逛窯子，嫖妓女視為對 A 地傳統社會的反抗：

> 色膽天樣的大，我教員可以不做，但是我的自由卻不願意被道德來束縛。學生能嫖，難道先生就嫖妓不得麼？那些想以道德來攻擊我們的反對黨，你若仔細去調查調查，恐怕更下流的事情，他們也在那裏幹喲！〔註17〕

《蜃樓》中陳逸群一面欣賞著冶妮身體的美，「紅潤的櫻唇」，「炎夏半裸的單衣」顯示出「嫩紅腋下與肉乳的峰」，「上半身差不多是全裸」，「爛熟的青春肉體緊貼在他身上」，卻又「當他靠貼住冶妮的呼吸起伏得很急的胸腰，在聽取她娓娓地勸誘他降伏的細語中間，終於想起了千瘡百孔，還終不能和歐美列強處於對等地位的祖國。」〔註18〕

這樣看郁達夫的頹廢和放縱，無疑是表達他的革命情緒的一種形式。在他身上，頹廢與革命是一體的。正如錦明於 1927 年指出的「今日公開的性的討論，那神聖的光，是《沉淪》啟導的；今日青年在革命上所發生的巨大的反抗性，可以說是從《沉淪》中那苦悶到了極端的反應所生成的。」〔註19〕郁達夫的這種對現代人性苦悶的展示影響了後來被稱為「沉淪小說派」或者「郁達夫族群」的一大批作家，如倪貽德、王以仁、葉鼎洛等。

郁達夫是中國現代作家中最早涉及性愛題材，大膽進行色欲小說創作的作家，而他關於性愛和情欲的籲求，從一開始就指向了民族國家的富強訴求，而這恰好契合了五四主流話語追求的目標——努力實現民族國家的強大。因此，「性事」與「國事」等量齊觀而結成一種同構系，而在這超壓抑性的社會，人

〔註15〕 郁達夫：《茫茫夜》，《郁達夫全集·第一卷》，杭州：浙江大學出版社，2007年，第 144 頁。

〔註16〕 郁達夫：《懷鄉病者》，《郁達夫全集·第一卷》，杭州：浙江大學出版社，2007年，第 172 頁。

〔註17〕 郁達夫：《秋柳》，《郁達夫全集·第一卷》，杭州：浙江大學出版社，2007 年，第 350 頁。

〔註18〕 郁達夫：《蜃樓》，《郁達夫全集·第二卷》，杭州：浙江大學出版社，2007 年，第 259～262 頁。

〔註19〕 錦明：《達夫的三個時期》，王自立，陳子善編：《郁達夫研究資料》，天津人民出版社，1982 年，第 334 頁。

的本性遭受嚴重摧殘，急需摧枯拉朽的革命以建立現代民族國家，保障自由的愛欲；同時，革命解放的人的生命本能，也將成爲推動社會進步的內驅力。

二、色欲解放與個人解放：張資平色欲小說的文化意義

在中國現代文學史上，與郁達夫同爲創造社成員，其作品也專注於男女兩性之關係，被批評爲專事「描寫性欲」的作家，是張資平。張資平是五四第一代小說家中最多產的一位，計有 18 部長篇小說以及 6 部短篇小說集，在 20、30 年代的上海，以寫三角、四角甚至五角的戀愛小說出名。在當年他的作品幾乎本本暢銷，擁有大量的讀者，同時也因此招致了眾多的罵名。批評家大多認爲他的作品是迎合讀者低級趣味的下流之作，是黃色小說，「以寫戀愛小說著稱而且大量生產的張資平的作品，卻只能給青年以庸俗趣味和性的挑撥。」〔註20〕，「張資平的性愛描寫，只是醉心於描繪兩性間縱欲與淫亂的外部的動作」〔註 21〕，特別是魯迅先生，一個大大的「△」幾乎把張資平釘死在中國現代文學史上〔註 22〕。直到新時期以後，張資平此類「色欲小說」〔註 23〕才逐漸引起研究者的重視。彭小妍指出：「當年張資平專寫『肉欲』小說，主題都是男女主角追求自由的性關係，不是三角、四角戀愛，就是亂倫、婚外情，幾乎部部作品都是暢銷書」「這些作品強調的是自我解放，而且似乎把自我的解放和性解放看成是同一回事。我們甚至可以說，對這類作家而言，性解放成爲個人解放的前提，而個人的解放則是國家民族解放的前提。」〔註 24〕確實如此，如果說郁達夫在小說中將性愛的敘事融入到國家寓言、民族命運的講述當中，從而與當時救亡、強種的時代主題聯繫起來；那麼張資平的色欲小說無疑是和人性解放、個人自由的思想相結合的。

〔註20〕 王瑤：《中國新文學史稿》，上海文藝出版社，1982 年，第 117 頁。

〔註21〕 曾華鵬、范伯群：《論張資平的小說》，《文學評論》1996 年第 5 期。

〔註22〕 魯迅（署名「黃棘」）：《張資平氏的「小說學」》，史秉慧編：《張資平評傳》，上海：現代書局，1932 年版，第 136 頁。

〔註23〕 彭小妍在《張資平的戀愛小說》中把張資平的這類小說稱爲「色欲小說」，她認爲：「五四有許多作品以色欲（Eros）爲主題，著重的是意念的描寫，較少直接描寫眞正的性行爲或動作，因此我採用『色欲小說』這個詞。」見彭小妍：《海上說情欲：從張資平到劉吶鷗》，臺北：中研院文哲所籌備處，民國 90 年。本文從此論。

〔註24〕 彭小妍：《「性博士」張競生與五四的色欲小說》，《性別詩學》，葉舒憲主編，北京：社會科學文獻出版社，1999 年，第 152 頁。

　　張資平認爲：「性欲支配人類生活的能力很強，若把它一概抹殺，萬難把人類的眞相描寫出來」〔註25〕李長之在爲張資平辯護的時候也指出「我則以爲性愛是很可以常用做題材的。一般人所以持了反對的態度，大半是受了功利主義的魔法，……我以爲性愛，是人生活中重要的一部，它可以表現出人類各方面的關連的心理，所以是很適當的題材，正如模特兒是具有一切美的條件一樣，性愛的故事往往是有一切人性的流露。」〔註26〕因此，從性的角度，展示個體的自然生命與社會的群體道德（特別是封建禮教）的衝突構成張資平色欲小說的主要張力，在這種衝突中，張對傳統舊性道德的批判以及重新建構新的性道德的願望，無疑顯示了張資平小說與「五四」文學精神的同步。

　　張資平的色欲小說中，男女之間源於生物本能的性吸引被置於突出的地位，性感的美、性的要求成爲男女互相取悅、愛慕的重要條件。女性的櫻唇酥胸、豐乳肥臀對男性的吸引、魅惑不斷出現在小說中：N姊有著「長濃的眉，巨深的眼，隆直的鼻，兩條紅色小弧線圍著的口，豐腴的桃花的頰」（《愛之焦點》），梅茵「比學生時代豐腴得多，華麗得多了」（《雙曲線與漸近線》），汪夫人（吳玉蘭）擁有「柔潤的鮮血色的唇，敏捷而巨大的黑瞳子，富有彈力的乳房」（《不平衡的偶力》），少女保瑛身上散發著「處女特有的香氣」，「鮮紅的有曲線美的唇映在吉叔父的網膜上比什麼還要美」（《梅嶺之春》），苕莉的眉毛、眼睛、雙頰、嘴唇、牙齒和頭髮在克歐的眼裏「沒有一件沒有一種特別的風韻」（《苕莉》）「馨兒只穿一件淡紅色的貼肉襯衣懶懶的躺在梳化椅上。她像喂了乳，淡紅色的乳嘴和凝脂般的乳房尚微微的露出來」，「馨兒的微泛桃花的白臉，露出襟外的乳房，腰部，腮部，沒有一處不顯出她的女性美」（《性的屈服者》），玉蓮「袒著胸喂乳給小女孩兒吃時，那兩個肥大的雪白的乳房和有曲線美的褐色的乳嘴給了他不少的蠱惑」（《公債委員》）……張資平以大膽的「寫實」手法詳盡地描寫這些豐滿的、充滿肉感的女性形象，挑逗著文中男主人公的情欲。他把人物的性感覺、性騷動、性衝動作爲人的生命力的體現而加以肯定，性欲望表現爲一種生命的原動力，男女人物在性愛過程中發現了自身的價值，並由此產生對生命意義的頓悟。因此，男女通

〔註25〕張資平：《文藝史概要》，武昌：時中書社，1925年，第48頁。
〔註26〕李長之：《張資平戀愛小說的考察》，《清華周刊》第41卷3、4期合刊，1934年。

過性愛來相互肯定生命的價值、相互確立自身的存在的創造意識，一方面包含著生命本體對自由境界的追求，同時也有反對性的不淨觀，揭露傳統性道德壓抑自然人性的不合理性而構成對壓抑人性的封建倫理道德的一種挑戰。

其次，張資平色欲小說中對亂倫題材有超乎尋常的關注。在他的筆下，有母子的亂倫（如《最後的幸福》），有兄妹的亂倫（如《上帝的兒女們》、《愛之焦點》），有嫂子與小叔子的亂倫（如《性的屈服者》、《苔莉》、《愛之渦流》），有叔父與外甥女的亂倫（如《梅嶺之春》），有姐夫與小姨子的亂倫（如《戀愛錯綜》），有姐姐與妹夫亂倫（如《最後的幸福》），有師生的亂倫（如《寇拉梭》、《雙曲線與漸近線》《時代與愛路》）。亂倫本是社會最嚴屬的性禁忌行為，亂倫者無視社會文明的道德標尺，公然為了自己的私欲而踐踏道德和社會所賴以生存的家庭秩序，沒有哪一種行為比亂倫更加荒淫無度了。

但是，審視張資平的亂倫題材，它並不是生物學意義上血親亂倫的性變態行為。《愛之焦點》中的「他」和 N 姊的祖父們是同胞兄弟，而且「他的祖父是庶出，她的祖父是嫡出的」；《梅嶺之春》中保瑛和吉叔父的血緣關係更遠：保瑛父親與吉叔父的祖父們是共祖父的兄弟——嫡堂兄弟關係；其他的如母子關係也不過是兒子和父親的小妾（或繼母），更不用說姐夫與小姨子、姐姐與妹夫以及師生這些關係了。張小說中亂倫與變態產生的根本原因，在於中國傳統性規範的壓抑與禁忌造成對性一種近乎畸形的熱情與好奇和近乎病態的逆反心理（創造社作家筆下同時出現的「變態」和「亂倫」不是偶然現象，它是中國人幾千年性壓抑與禁忌的結果）。因此，這種名義上的亂倫行為不過是青年男女正常情欲的表現，是對靈與肉一致的性愛的追求。其情感的真摯使得這種名義上的亂倫閃耀著人性的光芒，而亂倫者的形象也由為了私欲無恥的淫魔、舊道德中的偽君子一躍而成為有著七情六欲，鮮活的生命的象徵。《愛之焦點》中，「他」與 N 姊的愛情應該是「最純潔」的靈肉一致的情愛，只是在傳統舊道德下，因為違反了人倫道德之名，成為了被詛咒的惡行。而他們為了維護這種自認為最神聖的情感，不惜與整個社會為敵，這種大逆不道的行為同時就具有了深刻的時代意義和廣泛的社會意義：「我們的結合成功，不單是我們的再生，也是一般青年男女的幸福」。《苔莉》中的苔莉本是國淳的姨太太，但她卻深愛著克歐，與克歐的結合使她得到了靈肉一致的情感滿足。他們之間也是嫂子和小叔子的所謂的亂倫關係，但是苔莉敢於追求戀愛自由，衝破無愛婚姻的束縛，蔑視陳腐的倫理道德，無疑體現了

「五四」追求性愛自由思想的影響，以及突破傳統性道德的意義。因此，他們敢於衝破世俗的倫理觀念，大膽的追求自由的愛情，「在新道德的構建背景下，張資平小說中經常為人所詬病的亂倫行為就帶有了新的意義。」〔註27〕

我們發現，在張資平數量浩繁的色欲小說中，幾乎每篇都有一個極具性魅力的女性形象，她們熱情、開放、大膽，對男人富有性的誘惑力和吸引力，在性追逐中常常佔據著主動的位置。眾所周知，傳統社會中男尊女卑的思想一直占主導地位，幾千年的封建社會裏，女性是最深重的受害者，封建禮教不僅扼殺了她們的愛情，還從根本上否認她們性的欲望。在五四對性的重新發現和認識的性愛思潮中，「女子的發現」之所以能對傳統道德倫理構成最激烈的反叛，在相當程度上就在於對女性身體欲望的發現和肯定。張資平小說中的這些充滿欲望和魅惑的女性，一旦打破了禮教的枷鎖，衝破了家庭的羅網，她們顯得比男子更為激進，情欲使她們不顧一切，被動的承歡變成了主動的追求，因而具有衝破封建婚姻去尋求生命本真自我確認的重要意義和價值。

《飛絮》中的琇霞認為「戀愛是一種權利！無論誰人都有這種必然的權利！剝奪他人的此種權利的人是殘酷的獄吏」〔註28〕，這顯然是生活於那個時代的青年的共同心聲；《梅嶺之春》中，保瑛大膽地追求自己的愛情，在世俗的偏見面前，她沒有屈服，而是宣稱「我們之間的戀愛不算罪惡」，表現了新女性的叛逆性格，同時也是對屈服於封建禮教的男人如吉叔父般的怯懦者的批判。《性的屈服者》中，馨兒的這番表白，無疑可以看出蘊涵其中的是一種真正的現代意義上的性愛觀：

> 你（吉軒）才是我的愛人，你是我精神上的丈夫！吉哥，我沒有做
> 精神上對你不住的事，我的心時常都是跟向你那邊去的，我的心的
> 鼓動是和你的同振幅，同波長……我對你的精神的貞操是很純潔
> 的！吉哥，你對我的精神的愛的要求，我問心無愧！你對我的肉身
> 的要求，則我此身尚在，我可以自由處分，不算你的罪過，也不算
> 我的罪過。我們間的戀愛既到了最高潮，若不得肉身的交際，那末
> 所謂戀愛也不過是一種苦悶；我們倆只有窒息而死罷了！〔註29〕

〔註27〕徐仲佳：《性愛問題：1920 年代的中國小說的現代性闡釋》，北京：社會科學文獻出版社，2001 年，第 103 頁。
〔註28〕張資平：《張資平小說選》，廣州：花城出版社，1994 年，第 268 頁。
〔註29〕張資平：《愛之焦點》，北京：中國文聯出版公司，1989 年，第 57 頁。

而《愛力圈外》梅筠認為：「我想，一個女子如果能夠一年掉換一個丈夫，那才有趣哪，十年，二十年盡守著一個男人，多麼沒有意思，一定會討厭。」〔註30〕無獨有偶，《最後的幸福》中，魏美瑛在多次選擇失敗後，也這樣反思：

> 她知道了所謂幸福並沒有絕對的，只看她的希望能否達到目的，她的欲望能否滿足。一部分的希望達到了目的，一部分的欲望得了滿足；但還有一部分的希望或欲望受了道德律的制限或受了夫妻名義的束縛；那個女子就不能算幸福了。總之不受社會慣例的支配，不受道德律的制限，不受任何種名義的束縛；各向其心之所安的方面進行，在彼此不相妨害的範圍內男女各有充分的自由。要能達到這樣的田地，各人才算有真正的幸福。受了一種名義的束縛，受了一種信條（Doctrine）的限制；事業固然可以成功，聲名也可以成立；不過真的自由，真的幸福就完全被剝奪了。〔註31〕

這樣的言論，表明梅筠、美瑛已經認識到真正的個性解放應該涵蓋對現代人欲望的解放，不論是男人還是女人他們都有追求自己欲望的權力和自由。這種觀念，即使在今天也是很先鋒的了，在當時真是足夠驚世駭俗。雖然現實的社會法則，並未能為此提供實現的可能，梅筠美瑛們最後的結局仍是悲慘的，但也足以凸顯張資平對此的認識深度了。

而《愛力圈外》菊筠對丈夫卓民那種舊的貞操觀念（男人三妻四妾，而女人最要緊的事是一生只忠於一個男人）的男性沙文主義觀念加以了痛斥：

> 那末我告訴你我這方面的道德是怎樣的吧！我對於沒有做丈夫的資格的人決不尊敬，也不盡做妻子的義務或責任；就是說，我現在是沒有丈夫的身體了，任我屬給誰人。只要有愛，就是夫妻。節操不是單責一方面守的，要雙方互守。沒有了愛的人，何必勉強住在一起討厭！〔註32〕

這段話無疑使我們想起了新文化運動中關於貞操問題的討論中，胡適、周作人等人對傳統貞操觀念的批判：男女雙方都該固守貞操。女性對於死去或者不忠的丈夫，沒有義務守節。張利用小說結合了當時討論性、婚姻、貞操的議題內容，透過角色的言語清楚表達了自己的立場。

〔註30〕張資平：《愛力圈外》，上海：樂華圖書公司，1932年，第4頁。
〔註31〕張資平：《張資平小說選》（下），廣州：花城出版社，1988年，第613頁。
〔註32〕張資平：《愛力圈外》，上海：樂華圖書公司，1932年，第279頁。

　　當然，個性解放和性愛思潮的湧動，給當時的年青年男女們帶來了突破傳統，重建新性道德的希望。但是，傳統性道德觀織就的嚴酷之網，不僅從外部壓迫、束縛著年青的一代，甚至也在這些追求自由性愛的青年心中。在許多小說中不斷強調的對女性「處女寶」的重視無疑就是一個明證。而傳統的力量的過於強大，悲劇成為了這些小說唯一的結局。苔莉在新思潮影響下，追逐著理想的光環，大踏步向著幸福的生活奔去，她和情人雖然渴望「我們可以離開 N 縣，離開 T 省，離開祖國，把我們的天地擴大，到沒有人知道我們的來歷，沒有人非難我們的結合，沒有人妨害我們的戀愛的地方去！」〔註33〕，但自由戀愛的「伊甸園」夢卻仍然只有在天國，她和情人最後只能雙雙投海而死——因為只有在另一個世界他們才能「赤裸裸地背攬著背跳舞」。現世不能容納他們的不合法戀情，只有死亡之鄉才是他們心目中的烏托邦。《紅霧》中的麗君，追求愛，追求自由、平等，因「麻醉於自由戀愛的思想」，惑於「打倒夫妻制，擁護情人制」的口號，拒絕了包辦婚姻，大膽與人同居，然而輾轉一生，仍然沒有改變男子附庸的地位，落得悲劇的下場。

　　張資平將「性」作切入人生的一個獨特角度，以人物對性的欲求作為結構的主要框架，肯定人的價值，要求個性解放，無疑是與五四時代要求取同一步調的。正如彭小妍所指出：張資平「作品中有強烈的烏托邦意識，色欲在他的小說中成為一種意識形態，傳達的訊息是反抗父權體制、反婚姻制度，以及對性解放的嚮往。」〔註34〕

三、時代女性的性愛與革命

　　隨著五四新文化運動對人的發現以及由此而來的個性解放和女性解放思潮的勃興，女性開始以「人」的形象出現在中國現代新文學中。子君們以「我是我自己的，他們誰也沒有干涉我的權利」喊出了新女性的獨立宣言，但這一時期作家們在關注和塑造新女性形象的時候，重在尋覓新女性們愛情婚姻問題中的社會意義和思想意義，抒發婦女解放、反對舊禮教和追求個性自由的主張，較少涉及性心理和性生理的範疇，在性的問題上採取的是遮遮掩掩

〔註33〕張資平：《苔莉》，《沖積期化石·飛絮·苔莉》，北京：人民文學出版社，1988
　　　　年，第 412 頁。
〔註34〕彭小妍：《海上說情欲：從張資平到劉納鷗》，臺北：中研院文哲所籌備處，
　　　　民國 90 年，第 29～30 頁。

的態度。繼「五四」追求個性解放和婚姻自由的「娜拉」之後，隨著時代風潮的推移轉換，一大群積極投身革命洪流的新女性——時代女性登上了中國現代文學的舞臺，她們對身體的欲望——「肉的刺激」的追逐，與她們的革命追求糅合在一起的，成爲狂歡般革命的肉身顯現。

與五四時期相似的是，最引人注目的大革命時代女性也出自於男性作家之手。這些作家中，有激進的革命者蔣光慈（《野祭》、《沖出雲圍的月亮》）、胡也頻（《到莫斯科去》）、華漢（《兩個女性》、《轉換》、《復興》）、洪靈菲（《流亡》），也有一直被視爲「革命同路人」的茅盾（《蝕》、《野薔薇》、《虹》），以及自由知識分子巴金（《滅亡》、《新生》、《愛情三部曲》）、沈從文（《一個女劇員的生活》）等。他們的筆下不約而同地出現了一批天生麗質，狂放不羈，不受社會世俗約束，自如地操縱著兩性關係，將神性和魔性二者合一的新女性，她們因其更驚世駭俗的行爲舉止和性愛道德觀被稱爲時代女性。正如陳建華所指出的：「她們的再現得益於唐宋傳奇的的文學想像及其男性狂想，那種烏托邦成分得之於蘇俄的『杯水主義』，而那種『攝人的魔力』，『肉感』的刺激或歇斯底裏的『獰笑』，帶著英法『頹廢』中的『尤物』影子。」〔註35〕她們是慧女士、孫舞陽、章秋柳（《蝕》）、梅行素（《虹》），王曼英（《沖出雲圍的月亮》），慧（《愛情三部曲》）、夢雲（《轉換》、《復興》），蘿（《一個女劇員的生活》）。

首先，她們無一例外都具有勾魂攝魄的性誘惑力和顚倒眾生的性魔力，健康、肉感、富於刺激的女性美，改寫了傳統女性靜態美、病態美的流行審美規範。她們外形上個個長得健美如「模特兒」，尤其都有一對高聳的「乳峰」。稍舉數例：

如慧女士「穿了紫色綢的單旗袍，這軟綢緊裹著她的身體全身的圓凸部分都暴露得淋漓盡致」，〔註36〕淋雨之後，更是「她的綢夾衣已經濕透，黏在身上，把她變成一個新鮮的『模特兒』」。〔註37〕這裏的模特兒，幾乎就是裸體的代名詞。寫孫舞陽的「圓軟的乳峰在紫色綢的旗袍下一起一伏的動」。〔註38〕

〔註35〕陳建華：《「革命」的現代性——中國革命話語考論》，上海古籍出版社，2000年，第310頁。
〔註36〕茅盾：《幻滅》，《小説月報》，18卷9號，1927年9月。
〔註37〕茅盾：《幻滅》，《小説月報》，18卷10號，1927年10月。
〔註38〕茅盾：《動搖》，《小説月報》，19卷2號，1928年2月。

《追求》中章秋柳「嫋娜的腰肢和豐滿緊扣的胸脯」，〔註39〕「在微淡的光裏，曹志方依稀看見兩顆櫻桃一般的小乳頭和肥白的錐形的座兒，隨著那身體的轉移而輕輕的顫動」，〔註40〕章秋柳在急雨中，「完全不覺得身上的薄綢衫子已經半濕，黏在胸前，把一對乳峰高高的襯露出來」。〔註41〕

《虹》中梅女士：「若斷若續的雨點忽又變大變密。因而梅女士到了『二百四十號』時，單旗袍早已淋濕，緊粘在身上，掬出尖聳的胸部來。聚集在這房子裏的六七位青年看見梅女士像一座裸體模型闖進來，不約而同發出一聲怪叫。」〔註42〕

在茅盾小說中還普遍存在著對女體「肉香」的渲染，儘管中國古典文學中也有不少女體生香的描寫，如《紅樓夢》中薛寶釵之「冷香」，林妹妹之「奇香」，但都遠不及「肉香」來得刺激，令眾生顛倒。如寫慧女士「一股甜香——女性特有的香味，夾著酒氣，直奔抱素的鼻孔。」寫嫻嫻「羊毛的貼身長背心的下端微微張開，蕩漾出肉的熱香。」寫孫舞陽「她還只穿著一件當作睡衣著的長袍，光著腳；而少女們常有的肉的熱香，比平時更為濃鬱。此時此景，確可以是一個男子心蕩。」〔註43〕寫章秋柳是「她的每一個微揚衣袂的手勢，不但露出肥白的彎臂，並且還叫人依稀嗅到奇甜的肉香。」〔註44〕可以說，圍繞時代女性身體的構築，對於再現「革命」的卡里斯瑪起著非常重要的功能，她們強旺、性感的身軀和旺盛的精力投入革命，使得革命平添活力和情色的光輝。

其次，她們最醒目的特點是「性道德方面的反傳統的徹底性與道德的虛無主義」。〔註45〕有別於五四時期恪守精神之戀來證明愛情的神聖性的新女性，革命隊伍中的她們揮灑自如地與周圍的男性周旋，玩著沒有惡意的性遊戲，毫無顧忌地追求著性的刺激與快樂。「性的革命首先要求的是終止性的壓抑和禁忌」，〔註46〕慧女士不斷結婚離婚，有過不少「短期愛人」，她的觀點

〔註39〕茅盾：《追求》，《小說月報》，19卷8號，1928年8月。

〔註40〕茅盾：《追求》，《小說月報》，19卷8號，1928年8月。

〔註41〕茅盾：《追求》，《小說月報》，19卷8號，1928年8月。

〔註42〕茅盾：《虹》，《茅盾全集》，第2卷，北京：人民文學出版社，1984年，第254頁。

〔註43〕茅盾：《動搖》，《小說月報》，19卷2號，1928年2月。

〔註44〕茅盾：《追求》，《小說月報》，19卷8號，1928年8月。

〔註45〕趙園：《艱難的選擇》，上海文藝出版社，1986年，264頁。

〔註46〕〔美〕凱特・米利特著，宋文偉譯：《性政治》，南京：江蘇人民出版社，1999年，第82頁。

是：「道德，那是騙鄉下姑娘的圈套，她已經跳出了這個圈套」，「對於男性，只是玩弄，從沒想到愛」，「我高興的時候，就和他們鬼混一下；不高興的時候，我簡直不理。」美豔動人的孫舞陽，儘管被人視為」放蕩、妖豔，玩著多角戀愛」，卻毫不掩飾自己的欲望：「我有的是不少粘住我和我糾纏的人，我也不怕和他們糾纏……沒有人被我愛過，只是被我玩過。」章秋柳則宣稱：「理應有完全的自主權，對於我的身體，我應該有要如何便如何的自由」，「人生但求快意而已。我是決心要過任心享樂刺激的生活！我是像有魔鬼趕著似的，盡力追求刹那間的狂歡。」素裳（《到莫斯科去》）那段對戀愛和性交大膽前衛的言論，比起慧女士們毫不遜色。作為有夫之婦，毫無顧忌地和「康敏尼斯特」身份的施洵白展開了轟轟烈烈的情愛糾葛。王曼英（《沖出雲圍的月亮》）在大革命失敗後流落上海，瘋狂地放縱情欲，甚至標榜要用肉體報復和摧毀敵人。她們對自己的魅力充滿自信，革命或反革命的男性都無一例外地拜倒在了她們的石榴裙下。對這些時代女性來說，滿足本能的衝動和愛情是兩碼事，她們宣佈：「我們正青春，需要各種的刺激，……刺激對於我們是神聖的，道德的，合理的！」（章秋柳）

　　另一方面，她們放縱性欲，也與時代的苦悶和革命的變化有關。魯迅在《譯了〈工人綏惠略夫〉之後》一文中認為在 1905 年的俄國革命平靜之後，「俄國青年的性欲運動卻顯著起來了」，並由此指出，「性欲本是生物的本能」，只是革命退潮後，「便格外顯露罷了」〔註47〕。在中國，大革命時期的「時代女性」同樣也經歷著這個帶有「宿命」意味的過程。在理想經歷了「幻滅」、「動搖」，而「追求」又無果的情況下，她們也陷入了肉體的狂歡。甚至，縱欲本身就成了其標榜「解放」乃至「反抗」的行為。正如廚川白村所分析的：「近代文藝，因了人們外的生活之壓迫與內的生活之苦悶，已表示著一種深強的病的色彩的暗影。如在初時懷抱著遠大的理想或欲望而努力活動的人們，忽然陷於絕望之淵，沉於憂愁、悲哀之底，於是結果所至便流於悲觀厭世。但近代之人對於生的執著多非常頑固，當此求生不能欲死不得的狀態，所以一般人多想沉浸於頹廢的肉感生活以自忘其苦痛。當因革命的努力而失敗的時代，性欲生活之病的現象其顯示於文藝所以最為強烈者，便是這個緣故」。〔註48〕

〔註47〕魯迅：《譯了〈工人綏惠略夫〉之後》，《魯迅全集》第 10 卷，北京：人民文學出版社，2005 年，第 182 頁。

〔註48〕廚川白村：《文藝與性欲》，《小說月報》16 卷第 7 號，1925 年 7 月。

　　陳建華在研究茅盾筆下的新女性時，曾經指出，這些新女性具有集「神性」與「魔性」於一身的特點。〔註49〕筆者認為，這個評價也適用於對大革命時期的時代女性們。她們不僅美貌、性感，是革命的「尤物」，具有顛倒眾生的「魔性」；同時也具神性：她們投身或想往革命，革命成為她們實踐解放的理想空間。她們生活在革命運動中，僅為革命理想而儘其天職，卻不必受家庭或男子的約束，性的自由也因此成為解放的標誌。可以說，時代女性對於革命有著發自本能的熱衷，「小資產階級出身的女學生或女性知識分子頗以為仆進革命黨，便枉讀了幾年書」。章秋柳也是搖擺於狂熱與頹廢兩極，但最終仍統一於一個單純的力量。她的自訴正是這種體會的產物：

> 我們有熱火似的感情，我們又不能在這火與血的包圍中，在這魑魅魍魎大活動的環境中，定下心來讀書。……我們的熱血是時時刻刻在沸騰，然而我們無事可做……在這大變動時代，我們等於零，我們幾乎不能自己相信尚是活著的人。我們終天無聊、納悶……在極頂苦悶的時候，我們大笑大叫，我們擁抱，我們親嘴。我們含著眼淚，浪漫，頹廢。但是我們何嘗甘心這樣浪費了我們的一生！我們還是要向前進。〔註50〕

而王曼英抱定了「與其要改造這世界，不如破毀這世界，與其振興這人類，不如消滅這人類」的觀念，以賣淫的方式侮辱、報復革命的敵人，使陳腐的兩性交易呈現出革命的內涵。她們雖然也追求著剎那間的快樂與享受，但是，在肉體的放縱之中從未放棄對革命的追求與嚮往，心靈純潔高貴，精神上凜然不可侵犯。「充滿誘惑力的女革命者形象，有著放蕩的身體加上革命的精神，這成為左翼意識形態最普遍的表述之一。在某種程度上，性解放也象徵著革命本身，它也是一種革命，與集體的革命激情並不矛盾。」〔註51〕

　　最後，我們也要看到，男性作家筆下的時代女性們在確立自我主體意識的性革命中，凸顯的依然是女性的身體魅力。在充滿欲望的男性目光的窺視下，她們充滿了性挑逗和性誘惑的身體作為「被看」的對象而存在著。她們被符號化了的軀體，充當了一種性欲的代碼，展現的是看／被看的模式，這

〔註49〕陳建華：《革命的女性化與女性的革命化》，《「革命」的現代性——中國革命話語考論》，上海古籍出版社，2000年。
〔註50〕茅盾：《茅盾精選集》，北京：北京燕山出版社，2006年，第36頁。
〔註51〕劉劍梅：《革命加戀愛：政治與性別身份的互動》，《當代作家評論》，2007年第5期。

與傳統文化對女性身體的物化、本質化傾向是一脈相承的。因此,這種辨認
自身、感受自身的努力容易被作家的潛意識置換成男性視角的色情味。正如
勞拉·穆爾維在對好萊塢電影中的女性形象的分析時所言:「在一個由性的不
平衡所安排的世界中,看的快感分裂為主動的／男性和被動的／女性。起決
定性作用的男人的眼光把他的幻想投射到照此風格化的女人形體上。女人在
她們那傳統裸露癖角色中被人看和展示,她們的外貌被編成強烈的視覺和色
情感染力,……她承受視線,她迎合男性的欲望,指稱他的欲望。」〔註52〕

　　另外,時代女性在性革命也並未確立起女性自我。當她們身體作為一種外
在的武器,或報復,或誘惑,或拯救,但始終與女性對於自己身體的認識相分
離,它並沒有讓女性認清她們的身體在歷史和現實中的問題。而作為「被看」
的對象而存在女性身體,這類形象無疑也無法代表女性本身的意願。而觀賞和
征服這樣性感且剛毅的新「尤物」,對男性(革命男性)來說無疑也是一次新
的冒險旅程,因此,「書寫女性所向披靡的性丰姿」,不過是「寄寓了男性自我
無限魅力、無限性放縱的心理渴求,並得以迴避開『五四』以來敏感的婦女壓
迫、性別壓迫問題,免受道德和現實條件的束縛」。〔註53〕「女性的身體成為
政治和意識形態搏鬥和爭奪的戰場,而女性的身體符號亦成為茅盾與(男性)
讀者之間的交換客體」。〔註54〕於是,「就在這肉感、誇張、色情的『突圍神話』
下,女性曾經的苦難和滯重的歷史都隱匿了,女性身體變得輕盈而美麗,她們
成為一個個符號,充當著革命精神的形象代言人」。〔註55〕

第二節　末世聲色:海派作家的性愛世界

　　上海自 1843 年開埠以來,到 20 世紀 20、30 年代進入了都市現代化發展
的黃金時期,迅速成為了一個繁華的國際大都會,有著「東方巴黎」的稱號。
租界下半殖民地的生存方式瞬間觸動了城市的敏感神經,資本主義物質和文
化肇始出這個國際化都市的最初影像。上海在中國廣袤的農業文明侵染下的

〔註52〕〔英〕勞拉·穆爾維著,鍾仁譯:《戀物與好奇》,上海人民出版社,2007 年,
　　　　第 69 頁。
〔註53〕李玲:《易性想像與男性立場》,《中國文化研究》,2002 年第 2 期。
〔註54〕黃子平:《灰闌中的敘述》,上海文藝出版社,2001 年,第 60 頁。
〔註55〕游翠萍:《夾縫裏的革命——論女性革命者形象與女性解放》,《海南師範學院
　　　　學報》,2005 年第 2 期。

陣地中突圍而出，生產和消費的共同繁榮孕育了城市文化的誕生。「嶄新的現代都市景觀，刺激了新感覺派表現的衝動，為海派的現代性提供了可供『凝視』和思考的物化形態。」〔註56〕工業文明與商業文明的發展使城市呈現出多樣性、開放性、多元化的文化格局。20、30年代的上海迎來了近現代中國第一次真正脫離了傳統農業文明的消費時代，消費文化的內在邏輯無限渲染和誇大了人的性欲望，正如波德里亞所言：「性欲是消費社會的『頭等大事』，它從多個方面不可思議地決定著大眾傳播的整個意義領域。一切給人看和給人聽的東西，都公然地譜上性的顫音。一切給人消費的東西都染上了性暴露癖。當然同時，性也是給人消費的。」〔註57〕性的欲望挾消費文化之威空前活躍。

正是在這樣的都市文化和消費文化的城市環境下，「在兩性社交公開化的程度比中國任何一地都來得激進的上海，這個多少年來都被單方面判為人欲橫流的地方，才成了匆忙搭起的中國現代性愛試驗場。」〔註58〕兩性主題，無疑是海派筆下最具特色的主題。海派作家所關注的性愛，逐漸疏離於性的社會角色，而將目光由外部投向性愛本身，體現出物質主義權威時代「消費過剩」狀態下的上海都會特徵：感官式欲望，消費性快感。它的意義已從愛中剝離，流變為某種純粹的享樂性消費性的「商品」。

一、聲色美的熱情：唯美——頹廢作家的欲望狂歡

20世紀20年代下半葉伊始，滬上一批作家，包括「獅吼」、「金屋」、「幻洲」、「真美善」和「綠社」等多個作家群體，熱衷於追隨流行於西歐19世紀末的唯美——頹廢主義文學思潮。他們將唯美——頹廢主義感官化、官能化，突出唯感官享樂至上這樣一個中心原則，並以「肉」來涵括這些官能，邵洵美說：「我們這個世界是要求肉的」〔註59〕，因此，來自肉的欲求，也即是性的本能欲望成為他們表達的主要內容。在他們的作品中，以大都市上海為背

〔註56〕李今：《海派小說與現代都市文化》，合肥：安徽教育出版社，1999年，第21頁。
〔註57〕〔法〕波德里亞著，劉成富、全志鋼譯：《消費社會》，南京大學出版社，2000年，第159頁。
〔註58〕吳福輝：《都市漩流中的海派小說》，上海：復旦大學出版社，2009年，第131頁。
〔註59〕邵洵美：《近代藝術界的寶貝》，《金屋》第1卷第3期，1929年。

景，充滿了末世的欲望狂歡景象。一如曾虛白在《舞場之夜》中描繪的：

> 這些活皮下包裹著怎樣神秘的東西！白森森，冷冰冰，燦閃地跳出
> 了一粒粒磷火青熒。綿軟的肉，柔滑的皮；靈活的媚態，妖燒的舞
> 姿，這一切是圍繞在遠山頂上五彩的煙霞，可是永遠不變的真相只
> 有這一架石根般的肉殼。星一般的眼、底下是一對淵深的窟窿；玉
> 一般的鼻，底下是一個不等形的黑洞；嘴，闊面長，直通耳根；下
> 顎突出，永遠是笑的臉容。蒙著皮肉的架子裏早帶上了死屍的模型
> 全副！
>
> ……
>
> 管他是骨，管他是肉，只要是個人，我就心足。來，大夥兒來，這
> 兒是無遮大會，是忘情天國！肉氣，酒香塞你的鼻；樂調，人聲聾
> 你的耳；色採，脂粉盲你的目；滑潤，豐盈鈍你的觸；鼻塞，耳聾，
> 目盲觸鈍，一切感覺失掉了本能，這才是徹底的人生享樂。
>
> 舉杯，大夥兒舉杯，且盡這片刻的歡娛，誰管他是骨是肉！〔註60〕

被譽為創造社小夥計的一幫更年輕的作家，包括葉靈鳳、潘漢年、周全平等，在 20 年代中期，圍繞《幻洲》雜誌，他們參與了 20 年代關於性愛問題的討論以及新性道德的建立，並在他們的創作中體現出來。

1926 年 10 月創刊於上海的《幻洲》半月刊（其前身是《幻洲》周刊，6 月創刊），由葉靈鳳、潘漢年主編，分上部「象牙之塔」和下部「十字街頭」兩個部分。顧名思義，「象牙之塔」中大都是一些具有唯美主義傾向的文藝作品，充滿了唯美主義肉欲迷狂的氣息，如創刊號上周全平的《迷夢》一文就帶著肉感氣息撲面而來：

> 不可計數的一對對的年輕的男女，都赤裸裸地擁抱著在蔚藍的天
> 下，在翠綠的地上，如狂地踴舞。遠遠的看不見她們的面貌，但是
> 她們的紅潤豐滿的肉體，和她們的肉體蠕動時的美態，借了相像的
> 助力，很可以看得清楚了；而且異性身上的濃鬱的氣味，也不斷被
> 喉鼻吸入而流注於全身。〔註61〕

「十字街頭」則是對各種社會現象、人生問題進行評說、議論的文章，其中

〔註60〕盧白：《舞場之夜》，張偉編：《花一般的罪惡——獅吼社作品、評論資料選》，
　　　　上海：華東師範大學出版社，2002 年，第 82～83 頁。
〔註61〕周全平：《迷夢》，《幻洲》半月刊 1 卷 1 期，1926 年 10 月。

不少驚世駭俗之作，尤其是那些論性愛問題的文章，使《幻洲》在當時名噪一時。《幻洲》在第一卷第四期、第一卷第七期分別推出「靈肉專號」和「靈肉續號」，潘漢年的《性愛漫談》、亞靈（葉靈鳳）的《我們的性愛觀念章》、駱駝（即周全平）的《我的靈肉觀》、任廠的《如是我解的靈肉問題》等文章比較系統地闡發了他們較為一致的性愛觀和靈肉觀。《幻洲》同人都強調「肉」的獨立意義，反對「靈」對「肉」的遮蔽和覆蓋。潘漢年說：「近來常聽見一般朋友談到『靈肉衝突』，『靈肉一致』的問題，我常常驚奇：什麼叫靈？什麼叫肉？」「我不知道靈與肉從何而分別？請問人無肉從何而生靈？」，從而強調「真正的性愛，靈與肉是分不開的」。〔註62〕駱駝（周全平）的「性本體論」更進一步認為：「戀愛只是性的表現，無所謂靈，也無所謂肉；但一定要在戀愛身上加一個或靈或肉的頭銜時，我寧肯說戀愛是肉的。」在他看來真正的戀愛是以「肉」為本體的，「性行為實在是戀愛的基礎，戀愛的要素，甚至可以說是戀愛的本體。」〔註63〕任廠也對「靈」對「肉」的壓抑進行了批判，「實在來講，肉的生活並非不純潔，並不比靈的生活不高貴些，不神聖些」，「肉的生活，在人的整個生活中自有它的獨立價值，自可以單獨提高到藝術化的地位，它就很不必託庇在精神愛情之下求偷安。」〔註64〕總體上，他們提倡開放、自由的性愛觀，認為只要是建立在兩情相悅的愛欲基礎上的性就是合理的、無可指責的，因此就有了泛愛論、雜交論等激烈的反傳統一夫一妻婚姻制的論調。由此可見他們的性愛觀是相當激進的。

《幻洲》的問世，是新一代海派崛起的一個信號，在《幻洲》（周刊）第一期上，駱駝（周全平）就聲稱要在繁華都市生活的「沙漠」中創造一個充滿「咖啡，葡萄酒，香水，紅豔的肉，顫動著，嬌喘著……」的「空幻的世界」，然而在這裏，個體在都市生活中的苦悶和對社會的叛逆是可以互訓的，「自從這嬌豔的五月把成熟的春意帶到荒涼的沙漠中以後，煩悶益發像毒蛇一樣把這水平線下的爵士們糾纏住了，死了的熱情在這媚人的五月中又醒了轉來。桃色的悲哀，咖啡店的春夢，黃金的誘惑，啊啊，家國的悲戚，民族的痛苦」。〔註65〕葉靈鳳是創造社小夥計中，也即是《幻洲》同人中「創作最

〔註62〕潘漢年：《性愛漫談》，《幻洲》半月刊，1卷4期，1926年11月。

〔註63〕駱駝：《我的靈肉觀》，《幻洲》半月刊，第1卷第6期，1926年12月。

〔註64〕任廠《如是我解的靈肉問題》，《幻洲》半月刊，第1卷第6期，1926年12月。

〔註65〕駱駝：《我們的〈幻洲〉》，《幻洲》周刊第一期，1926年6月。

多，也最有才氣和功力的」。〔註66〕他從 1925 年第一次公開發表小說《嫁姊之夜》開始，寫作了大量的關於兩性及性愛題材的小說。其中《嫁姊之夜》、《浴》、《明天》、《處女的夢》、《曇華庵的春天》等側重於性心理行為的研究。《浴》就大膽的涉獵少女的自慰題材禁區，極富聲色地展示了入浴前少女的「晶瑩的肉體」，渲染出少女青春期苦悶而羞怯的性衝動，體現出了頹廢式的色情：「這是一朵初開的玫瑰，於粉白中流露著一層盈盈欲滴的嫩紅。那胸前微微隆起的兩座象牙的半球，雖然還沒有十分圓滿，然而已孕蓄著未來的無限的美麗的預兆⋯⋯」。〔註67〕《鳩綠媚》、《摩伽的試探》、《落雁》是超現實、魔幻化的情欲交煎敘述，而《菊子夫人》、《愛的戰士》、《口紅》等是赤裸裸地描寫都市男女性愛遊戲，多涉筆情色。葉靈鳳的創作雖然多表現人的肉欲之念，但因其「唯美」的追求而顯得較為優雅，其作品中的女性形象往往被作為觀賞的對象，從肉體到欲望都因此而具有了一種「形式的美感」。

與《幻洲》作家群活動於同一時期的獅吼——金屋作家群，圍繞著雜誌《獅吼》半月刊、《新紀元》、《屠蘇》、《金屋》月刊，更是以唯美——頹廢主義為標榜，展開了一場海派藝術的狂歡。獅吼——金屋作家群以邵洵美、滕固、章克標為中心人物，包括了張水淇、方光燾、滕剛、郭子雄、徐葆炎等主要成員。他們繼承了波德萊爾、王爾德等人的傳統，側重於模擬他們的唯美的肉感經驗表達，從而確立起他們以「肉欲的官能享受」為中心的快樂主義原則。他們對「頹加蕩」的美與愛的讚頌更是掀起了海上文壇一場「火與肉」的狂歡。

獅吼——金屋作家群中，在詩歌創作方面，邵洵美無疑是一枝獨秀。這位出身望族，有著顯赫的身世，曾和徐志摩被並稱為「詩壇雙璧」的詩人，創作了大量歌頌色欲與肉感的情色詩歌，結集出版的詩集有《天堂與五月》（1927）、《花一般的罪惡》（1928）、《詩二十五首》（1936）三部。邵洵美詩歌中充滿了豔麗的詞藻和狂歡的肉欲氣息，將唯美派的感官享樂主義推向了頂峰。他盛讚性享樂如「花一般的罪惡」：

> 那樹帳內草褥上的甘露，
> 正像新婚夜處女的蜜淚；
> 又如淫婦上下體的沸汗，

〔註66〕朱壽桐：《情緒，創造社的詩學宇宙》，上海文藝出版社，1991 年，第 298 頁。
〔註67〕葉靈鳳：《浴》，《豔情》，吉林人民出版社，1995 年，第 8 頁。

能使多少靈魂日夜醉迷。

……

世間原是深黑漆的牢籠，

在牢籠中我猶何妨興濃；

我的眉散亂，我的眼潮潤，

我的臉緋紅，我的口顫動。

啊，千萬吻曾休息過了的

嫩白的醉香的一塊胸脯，

夜夜總袒開了任我撫摸，

撫摸倦了便睡在她乳上。〔註68〕（《花一般的罪惡》）

其詩歌多以女性的肉體為描寫對象：

你這從花床中醒來的香氣，

也像那處女的明月般裸體——

我不見你勻著火血的肌膚，

你卻像玫瑰般開在我心裏」〔註69〕（《To Sappho》）；

啊！欲情的五月又在燃燒，

罪惡在處女的吻中生了；

甜蜜的淚汁總引誘著我，

將顫抖的唇親她的乳壞。（《五月》）〔註70〕。

即使是在描摹自然景物的時候，也莫不打上了情欲的印記：

啊這時的花香總帶著肉氣，

不說話的雨絲也含著淫意；

沐浴恨見自己的罪的肌膚，

啊身上的排紅怎能擦掉去？（《春》）〔註71〕

牡丹也是會死的，

〔註68〕 邵洵美：《花一般的罪惡》，《花一般的罪惡》，上海：金屋書店，1928 年，第41 頁。

〔註69〕 邵洵美：《To Sappho》，《花一般的罪惡》，上海：金屋書店，1928 年，第 20頁。

〔註70〕 邵洵美：《五月》，上海：金屋書店，1928 年，第 7 頁。

〔註71〕 邵洵美：《春》，《花一般的罪惡》，上海：金屋書店，1928 年，第 17 頁。

但是她那童貞般的紅，

淫婦般的搖動，

盡夠你我白日裏去發瘋，

黑夜裏去做夢。

少的是香氣，

雖然她亦曾在詩句裏加進些甜味

在眼淚裏和入些詐欺、

但是我總忘不了那潮潤的肉，

那透紅的皮，

那緊擠出來的醉意。〔註72〕（《牡丹》）

這些情色詩歌中，充滿了「善吸吐沫的紅脣」、「嫩白醉香胸脯」、「燃燒著愛的肚臍」、「潮潤的肉」，處女、淫婦等突出肉體特徵和身體欲望的詞彙，正如解志熙在《美的偏至》中指出：「整部詩集只有赤裸裸的感官欲望和生命本能的宣泄，呈獻給讀者的是由所謂女性的『紅脣』、『舌尖』、『乳壕』、『肚臍』、『蛇腰』直至女性的『下體』所組成的『視覺之盛宴』，而唯一的主題即是鼓勵人們在頹廢的人間苦中及時行樂」。〔註73〕總之，邵洵美的詩歌創作大都充滿了濃豔而頹靡的色情氣息，這種「強烈刺激的要求和決心墮落的精神」以及「以情欲的眼觀照宇宙一切」〔註74〕的特色，將海上唯美主義思潮推向了「頹加蕩」的最高音。

除邵洵美以外，還有郭子雄的詩《賣肉》、《春夏秋冬》、《陳死人》（《獅吼》第1期），滕剛的《最後一聲讚美》（《獅吼》第12期）等，也充滿了頹加蕩的情色與享樂主義的色彩。

章克標是獅吼——金屋作家群中，小說創作成就較為突出的一位。他也是注重官能的享樂，將唯美主義聲和色的誘惑在作品中表達得淋漓盡致。《來吧，讓我們沉睡在噴火口上歡夢》一文中他疾呼：「我們在夢裏，我們的眼，耳，鼻，舌，身，覺是如何使得我們達到美的極致呀！眼有美的色相，耳有美的聲音，鼻有美的馨香，舌有美的味，身有美的獨，覺有那個美的凌空虛

〔註72〕邵洵美：《牡丹》，《詩二十五首》，上海：時代圖書公司，1936，第35頁。

〔註73〕解志熙：《美的偏至》，上海：文藝出版社，1998年，第229頁。

〔註74〕蘇雪林：《論邵洵美的詩》，張偉編：《花一般的罪惡——獅吼社作品、評論資料選》，上海：華東師範大學出版社，2002年，第287～290頁。

幻縹緲的天國。……倘若我們睡在火山的噴火口上，我們一定可以感到它在地下的熱情的燃燒，它的熱血的奔驟澎湃。只由這一點，我們也該欣願去睡在噴火口上，而況我們還可以歡夢。」〔註75〕他的小說往往充滿了輕狂文人對「女人和酒」的追逐，喜歡幻覺夢境來追尋感官的享樂，在幻想中自我陶醉，如《蜃樓》《秋心》等。其代表作《銀蛇》，多處描寫男性人物探險於「肉欲」市場，充滿各式女體的描寫，如「這是一具妖豔的肉體，橫陳在床上的四肢，半開的杏眼，灼灼的桃腮，鮮紅的櫻唇，還有豐潤的胸膛」。〔註76〕文中對邵逸人戀物癖的描寫也堪稱經典：

> 這是一件多好看的浴衣！一雙手把浴衣轉動，卻心要數說著：這是袖口藏著雪藕一般的臂膀，這是胸前抵住一對平剖雪梨那樣的乳房和像葡萄一般的乳暈；這是脊背，貼在像一根甘蔗的脊椎骨和像芒果一般的肥軟的背肉；底下是腰部像葫蘆的彎彎一捏；還有下面，象生得不整齊的小南瓜，這突出的屁股；再前面這肚臍像枇杷的花眼，這小小的肚子，像一個富有水分的西瓜，下去時兩條大腿，是發狂大的那兩條太湖大蘆蔔，也許還是日本的櫻島種；還有中間，這是鮮紅水蜜蟠桃的縫縫。

> 他又把浴衣平放在床上，他埋了頭去吃嫩藕，吃了葡萄和雪梨，吃了甘蔗和芒果，吃了枇杷和西瓜，最後他狠狠地吃蘆蔔，還貪嘗那個鮮豔的水蜜蟠桃。他是發狂一般地把頭在這浴衣上周遊，像一尾魚的在水缸中巡迴，一路上想像這是高峰那是深谷，他想像平原也想像丘壑，到後久久停住在衣的中段，心口動悸得氣也換不過來，兩臂掰住了頭只是全身抖戰。〔註77〕

這種對身體的崇拜以及把人體當作秀色可餐的描寫在向培良在《暗嫩》中也曾經出現過：「讓我嘗你的雙乳，像嘗新熟的葡萄一樣，讓我嘗你的嘴唇，像嘗熟透了的蘋果——我愛你——我最愛你的——愛你的身體！」〔註78〕

〔註75〕章克標：《來吧，讓我們沉睡在噴火口上歡夢》，《金屋月刊》第 2 期，1929年 2 月 1 日。

〔註76〕章克標：《銀蛇》，《一個人的結婚》，廣州：花城出版社，1996 年，第 78 頁。

〔註77〕章克標：《銀蛇》，《一個人的結婚》，廣州：花城出版社，1996 年，第 137～138 頁。

〔註78〕向培良：《暗嫩》，劉欽偉編：《中國現代唯美主義作品選（上冊）》，廣州：花城出版社，1996 年，第 756 頁。

此外，值得一提的還有以曾樸、曾虛白父子為中心的《眞美善》作家群以及綠社。曾氏父子曾翻譯皮埃爾‧路易的《阿佛洛狄德》，並改名為《肉與死》，作品赤裸裸地描寫了女人性的解放與幻滅，充滿了對肉體愛的讚賞和崇拜，飽含著神秘頹廢的色情主義傾向，因此被人斥為淫書。曾樸的《魯男子》，徐蔚南的《都市的男女》《某姊妹》、盧夢殊的《跳舞廳前》、張若谷的《都會交響曲》等小說，都凸顯出唯美主義對肉體的崇拜和對感官愉悅的追求的主題。

成立於 1930 年的綠社，主要成員有朱維基、芳信、林微音、夏萊蒂和龐薰琴等人，他們先後創辦了《綠》、《聲色》和《詩篇》月刊。他們往往耽溺於醉生夢死的聲色之美，其創作能使人「聞到酒窖給火燒毀時而發出的馨蕩的和淫熱的焰息」，「感到金匠從爐火取出的金屬在鐵砧上錘擊的火氣」，「觸到在附近的製香底場所燃燒各種的香料的煙味」。〔註 79〕比較有代表性是林微音的小說《花廳夫人》以及朱維基的詩歌創作。朱維基常常將女性的肉體作為詩歌的本體，大膽地表現「色的熱情」和「肉的幻想」。《神奇》一詩不吝筆墨細緻地描繪女性肉體的「神奇」：詩人用「纖長的手指從比幻想更捲曲的頭髮向下輕輕地撫摸」，一路經過「開著黑花的白荊棘般的眉額」，「捲曲了的貝殼般的兩個眼皮」，「比深潭映著的星影更黑的瞳子」，「比 Apennines 山峰更渺遠更亙古的一座鼻梁」，還有「面頰上的兩朵比地獄的火更紅的薔薇」，「和象牙塔一樣的頸項」，「負得起 Atlas 所負的重量的雙肩」，「比處女的兩個乳頭更堅硬，更不化的胸膛」，以及「比深淵更深的肚臍」和「叢暗的，鬈曲的細毛擁護著的那隱伏有一千萬個年代的奇物」。《重欲》、《色的懷鄉病》等詩中，詩人更是直接高呼「得到了你，婦人，我便從兩個生命裏／得到了我的歡欣，壓滿了我的尊嚴的欲狂」，甚至直接描寫「唉，我們的旅途的終點／是你的陰戶，銷魂的莊嚴」。總之，綠社成員的創作有著典型的海派唯美主義特徵，充斥著海上文人放浪形骸，縱情聲色的唯美狂歡。

二、「洋場愛」與現代尤物：劉吶鷗、穆時英的色欲小說

上海自 1843 年開埠以來，到 20 世紀 30 年代，迅速成為了一個繁華的國際大都會，有著「東方巴黎」的雅稱。工業文明與商業文明的發展使城市呈

〔註 79〕芳信：《神火》，劉欽偉編：《中國現代唯美主義文學作品選（上冊）》，廣州：花城出版社 1996 年，第 212 頁。

現出多樣性、開放性、多元化的文化格局，而電影院、舞廳、跑馬場、南京
路、霞飛路新式的商業百貨娛樂街市，則構成了這座「東方巴黎」的坐標系，
這些自然也成爲了新感覺派作家劉吶鷗、穆時英筆下活靈活現的生活場景。
上海都市文化的發展，同時帶來了消費文化的勃興，可以說，30 年代的上海
迎來了近現代中國第一次眞正脫離了傳統農業文明的消費時代。消費文化的
內在邏輯無限渲染和誇大了人的性欲望，「性欲是消費社會的『頭等大事』，
它從多個方面不可思議地決定著大眾傳播的整個意義領域。一切給人看和給
人聽的東西，都公然地譜上性的顫音。一切給人消費的東西都染上了性暴露
癖。當然同時，性也是給人消費的。」〔註 80〕性的欲望挾消費文化之威空前
活躍。而所謂「洋場愛」，正是指滋生於這個物質文明發達的洋場都市——上
海，在消費文化的影響下，以遊戲情感和宣泄肉欲爲內核，追求「性愛」的
速度和刺激，不存在金錢和肉體交易，屬於有閒階層男女的一種情愛觀。

　　首先，這種「洋場愛」是縱欲的狂歡。在劉、穆的筆下，性愛輕易地擺
脫了倫理、道德、婚姻關係的羈絆和壓迫，男女的情愛欲求完全喪失了愛與
情的內涵，而且也越出了道德和理性約束，僅留下性的欲念與肉體感官的刺
激與享受。在他們的敘述中，這些小說人物對肉體的渴望往往與金錢沒有直
接關係，也不牽扯愛情與責任，純粹是爲獲得肉欲的快感，是完全享樂主義
的身體情欲釋放。由於不受排他性的約束，這種性愛的自由很快地便畸化爲
享受人生、遊戲人生的濫情縱欲。劉、穆筆下的男女們總是擁有多個情人或
性伴侶，他們無一例外地身體力行著多愛主義甚至縱欲主義的主張。於是，
我們看到在上海這座「造在地獄上面的天堂」裏，「將近黃昏的時候，都會
的人們常受妄念的引誘。都會人的魔欲是跟街燈的燈光一塊兒開花的。」〔註
81〕小說中的人物在一系列的娛樂場所寄居地中、在夜色的籠罩下過著極端
奢靡的生活。「在這『探戈宮』裏的一切都在一種旋律的動搖中——男女的
肢體，五彩的燈光，和光亮的酒杯，紅綠的液體以及纖細的指頭，石榴色的
嘴唇，發焰的眼光。」「空氣裏彌漫著酒精，汗汁和油脂的混合物使人們都
沉醉在高度的興奮中。」〔註 82〕活躍在其中的「色情男女」沉浸在官能的享

〔註80〕〔法〕波德里亞著，劉成富、全志鋼譯：《消費社會》，南京大學出版社，2000
　　　　年，第 159 頁。
〔註81〕劉吶鷗：《方程序》，《劉吶鷗小說全編》，上海：學林出版社，1997 年，第 77
　　　　頁。
〔註82〕劉吶鷗：《遊戲》，《劉吶鷗小說全編》，上海：學林出版社，1997 年，第 1 頁。

受之中，無所謂愛情，彼此在乎的只是擁有對方的身體，以此得到肉欲的滿足。女人在男人眼中是有著「高聳的胸脯，兩顆火辣辣的眼睛，一粒深紅色的櫻桃（的嘴）」和「那柔滑的鰻魚式的下節」〔註 83〕。男人對女人有的只是一種性的衝動，「我有了一個不可遏止的欲望，我想抽斷她的腰肢，想抽斷她的腳踝，想把這豐盈的肉塊壓扁在自己的身體的下面」〔註 84〕，「坐到街車上面，他瞧著她，覺得她綢衫薄了起來，脫離了她的身子，透明體似的凝凍在空中。一陣原始的熱情從下部湧上來，他扔了沙色的駱駝，撲了過去」。〔註 85〕《遊戲》中一位即將嫁與他人的女子，與她的情人間的色情遊戲：「雪白的大床中起了波紋了。他在嘴唇邊發見了一排不是他自己的牙齒。他感覺著一陣的熱氣從他身底下鑽將出來，只覺得呼吸都難。一隻光閃閃的眼睛在他的眼睛的下面凝視著他，使他感覺著苦痛，但是忽然消失了。貞操的破片同時也像扭碎的白紙一樣，一片片，墜到床下去。」只要激情和肉欲，正所謂「愉快地相愛，愉快地分別」。〔註 86〕《禮儀和衛生》，借「禮儀」與「衛生」把傳統性愛倫理絞得粉碎。律師姚啓明和妻子可瓊之間已經三度結合，兩番分居，爲了滿足生理需要，不時要去花街柳巷獲得補充。但是兩人在公共場合下保持著夫妻關係美滿和諧，這便是「禮儀」；妻子與妹夫公開外出偷情，不忘讓自己的妹妹填補丈夫生理的空白，這便是「衛生」。一切都不過是欲望的簡單滿足，貪圖肢體的交合，體會生理的快感。並且通過伴侶的「適時」更換尋求別樣的「新鮮」，這就是人生的樂趣。除此之外，都不重要了。《被當作消遣品的男子》中的蓉子把眾多男子當作了雀巢牌朱古力糖、sunkist、上海啤酒、糖炒栗子、花生米等具有不同風味的消遣品。《上海的狐步舞》裏的劉小德在舞場一會對繼母蓉珠說「我愛你」，一會又對影星芙蓉說著同樣的話，而「母親躲在兒子的懷裏，低低地笑」，也就見怪不驚了。《赤道下》一對夫妻去渡假，夫妻雙方各自背著對方與男女僕人發生性關係，完全沒有倫理的衝突。

〔註83〕 劉吶鷗：《遊戲》，《劉吶鷗小説全編》，上海：學林出版社，1997 年，第 3 頁。

〔註84〕 穆時英：《紅色的女獵神》，《紅色的女獵神》，北京師範大學出版社，1993 年，第 136 頁。

〔註85〕 穆時英：《駱駝、尼採主義者和女人》，《紅色的女獵神》，北京師範大學出版社，1993 年，第 176 頁。

〔註86〕 劉吶鷗：《遊戲》，《劉吶鷗小説全編》，上海：學林出版社，1997 年，第 6～8 頁。

其次，洋場愛是一種邂逅式、臨時性的性愛遊戲，即「速食愛情」──男女湊巧相遇，各自說出點漂亮話，然後進酒吧，最後上旅館開間。《風景》中一對男女在火車上邂逅相遇，男人欣賞著女人那「都會的女人特有的對於異性的強烈的，末梢的刺激美感」：紅紅的弔襪帶、極薄的紗肉衣、高價的絲襪高跟鞋一起相映生輝的「雪白的大腿」、「素絹一樣光滑的肌膚」、「像鴿子一樣地可愛的」「奢華的小足」，女人也以男人為自己的風景，他們中途下車「學著野蠻人赤裸裸地把真實的感情流露出來」，「自由自在，無拘無束」地得到了「真實的快樂」，事後雙方無牽無掛地各奔東西，她的身體「正像那片紅雲一樣，自由自在，無拘無束」。〔註87〕《兩個時間的不感症患者》中的摩登女郎她頻繁地更換男友，自稱「我還未曾跟一個 gentleman 一塊兒過過三個鐘頭以上呢」，街頭邂逅 H 和 T 兩個男人後，很快又感到厭倦、不滿，並斥責他們：「吃什麼冰淇淋啦散步啦，一大堆嚕蘇。你知道 Lovemaking 應該在汽車風裏幹的嗎？」「你的時候，你不自己享用，還要跳什麼舞」，轉身去赴下一場約會去了。在這些都市男女的心目中，人的存在就是一連串盲目的身體欲望和永不疲倦的本能衝動，官能的滿足、肉體的享受往往是純粹享樂上義式的，不含任何情感性、精神性因素與衝突。

在這「洋場愛」中，最引人注目的是一批美麗、妖嬈的現代女性。李歐梵認為劉吶鷗的作品裏形成了「以『現代尤物』為代表的都市辭藻系列」。〔註88〕我們看到，在新感覺派作家劉吶鷗、穆時英的筆下，出現了一批迥異於傳統甚至大相徑庭於同時代其他作家筆下的摩登女性──性感的都市尤物形象。她們突破了中國傳統婦女人家閨秀或小家碧玉典雅、文靜、賢淑、端莊的審美風範，也不同於同時代作家筆下的爭取婚戀自由或投身社會革命的現代新女性。她們美麗、性感、迷人，也開放、新潮、前衛，自由自在地穿梭於現代文明的都市中，遊刃有餘地出入於夜總會、歌舞廳、大戲院、跑狗場等都市娛樂場所，緊鑼密鼓地追隨著狐步舞、爵士樂、變幻無窮的霓虹燈、風馳電掣的汽車的都市節奏，沉湎於現代都市物質文明的享樂和肉欲的漩渦中，是既具誘惑又有危險性的性感尤物。正如李歐梵指出的：「他們所追尋的

〔註87〕劉吶鷗：《風景》，《劉吶鷗小說全編》，上海：學林出版社，1997 年，第 14 頁。

〔註88〕〔美〕李歐梵：《上海摩登──種新都市文化在中國 1930～1945》，北京大學出版社，2001 年，第 205 頁。

是頗為現代的西洋異國情調，而最能體現這種異國情調的是具有西洋作風的摩登女性，我曾把這種女性稱為『尤物』，她們是一種色欲化的化身，從弗洛依德的觀點看，也是一種下意識的力量，向『上意識』或『超我』──也就是文化俗成的約束力量挑戰。」〔註89〕

她們首先是都市文明的產物，是「都市風景線」中一道靚麗的風景，也是「造在地獄上的天堂」不可或缺的一部分。20世紀30年代的上海，是有著「東方巴黎」之稱的繁華的國際大都會。在與都市文化緊隨而來的消費文化的泛濫中，女性一直都是其中的主角，並且其地位也隨著城市化進程和工業文明的發展日益明顯。學者羅蘇文在《女性與近代中國社會》書中指出：在近代上海，女性消費就已經成為衡量丈夫賺錢能力、家境檔次的尺度和體面人家不可忽略的「門面」。從時裝來看，30年代上海女性消費就已朝著專業化、職業化、高檔化的方向發展。追逐時尚、炫耀排場似乎是誘惑女性消費的魔棒。事實上，近代上海青年女子的個人消費，一般都在家庭消費水準之上。〔註90〕

其次，這些美麗妖嬈、裝扮入時、魅力十足，洋溢著「特有的對於異性的強烈的末梢的刺激美感」（劉吶鷗《風景》）的女性，也是具有西方性感明星特徵的現代都市女郎：金屬的光澤、流線感、疏懶疲憊的大眼睛、狡黠的笑意、希臘式鼻子，走路時的全身運動，高聳的胸脯，柔滑的鰻魚似的下節⋯⋯她們一反中國傳統的女性形象而西化化，美麗而放蕩，「肌肉的彈力」代替了「弱不禁風」、「胸前和腰邊處豐膩的曲線」代替了「楊柳細腰」、「若離若合的豐膩的嘴唇」代替了「櫻桃小口」⋯⋯。

這些自由穿梭在現代文明都市中的女性「尤物」，顯而易見深受性解放思潮的影響，她們放蕩不羈卻又風情萬種，在男人場中遊刃有餘地玩弄著愛情的遊戲。「自由和大膽的表現象是她的天性，她像是把幾世紀來被壓迫在男性底下的女性的年深月久的積憤裝在她口裏和動作上了」，傳統的性道德對她已失去了約束力，她們「縱情聲色，沒有過去，不想未來，似乎只為瞬間的享受而存活」，〔註91〕她們誘惑著男性，她們主宰著男性，她們不是奔著婚姻的

〔註89〕〔美〕李歐梵：《現代性的追求》，北京：三聯書店，2000年，第122～123頁。

〔註90〕羅蘇文：《女性與近代中國社會》，上海人民出版社，1996年，第317～325頁。

〔註91〕彭小妍：《海上說情欲：從張資平到劉納鷗》，臺北：中研院文哲所籌備處，民國90年，第85頁。

目的和男性調情，她們只是爲了自己的欲望和本能而愛，她們就是張競生想像中的「情人」。她們沒有靈肉分離的痛苦，隨心所欲，玩弄男人並將男人當消遣品，隨時隨地尋找著性的滿足。在劉吶鷗的《兩個時間的不感症者》中，都市摩登女郎遊刃有餘地周旋於兩個男人之間；同樣的，穆時英的《被當作消遣品的男子》中，女主人公蓉子也是一名捕獵異性的高手，她像享用啤酒、朱古力糖、花生米那樣享用那些被她「當作消遣品的男子」，而後又將他們「排泄」出去。並揚言：「我高興愛他時就愛他，不高興就不准他碰我」。女性在情欲活動中扮演著土導者的角色，男人成爲這些現代都市摩登女郎空閒時間的填充物，成爲她們的遊戲品和消費對象，「藉著尤物的形象，使中產階級男人無所適從，也無法招架，所以表面上看來毫不寫實甚至相當荒謬的女性形象在穆時英的小說中反而處於主宰地位，她引誘世俗男人，上勾後立即棄之如敝帚」。〔註92〕「在林林總總的街道、樓房、商廈及其他公用設施中所構成的迷宮中，女性的身體在都市的視覺景觀中佔據著極爲觸目的位置。對一座都市而言，它們常常是最亮麗的部位。對男性而言，女性的身體無疑具有巨大的吸引力。然而，它們又始終令人困惑和惱怒。它們既是男性欲望的對象和標的，又是他們欲望挫敗的標記……。」〔註93〕

　　雖然在 30 年代都市文明的高速發展中，女性解放的腳步又邁開了一大步，但是在海派男性作家筆下，這些帶有明顯物化符號的女性軀體在消遣著都市男子的同時，其光鮮的、魅惑的肉體始終是男性性消費的對象，始終是男性觀摩、玩賞的異己「尤物」。在文本表層這些「現代尤物」似乎走出了性別的藩籬，走出了傳統女性的沉默失語的狀態，主動地追求自己的生命感覺，放縱情欲及時行樂。但隱含在文本內部的實情卻是傳統男權社會集體無意識的都市版本，他們始終在暗處，偷窺著女性軀體的綻放，享受著把玩女性「物化軀體」所帶來快感。一如英國女性主義理論家勞拉·莫爾維所指出：「在一個由性的不平等安排的世界中，看的快感分爲主動的──男性和被動的──女性。起決定作用的男人的目光透射到照此風格化的女人的形體上，女人對她們那傳統被裸露角色中被人看和展示。」〔註94〕在穆時英的《Craven「A」》

〔註92〕李歐梵：《新感覺派小說選》，臺北：允晨文化實業有限公司，1988 年，第 14 頁。

〔註93〕包亞明、王宏圖、朱生堅等：《上海酒吧──空間、消費與想像》，江蘇人民出版社 2001 年版，第 121～122 頁。

〔註94〕〔英〕勞拉·莫爾維：《視覺快感與敘事性電影》，《影視文化》，1989 年第 1 期。

中，她是「一張優秀的國家地圖」，他以男性色情的眼從上到下對這一肉體的每一部分進行曖昧的物化描述，充滿著白日夢般的色情想像：

> 在那兩條海堤的中間的，照地勢推測起來，應該是一個三角形的沖積平原，近海的地方一定是個重要的港口，一個大商埠。要不然，爲什麼造了兩條那麼精緻的海堤呢？大都市的夜景是可愛的——想一想那堤上的晚霞，碼頭上的波聲，大汽船入港時的雄姿，船頭上的浪花，夾岸的高建築物吧。〔註95〕

而在《被當作消遣品的男子》中，對交際花式的女學生蓉子，「我」是這樣感受的：

> 第一次瞧見她，我就覺得：「可眞是危險的動物哪！」她有一個蛇的身子，貓的腦袋，溫柔和危險的混合物。穿著紅綢的長旗袍兒站在輕風上似的，飄蕩著袍角。這腳一上眼就知道是一雙跳舞的腳，踐在海棠那麼可愛的紅鍛的高跟兒鞋上。把腰肢當花瓶的瓶頸，從這上面便開著一枝燦爛的牡丹花……一張會說謊的嘴，一雙會騙人的眼——貴品哪！〔註96〕

這段文字中，穆時英通過對蓉子的「動物」、「蛇」、「貓」、「花瓶」、「牡丹花」等擬物性修辭描述，使之完全物化，成爲男人性的對象，而作人的本質卻被消解殆盡。這樣把女性物化的描述在穆時英的小說中比比皆是。

「在一個男性中心遺毒深厚的社會環境裏，女性的經驗，尤其是身心的感受，要麼被遮蔽、被壓抑，要麼成爲被看和欲望的對象，這幾乎是無可避免的……」〔註97〕無疑，這些「現代尤物」只是一個性符號的能指，是男權社會中的消費商品和男性的欲望化身，沒有任何心理深度。眞實的女性的情感和性愛，在這些男性海派作家的筆下，卻因此而缺席了。

三、色情與怪誕：施蟄存的性心理分析小說

施蟄存是中國現代作家中最自覺地貫徹精神分析理論的一位，在《我的創作生活之經歷》中，他自陳「我知道我的小說不過是應用了一些 Freudism

---

〔註95〕穆時英：《Craven「A」》，《公墓》，上海：現代書局，1933年，第110頁。
〔註96〕穆時英：《被當作消遣品的男子》，《公墓》，上海：現代書局，1933年，第2頁。
〔註97〕陳惠芬：《神話的窺破》，上海社會科學院出版社1996年版，第240頁。

的心理分析而已。」弗洛伊德精神分析學說裏性欲理論是基礎，在解釋人的本能衝動時，弗洛伊德將維持個人生存和綿延種族的各種性本能統稱之為生活本能，人的性欲與生俱來，並強大無比。施蟄存深受弗洛伊德的性心理分析學說，他認為：「性愛對於人生的各方面都有密切的關係。」〔註98〕因此，施氏把情欲看作是人的本真生命意識的流露，因為文明的壓抑和束縛而不可避免地產生衝突，將這種衝突引向了人的意識和潛意識深處，通過性愛以深入探討人的本質。

在施蟄存的小說中，「欲望」這一現代派的基本主題貫穿始終。在他的筆下，不論是古代人還是現代人，不論是寫英雄偉人還是平民百姓，也不論男女，施蟄存都大膽直露地表現他們的性欲望、性飢餓和性變態，將他們的性心理分析得淋漓盡致。蘇雪林就曾將變態性欲的描寫歸結為施蟄存小說創作的特色，〔註99〕樓適夷也提出施的新感覺主義，帶有濃鬱的 Erotic 和 Grotesque（即色情和怪誕）色彩。〔註100〕美國學者史書美也認為：「他為現代主義小說開創了一種新的次生文類，即『色情——怪誕』小說（tales of erotic-grotesque），在色情——怪誕的欲望風景中，恐懼常常伴隨著欲望而來，並進而導致了戀物、施虐受虐和戀屍癖等等情色層面的無節制行為，傳達出某種超現實和超自然的弦外之音。」〔註101〕

施蟄存從 1929 年開始，大量創作了一些「應用了一些 Freudism 的心理分析」「都是描寫一種心理的過程的」的作品，此時期，幾乎每篇小說都揭示了主人公潛意識或變態性心理，如《魔道》、《旅舍》、《夜叉》、《凶宅》、《石秀》、《將軍底頭》《周夫人》、《梅雨之夕》、《在巴黎大戲院》等，結集而成《上元燈》、《將軍底頭》、《梅雨之夕》、《善女人行品》等小說集。筆者將之按題材分為現實題材和歷史題材進行討論。

在現實題材的創作中，早期的小說集《上元燈》中的《周夫人》一篇，就寫了一個戀童的變態性心理的故事。年青貌美的周夫人不幸早寡，只有將

〔註98〕施蟄存：《〈薄命的戴麗莎〉譯者序》：上海：中華書局，1937 年，第 1 頁。

〔註99〕蘇雪林：《中國二三十年代作家》，臺北：純文學出版社有限公司，中華民國 72 年。

〔註100〕樓適夷：《施蟄存的新感覺主義——讀了〈在巴黎大戲院〉和〈魔道〉》，《文藝新聞》第 33 號，1931 年 10 月。

〔註101〕〔美〕史書美著，何恬譯：《現代的誘惑：書寫半殖民地的中國的現代主義（1917 ～1937）》，南京：江蘇人民出版社，2007 年，第 386 頁。

壓抑的社會中無法得到正常滿足的性的欲望轉投射到一個 12 歲的男孩身上：
「她一回頭看著燈光，更一回頭，我看她臉上全都升滿了紅暈，嬌嬌的如搽勻了胭脂一般，猛不防她用兩肩將我全個半身摟在她懷裏；她抱住了我退坐到床上，她讓我立著將上半身傾倚在她胸前。啊！天啊！她把她的粉霞般的臉貼上了我的。她在我耳輪邊顫抖地說：『你不是很像他嗎？』」〔註 102〕

《在巴黎大戲院》講述的是一已婚男子與一女性在巴黎大戲院同看電影的一段經歷，通過赤裸裸的情欲想像，對男性的性壓抑有著大膽驚人的正面描寫。整篇小說並未設置男女兩人直接身體接觸的情節，男主人公的身體感覺全由心理上的狂想牽引而出。「我」每一個細微的感覺變化都直接出自強烈的情欲，最後在變態戀物癖中（舔舐女友的手帕），他的性衝動達到了「高潮」：

> ……哦，好香，這的確是她的香味。這裏一定是混合著香水和她的汗的香味。我很想舐舐看，這香氣的滋味是怎樣的，想必是很有意思的吧？我可以把這手帕從左嘴唇角擦到右嘴唇角，在這手帕經過的時候，我可以把舌頭伸出來舐著了，甚至就是吮吸一下也不會被人家發現的。這豈不很巧妙？好，電燈一齊熄了，影戲繼續了。這時機倒很不錯，讓我盡量地吮吸一下吧……這裏很鹹，這是她的汗的味道吧？……但這裏是什麼呢？這樣地腥辣？……恐怕痰和鼻涕吧？是的，確是痰疾和鼻涕，怪黏膩的。這真是新發明的美味啊！我舌尖上好像起了一種微妙的麻顫。奇怪，我好像有了抱著她的裸體的感覺了……〔註 103〕

李歐梵指出：「男主人公在這個不尋常的段落裏，所表現的那種多少有點『怪癖』的戀物傾向是可以和《石秀》裏施蟄存虐窺淫傾向做比較的。它也可能有意識地和郁達夫的一篇小說形成了互文的關係，因為郁小說中的男主人公也有類似的趣味。兩篇小說都極其大膽而赤裸地隱喻了口交。」〔註 104〕

在《魔道》、《旅舍》、《宵行》、《夜叉》、《凶宅》等篇中，「妖婦」與「夜叉」、「女鬼」無一不是處於現代文明壓抑下的男性的超自然的欲望和恐懼的

〔註 102〕施蟄存：《周夫人》，《十年創作集》，上海：華東師範大學出版社，1996 年，26 頁。

〔註 103〕施蟄存：《梅雨之夕》，《十年創作集》，華東師範大學出版社，1996 年，第 97 頁。

〔註 104〕李歐梵：《上海摩登——種新都市文化在中國 1930～1945》，北京大學出版社，2001 年，第 187 頁。

對象。《夜叉》中的主人公正遺憾「不能從這淡日輝輝的水鄉中尋覓出色情的刺激性來」，不期而邂逅詭異的夜叉，並且最終還是決定去追逐這美麗的女夜叉，想像到會「肢體破碎地作了這種不自然的戀愛的殘虐的犧牲」，〔註 105〕卻更加的亢奮不已，在怪誕中充滿了濃鬱的性愛被虐狂的氣息。《魔道》中的「我」則表現出強烈變態的妄想症狀，懷疑火車一個對座的老婦人是有魔法的老妖婦，並且下車後也一直陰魂不散纏著自己。他又將綠野上隆起的大土阜幻想爲「某一朝代某王妃的陵墓」，想像著已變成木乃伊的古代的美貌王妃，並渴望與她熱戀〔註 106〕。他還將納在嘴裏的紅紅的番茄當成友人之妻的朱唇，將番茄放入嘴裏也就成了與她的接吻，「我半閉著雙眼。我把開著的半眼睛看眞實的陳夫人的顰笑和動作，而把閉著的一半眼睛耽於幻想的陳夫人之享受……」〔註 107〕在小說中，妖婦和木乃伊王妃，正代表著超自然的恐懼和欲望的對象，對恐懼的緊張正與對木乃伊的欲望強度成正比（施蟄存將之稱爲「超現實主義的色情」），文本因此而呈現出了色欲過度、怪誕想像和超自然恐怖的無意識的爆發。

　　歷史題材的小說集《將軍的頭》中包括四篇有關色情欲望的小說。這些小說用傳奇的筆墨表現了人的愛欲本能與道德理智的衝突，顯示了愛欲兇猛強大的力量。在《將軍底頭》寫種族和愛的衝突，將軍花驚定，本是一個百戰百勝的將軍，在「冷僻的西陲所」遇見「英銳」「美麗」的少女，不禁「驟然感覺了一次細胞的震動」，禁不住「被魅惑著了」，以致在夢中撫摸少女。接著，這位將軍因「迷惘於愛戀」在戰場上竟忘記了一切，恍惚之中被砍下首級。但是「沒有了頭的花驚定將軍」因念著少女，竟能策馬沿溪來找尋自己心愛的人。這裏，將軍那那直立的身體，無疑不是超現實的陽具的象徵，僅僅因爲被性欲支撐著的生理欲望，它騎馬大膽馳騁尋找它的欲望對象。施蟄存充分展現了將軍「裏比多」潛在力量的強大無比，它能讓將軍忘掉祖國，忘掉戰爭，甚至沒有頭也不倒下，情欲的力量在這裏被拓展到了一個不可思議的程度。正如弗洛伊德所言：「再沒有什麼別的場合，比在這種變異裏，更

〔註 105〕施蟄存：《夜叉》，《十年創作集》，上海：華東師範大學出版社，1996 年，335 ～336 頁。

〔註 106〕施蟄存：《魔道》，《十年創作集》，上海：華東師範大學出版社，1996 年，274 頁。

〔註 107〕施蟄存：《魔道》，《十年創作集》，上海：華東師範大學出版社，1996 年，283 頁。

能顯示出愛情的法力無邊來。」〔註 108〕《現代》的《書評》也評價說：「讀這作品的人，是沒有不被那一幅沒有頭的花將軍在馬背上沿溪走去找他的愛人的陰森而奇麗的圖畫所感動的。」〔註 109〕

《鳩摩羅什》寫愛欲和宗教的衝突。鳩摩羅什本是得道高僧，卻又糾纏在色欲中無法自拔，因而不斷地在情欲爆發和宗教虔誠的衝突中掙扎徘徊。他先是迷惑於公主的美麗而結婚，妻子去世後，嬌豔的名妓孟嬌娘的出現又打破了鳩摩羅什的心理平衡，竟在莊嚴的講經壇上失態出醜。他久被壓抑的欲望蠢動起來，甚至接受了秦王賞賜他十多名宮女。而在人格的紛擾中，他「認出自己非但已經不是一個僧人，竟是一個最最卑下的凡人了。」〔註 110〕在他死後，身體唯一沒有被燒成灰燼地方就是他的舌頭。與《將軍的頭》中將軍的頭的象徵一樣，鳩摩羅什的舌頭，也成為超現實的陽具的象徵：妻子死時嘴里正動情地吮吸著他的舌頭，每當他產生情欲之念時，他的舌頭就會發癢，當他以吞針的魔法來證明自己卓越的功德的時候，也因為心裏泛起的對妻子的欲望，而使最後一顆針扎在了舌頭上。舌頭在死後沒有在火中焦朽，化作舍利子的替代品這一事實成了尖刻的嘲諷：鳩摩羅什遺留給後人的並不是什麼他高深的功德，而是他不時蠢動的情欲的戰利品。

而《石秀》無疑是展現性虐狂的最佳文本，其表現技巧和藝術特徵都非常突出。這個改編自《水滸》的故事，寫的是「友誼和色欲的衝突」。石秀迷惑於朋友楊雄之妻潘巧雲的美色，卻又無法突破兄弟情欲的桎梏。被壓抑的欲望逐漸被變態的幻想取代，由以前的「因為愛她，所以想睡她」，發展到後來「因為愛她，所以想殺她」，甚至覺得睡一個女人，決不及殺一個女人那樣愉快。他幻想著鮮血沿著潘巧雲裸體流淌下來的美麗，是如此色情化，令人直疑心這是性愛場面的描寫：

> 如果把這柄尖刀，刺進了裸露著的潘巧雲的肉體裏去，那細潔而白淨的肌膚上，流出鮮紅的血，她的妖嬌的頭部痛苦地側轉著，黑潤的頭髮懸掛下來一直披散在乳尖上，整齊的牙齒緊齧著朱紅的舌尖

〔註108〕弗洛伊德：《愛情心理學》，北京：作家出版社，1986年，第169頁。

〔註109〕《書評：將軍的頭》，《現代》，1卷5期，1932年9月。

〔註110〕施蟄存：《鳩摩羅什》，《十年創作集》，上海：華東師範大學出版社，1996年，第136頁。

或是下肢，四肢起著輕微而均勻的波顫，但想像著這樣的情景，又
豈不是很出奇地美麗的嗎？〔註111〕

最後石秀慫恿楊雄殺掉不忠的妻子，他那被壓抑的欲望通過嗜血的性虐待而
釋放竟達到欲望的頂點：當楊雄把潘巧雲的四肢和乳房都割下來的時候，石
秀從「淌滿了鮮紅的血」的「泛著最後的桃紅色的肢體」中「覺得一陣滿足
的愉快了」他想著：「眞是個奇觀啊！分析下來，每一個肢體都是極美麗的。
如果這些肢體合併攏來，能夠再成爲一個活著的女人，我是會得不顧楊雄而
抱持著她的呢。」〔註112〕石秀身上明顯地「打著現代超級色情狂的印記」，〔註
113〕而《石秀》的出現，表明施蟄存表現變態性心理的藝術探索，達到了很高
的程度。

　　施蟄存筆下這些性心理和潛意識爲表現的主體的小說，不是爲了展示
「性」的行爲的具體過程，也不是敘寫「性」的關係上的糾纏與混亂，更不
是「性」活動的肆意放縱與泛濫，而主要是爲了描述一種內在欲望與理智的
強烈的矛盾與衝突。在他那裏，性心理不是表現手段，也不服務於任何其他
目的，心理分析本身便是作品的目的。他揭示人的欲望與社會文明的衝突，
以性心理爲視點，冷靜地剖析人物的心理深層，客觀地向人們展示了一個不
同於外部現實世界的隱藏於人們潛意識深處的眞實而又複雜的心靈世界。施
蟄存運用精神分析學的方法分析人物性的心理，無疑是中國現代作家中最成
功的。

第三節　超越情色：沈從文筆下的性愛世界

　　在中國現代文學史上，沈從文是一位創作甚豐成就頗大的作家，同時也
是一位始終關注人性和性愛問題的作家，在他的小說中有著比海派作家更爲
大膽與細緻的性愛描寫。早在 30 年代，侍桁在《一個空虛的作者──評沈從
文先生及其作品》中，就批評沈從文小說中的情欲描寫是低級趣味：「一個享

〔註111〕施蟄存：《石秀》，《十年創作集》，上海：華東師範大學出版社，1996 年，204
　　　　頁。
〔註112〕施蟄存：《石秀》，《十年創作集》，上海：華東師範大學出版社，1996 年，第
　　　　209 頁。
〔註113〕嚴家炎編：《中國新感覺派小說選》，北京：人民文學出版社，1985 年，第 33
　　　　頁。

受著較大的聲譽，在某一部分領有著多數的讀者，其實是輕輕地以輕飄的文體遮蔽了好多人的鑒賞的眼，而最有力地誘引著讀者們於低級的趣味的作者，是沈從文先生」，認爲他的作品突出的主題是「描寫城市青年男女的性的誘惑與戀愛的關係」和「描寫鄉村沒有教育的男女的本能的性的衝動」等無聊的內容，「我想無論任何讀者，都可以看出這位作者在描繪那樣無聊的事件上是感到怎樣的興趣，並且可以理解了他的思想是怎樣地不正確而缺少根底。他就在描寫一幅田園風景裏，他都要加以『性』的點綴」。〔註114〕郭沫若在 1948 年更是怒斥沈從文爲「桃紅色」的作家和「反動的作家」，還封了他「看雲摘星的風流小生」的名號，認爲他這類性愛描寫的作品是在「作文字上的裸體畫，甚至寫文字上的春宮」。〔註115〕即使是在新時期，也不斷有學者指出：「我不敢恭維沈從文的某些早期作品，如《長夏》（一九二八年）、《篁君日記》（一九二八年）之類。因爲我看不出這類作品與流行一時的張資平、葉靈鳳的作品區分：無論是題材性質還是格調。」〔註116〕研究沈從文的美國著名學者金介甫先生也指陳：在早期創作中，「沈就擅長寫色情」且「往往爲寫性愛而寫性愛」。〔註117〕

　　雖然批駁之聲如影隨形，但認同和讚譽之聲也從未間斷過。1932 年，陳子展在《青年界》上發表了一篇對《舊夢》的評論文章，就從情欲存在的合理性角度肯定了沈從文的情欲抒寫：「……這是書中主人公很鄭重的一段告白，也可以說是對於那些『妄誕之極的道德家與批評家預設的一道防禦線』，因爲書中關於情欲的官能的描寫，有很大膽的地方。……人是情種、情欲的動物，無論聖人賢者、正人君子，都有情欲。不過他們沒有現出，卻不能說他們的心裏沒有這東西」。〔註118〕蘇雪林、劉西渭、李影心等著名批評家也從思想、藝術及美學追求的角度高度肯定了沈從文的此類創作。

〔註114〕侍桁：《一個空虛的作者──評沈從文先生及其作品》，王珞編：《沈從文評說八十年》，北京：中國華僑出版社，2004 年，第 167～171 頁。

〔註115〕郭沫若：《斥反動文藝》，王珞編：《沈從文評說八十年》，北京：中國華僑出版社，2004 年，第 265 頁。

〔註116〕趙園：《沈從文構築的「湘西世界」》，王珞編：《沈從文評說八十年》，北京：中國華僑出版社，2004 年，第 371 頁。

〔註117〕（美）金介甫：《鳳凰之子──沈從文傳》，北京：中國友誼出版社，2000 年，第 215 頁。

〔註118〕陳子展：《沈從文的〈舊夢〉》，王珞編：《沈從文評說八十年》，北京：中國華僑出版社，2004 年，175～176 頁。

綜觀沈從文的作品，彰顯人性，是他創作的起點和歸宿。由於性愛是人性的重要組成部分，是人性的主要表現形式之一，性愛就成爲了沈從文透視人性世界的重要視角。而「性愛」在中國現代文學中，無疑是作爲「人性解放」主題中的一個重要部分而備受注目的。沈從文一方面熱情地肯定了性愛本身，同時也提出人不能只滿足於性愛，在性愛的基礎上，人應該有更高的精神信仰，這構成了他對「人」理解的主要依據。貫穿了沈從文性愛描寫有一個總的基調，那就是對美好人生的尋求和對充滿生命活力的人性復歸的渴望，無疑是新文化運動自由、平等、要求個性解放的人文精神的體現，也是他對新文化運動中性愛思潮的積極思索和回應。

一、性愛的自在狀態及情欲之美

施蟄存在《滇云浦雨話從文》文中曾說：「從文的小說中，確有些色情描寫，這就是爲郭沫若所呵斥的。赤裸裸的性欲或性行爲的描寫，在現代文學中，本來已不是希罕的事，要區別對待的是：還得看作者的態度，是嚴肅的，還是淫褻的？從文小說中那些性描寫，還是安排在人物形象的範疇中落筆，他並沒有輕狂誨淫的動機。再說，從文小說中的性描寫，既不是《金瓶梅》型的國貨，也不是《查泰萊夫人的情人》型的舶來品，而是他的湘西土貨。」〔註119〕的確，沈從文正是用他的一枝如花妙筆，創造了一個與眾不同的充滿性愛歡悅的獨特的湘西情色世界。

在沈從文的湘西世界中，沒有現代文明的腐蝕，性愛是如此的自然清新，充滿了原始的野性的活力。性愛如同民間歌謠中所唱的那樣，和自然現象一樣平常：「天上起雲雲重雲，地下埋墳墳重墳，嬌妹洗碗碗重碗，嬌妹床上人重人」〔註120〕，因此直白率性，無須任何矯飾：「大姐走路笑笑底，一對奶子翹翹底，心想用手摩一摩，心子只是跳跳底。」〔註121〕正是源於這樣自然的性愛觀念，沈從文的筆下，往往極力渲染邊地兒女的生命熱能，盡情張揚他們鮮活的生命強力，充滿了大膽直露的情色描寫。

〔註119〕施蟄存：《滇雲浦雨話從文》，王珞編：《沈從文評說八十年》，北京：中國華僑出版社，2004年，第34頁。

〔註120〕沈從文：《蕭蕭》，《沈從文全集》第8卷，太原：北嶽文藝出版社，2002年，第257頁。

〔註121〕沈從文：《雨後》，《沈從文全集》第3卷，太原：北嶽文藝出版社，2002年，第275頁。

　　在沈從文早期作品《雨後》、《阿黑小史》、《採蕨》等，通篇都是描述處於大自然環境中的青年男女從調情到野合的過程。《雨後》中的四狗有了性的衝動後，他的手「已大膽無畏從她脅下伸過去，抓定一隻奶了。」不久，「手是更其撒野了，從奶子滑下去，停到褲帶邊。」〔註 122〕《阿黑小史·雨》中五明「望阿黑，不只望阿黑的臉，其餘如像肩，腰，胸脯，肚臍，腿，都望到。五明的為人，真是不規矩，他想到的是阿黑全身脫光，一絲不掛，在他的身邊，他好來放肆。」〔註 123〕《採蕨》中的五明想跟阿黑「撒野」，而阿黑「望到這小子的下身。這小子身上起了風，褲子扯起篷來了。」接著，「她望到五明的篷下隱藏的那枝桅，心子是跳了。」最後，五明估摸阿黑有了「投降」的打算，就「箍了她的腰，手板貼在阿黑的奶上，手輕輕的動。這種放肆使阿黑感到癢，使五明感到膩；膩的感覺到五明身上，周流一道，像洗了一個澡，五名的褲的篷更兜風了。」〔註 124〕《柏子》中的描寫更是露骨：「肥肥的奶子兩手抓緊，且用口去咬。又咬她的下唇，咬她的膀子，咬她的大腿……一點不差，這柏子就是日裏爬桅子唱歌的柏子。婦人望到他這些行為發笑，婦人是翻天躺的。……他把婦人的身體，記得極其熟習；一些轉彎抹角地方，一些幽幽地方，一些墳起與一些窟窿，恰如離開婦人身邊一千里，也像可以用手摸，說得出尺寸。婦人的笑，婦人的動，也死死地像螞蝗一樣釘在心上。」〔註 125〕

　　這些露骨大膽的情色描寫，粗野狂熱充滿肉欲，卻並不猥褻，在旺盛而健康的情欲後面，是雄強的生命力量的躍動。《雨後》中的少男少女，因為「自然」的陶醉，做了「神聖的遊戲」，一字不識的四狗在撒野中，從「一切大小蟲子的鳴叫」、「晾乾了翅膀的蚱蜢」和「樹葉上的雨點向地下跳躍」中，體味一種詩意，看到了人性的真諦，讓人感到一種靈與肉的馨香和生命力湧動的歡悅。《採蕨》中的阿黑和五明，因受山間無美景的撩撥，有了「撒野」的衝動，兩人就在「草坪上玩一點新鮮玩意兒」，這些性愛因其自在而充滿了情

〔註 122〕沈從文：《雨後》，《沈從文全集》第 3 卷，太原：北嶽文藝出版社，2002 年，第 275～276 頁。

〔註 123〕沈從文：《阿黑小史·雨》，《沈從文全集》第 7 卷，太原：北嶽文藝出版社，2002 年，第 281 頁。

〔註 124〕沈從文：《採蕨》，《沈從文全集》第 4 卷，太原：北嶽文藝出版社，2002 年，第 258～259 頁。

〔註 125〕沈從文：《柏子》，《沈從文全集》第 9 卷，太原：北嶽文藝出版社，2002 年，第 44～45 頁。

欲之美。而《柏子》中無論是對柏子瘋狂性愛的淋漓渲染，還是對妓女身體的細膩描述，無一不彰顯出柏子身上的昂揚活力，以及他與妓女之間熾烈而眞摯的情感。

　　沈從文寫男女性愛，寫人物的性愛心理，有著他獨特的性愛哲學。在沈的湘西世界中，「並不是發現了性的放縱，而是在情欲的奔放中發現了『健全人性』，發現了生命與力。」〔註126〕在沈從文看來，健康的人類生命形式首先由符合人的本性的健康的情欲所決定，情欲的旺盛體現著生命力的旺盛。因此，判斷人的性愛本能的滿足是否符合道德標準，就要看它是否建立在自願、誠摯的基礎上。性愛是人類天性的體現與滿足，只有「人」才能在性愛活動中感受到歡樂，也只有人才能在性愛活動中感受到「美」。只要是出自人的自然本能，率性而爲，哪怕舉動異常，仍符合人性，是生命形態之一種，無一例外地要加以肯定。

　　正是秉承著人性即是最高的的理念道德，所以「不但人的性欲衝動是合理的，美的，連同性的變形（如性放縱、宗教習俗中的非人性、妓女生活）甚至都是美的，是有人情味的，因此而合乎道德的。」〔註127〕在沈從文的筆下，妓女和水手之間，雖然多是露水夫妻，卻未必是金錢和肉體的交易，相反彼此之間往往還有著熾烈的情欲和特有的忠貞。《邊城》中這樣描寫他們之間的感情：「妓女多靠四川商人維持生活，但恩情所結，卻多在水手方面。感情好的，別離時互相咬著嘴唇咬著脖頸發了誓，約好了『分手後各人不許胡鬧』」。〔註128〕《柏子》中柏子與妓女的愛，使他「得了前前後後的希望」，這希望，才能使他「永遠是健康的，在平常生活中，缺少眼淚卻並不缺少歡樂的承受」。別離後的思念和相見時的歡樂無疑是他們灰暗無光的生活中的亮點，同處社會最底層的不幸中建立起來的深切感情，給他們狂放的性愛平添了美麗，也使作品獲得了人性的深度。沈從文甚至認爲，一個妓女也「是比之於賣身於唯一的男子的女人是偉大的。用著貞節或別的來裝飾男子的體面，是只能證明女人的依傍男子爲活，才犧牲熱情，眷戀名教的。」

　　沈從文筆下還有眾多爲愛而生的世俗女性，按照道德家的眼光，這些人物

〔註126〕趙園：《沈從文構築的「湘西世界」》，《文學評論》1986年第6期。
〔註127〕萬同林：《從創作主體的文化構成看沈從文》，《文藝理論研究》1988年第2期。
〔註128〕沈從文：《邊城》，《沈從文全集》第8卷，太原：北嶽文藝出版社，2002年，第70頁。

絕不是正面形象，她們不拘禮教，勇敢追求「人」的本能情欲的滿足，散發著原始的生命活力。如《巧秀和冬生》中的巧秀媽，與打虎匠私通，事發後慘遭沉潭也毫無懼色。《旅店》中的老闆娘「黑貓」，按世俗眼光是一個淫蕩放縱、不守婦道的女人，她風流嬌俏，熱情大膽，美貌、歌聲、風儀、富貴、金錢、暴力都「完全克服不了黑貓的心」，可是一旦愛上「大鼻子客人」時，她沒有壓抑自己的內在要求與本能欲望，也不懼世俗的壓力，大膽地抓定自己心儀的「大鼻子客人」，「在她身邊作一陣那頂撒野的行為」，「來完成自己的願心」。而《神巫之愛》眾多的女子熱情的歌唱，「祈求做神巫的妻，就是一夜也好。」在《都市一婦人》中的那位將軍遺孀，被上流社會的男子玩弄、遺棄，以至性格和心理都失去了常態，最終她也操起了皮肉生意，企圖以此來「糟塌一下男子」，獲得「一種復仇的滿足」。而當她愛上了一位熱情、大膽的青年軍官後，為了不再被自己心愛的人拋棄，竟然將小自己十多歲的英俊丈夫的眼睛毒瞎。即使是這樣心理變態的女人，沈從文也不僅沒有半句責備，反而充滿了理解和寬容，甚至於崇敬有加：「那個婦人如一個光華耀目的流星，本體已向不可知的一個方向的流去毀滅多日了，在我眼前那一瞥，保留到時我的印象上，就似乎比許多女人活到世界上還更真實一點」。〔註129〕

　　沈從文不僅頌揚充滿旺盛生命力的歡愉的性愛，更強調情與性的一致基礎上主體性愛意志與情感的合一。因此，他著意表現愛情的忠誠和自由意志，只為愛而結合，只為不愛而分離，沒有任何功利的計量，必要的時候甚至可以以死相殉。如《月下小景》兩個被愛欲征服了青年男女，不顧一切，互相以生命和靈魂相託，追求歡悅的性愛：

> 神的意思不能同習慣相合，在這時節已不許可人再為任何魔鬼作成的習俗加以行為的限制。理智即是聰明的，理智也毫無用處。兩人皆在忘我行為中，失去了一切節制約束行為的能力，各在新的形式下，得到了對方的力，得到了把另一個靈魂互相交換，移入自己心中深處的滿足。到後來，於是兩個人皆在戰慄中昏迷了，暗啞了，沉默了，幸福把兩個年青人在同一行為上皆弄得十分疲倦，終於兩個人昏睡去了。〔註130〕

〔註129〕沈從文：《都市一婦人》，《沈從文全集》第7卷，太原：北嶽文藝出版社，2002年，第193頁。
〔註130〕沈從文：《月下小景》，《沈從文全集》第9卷，太原：北嶽文藝出版社，2002年，第228頁。

當他們的愛不爲野蠻的習俗相融時，不惜以死來抗爭，面帶歡樂的微笑到另一個世界去尋找幸福，尋找永生。其他的如《媚金·豹子和那羊》、《旅店》、《愛欲·被刖刑者的愛》、《愛欲·彈箏者的愛》、《愛欲·一匹母鹿所生的女孩的愛》、《如蕤》、《三個男子和一個女子》等等，無不是一曲曲熾烈而悲壯的情愛之歌。

二、對閹寺病的批判

　　以湘西世界中那些精力彌滿的強壯生命、熱烈而雄強的健全人性爲參照，置身於現代文明都市的沈從文，發現了「都市」性愛世界的病態和扭曲。他再次從性愛角度入手，揭示了都市文明人的「閹寺病」以及種種人性病象。都市人面對著太多有形的觀念和無形的秩序的束縛，披著文明的外衣，背地裏卻幹著蠅營狗苟的勾當。他們的情欲一方面不斷的膨脹，另一方面卻又不斷的遭到壓抑，最終導致人性的異化，欲望的扭曲以及道德的淪落。他以冷峻的目光對都市社會人欲橫流的現實進行了穿透式的觀察，寫出了在金錢、權勢、自私、怯懦、唯利唯實影響下的庸俗人生觀以及「閹宦情節」對人性的摧殘與戕害。

　　在沈從文看來，都市人都患有一種「生命力陽萎症」，「大多數人的生命如　對牛糞，在無熱無光中慢慢地燃燒，且安於這種燃燒的形式，不以爲異。」〔註131〕都市性愛是虛僞的、懦弱的，是性愛得不到滿足的變態存在。《薄寒》中的「她」渴望著男子「那種近於野蠻的熱情」，要求「出之於男子直接的、專私的、無商量餘地的那種氣概」的「壓迫」和「蹂躪」。但她所面對的是一群「微溫，多禮貌，整潔」的「近代男子」，他們不肯將「斯文」除去，「取一種與道德相悖馳的手段」，「一切因爲自衛的謹慎，膽小到使女人看來可笑。」《有學問的人》中，男主人向來訪的太太示愛，女子正準備在適當的防守後交出自己，孰料男子卻在即將成功時，膽怯了，不敢跨出最後一步。燈亮、妻回，一切彷彿沒有發生過，男子保持了自己的紳士風度，但風度的背後隱藏的卻是虛僞與懦弱。怯於行動的人，缺少生命的力和光。《如蕤》中年輕貌美的女主人渴望遇到一位有「強健的靈魂」的男子，熱切嚮往一份用「固執的熱情，瘋狂的愛，火焰燃燒了自己後還把另一個也燒死」的愛情，固執地

〔註131〕沈從文：《愛與美》，《沈從文全集》第 17 卷，太原：北嶽文藝出版社，2002 年，第 361 頁。

追求一種「光明熱烈如日頭」的生命。不幸的是，環繞她周圍的是一群衰頹柔靡、毫無血性的「閹雞似的男子」。

現代都市文明不僅使人怯懦、虛偽，缺乏生命的活力，並且遭受金錢、權勢、唯利唯實對人性的荼毒與戕害，處處充滿了放縱和淫逸的空氣。女人們不再看重愛情的神聖與莊嚴，只把愛情當做交換地位、金錢、虛榮的工具。《或人的太太》、《紳士的太太》、《一個母親》中的女人，她們都「只像一隻蚱蜢，一粒甲蟲，生來小小的，伶便的，無思無慮的」，「到了春天或秋天，都能按照時季換上它們顏色不同的衣服，都會快樂而自足的在陽光下過它們的日子，都知道選擇有利於己有媚於己的雄性交尾。」〔註132〕這些女人好像也受過一些新式的教育，但是新式教育沒教會她們如何尋求做人的價值，反而只是在無聊的性愛徵逐中隨波逐流。正如羅素所說：「現代思想解放的人們使真正的愛情遭受著一種新的危機。當人們在每個甚為微小的衝動下就傾向於性交而不再有任何道德上的防範時，他們會養成一種習慣，把性和真摯的情緒割裂開來，並把它和愛情割裂開來。」〔註133〕

在批判都市人放縱情欲，道德淪喪的同時，沈從文更把批判的矛頭指向了現代知識分子。作為社會財富和精神財富創造者的知識分子，本應是社會的先驅，民族的良心，可是現代文明之光的照耀，卻無法改變他們「閹宦似的陰性人格」〔註134〕他們滿嘴新名詞，知識只不過是他們手中的資本和工具，雖不是真正的閹人，但外則「雄身而雌聲」，內則對生命「無所愛」，正所謂：「至如閹寺性的人，是無所愛，對國家，貌若熱誠；對事，馬馬虎虎；對人，毫無情感；對理想，異常嚇怕。也娶妻生子，治學問教書，做官開會，然而精神狀態上始終是個閹人」。〔註135〕這類的作品很多，如《記一大學生》《元宵》《自殺的故事》《怯漢》等，其中《八駿圖》最具代表性。

《八駿圖》從性愛的角度，剖析了某大學八位教授扭曲的人性和畸變的

〔註132〕沈從文：《都市一婦人》，《沈從文全集》第7卷，太原北嶽文藝出版社，2002年，第192頁。

〔註133〕〔英〕伯特蘭·羅素：《幸福之路》，曹榮湘譯，北京：北京文化出版社，1998，第386頁。

〔註134〕沈從文：《長庚》，《沈從文全集》第12卷，太原北嶽文藝出版社，2002年，第39頁。

〔註135〕沈從文：《生命》，《沈從文全集》第12卷，太原北嶽文藝出版社，2002年，第43頁。

性心理。八位教授身上都掛著「學者、專家、名流」各種徽章,「人人皆赫赫大名」,他們口頭上或大談泛愛主義,或標榜清心寡欲,或炫耀獨身主義,或顧及道德名分等,儼然正人君子,然而這一切都掩飾不住他們內在靈魂的扭曲和萎靡。他們對性本都有著異乎尋常的興趣,卻又以一種「違反人性的理想」和「閹寺觀念」來抑制潛意識裏的愛欲衝動,日益非人化,喪失了自身的本質存在。虛偽的教授甲房中小桌上放了全家福的照片,而在枕頭旁卻放著香豔詩集,蚊帳裏掛了一幅半裸體的香煙廣告美女畫。教授乙一方面罵海灘身穿新式浴衣的青年女子,一方面又回身去看幾個女子的後身,更「低下頭去,從女人一個腳印上拾起一枚閃放珍珠光澤的小小螺殼,用手指輕輕的很情欲的拂拭著殼上粘附的沙子」。教授丙自我標榜是沒有戀愛想法的老人了,但當他看到達士先生房中的希臘愛神照片時,卻又「負手看了又看,好像想從那大理石酮體的上凹下凸處尋覓些什麼,發現些什麼」。教授丁「歡喜許多女人,對女人永遠傾心」,但他卻極力制止自己的感情,以獲取心理上的「一絲滿足」。但他在壓抑自己的同時,也毀掉了愛他的女人的幸福,展現出他變態的心理。即使是自負有「醫生的資格」,並且聲稱很愛自己的未婚妻的達士先生,還是被一個女人黃色身影和海灘上神秘的圖畫所惑,居然拍電報給未婚妻要推遲行期。「自認深得現代文明眞諦的高級知識分子,也和一個普通的鄉民一樣,阻擋不住性愛的或隱或顯的湧動。所不同者,是鄉下人反能返樸歸眞,求得人性的和諧;而都市的智者卻用『文明』製造種種繩索無形的捆綁著自己,拘束和壓抑自己,以致失態,跌入更加不文明的輪迴中。」〔註136〕作品正是通過性愛這一窗口,選擇「八駿」面對異性的時刻,抓住他們潛意識裏形而上與形而下雙重欲求的矛盾衝突,以及人性深處的愛與不得所愛的情感碰擊,用他那近於手術刀樣的筆,嚴厲地剖析了「八駿」的變態的情感世界,成功地給我們展示了八個被扭曲了的靈魂,以此揭露和批判了「都市文明」對人性的摧殘,對生命力的扼殺。

　　出入於沈從文筆下的「都市」與「湘西」情欲世界,我們清楚地看到作者對兩個世界鮮明的褒貶。在都市的情色故事裏,處處是壓抑生命衝動、缺乏主體性、耽於物欲與肉欲之中扭曲的畸形人格,沈從文對都市文明對人性造成異化,包括對人的道德情操造成的異化,對人的生命力造成的損傷以及

〔註136〕錢理群等:《中國現代文學三十年》,北京大學出版社,2005 年,第 309 頁。

對人的性愛造成的扭曲進行批判。而與此相反，作者極力頌揚元氣淋漓、充滿野性與活力的湘西性愛世界，著意「美化」湘西的人情人性，藉此展示生命的「神性」存在，探索「人」的價值與意義。從這個意義上說，沈從文所寫的性愛故事絕不是所謂「色情」小說，他並未孤立地描寫人的性本能與性交，性只是他切入的一個角度。沈從文自陳「我要表現的本是一種『人生的形式』，一種『優美、健康，自然而又不悖乎人性的人生形式』。」〔註137〕作為蘊含肉體和精神需要的生命本能，性愛所表現出的無疑是人類一種最原始、最自然的生命力量，對人的性愛活動與內心情感的著意描寫與著意讚美本身就是以「人」為本位的寫作。沈從文從人的性本能方面發現「人」，從人的生命力的角度評價「人」，甚至認為性能力為主體的生命力彌散開來就會形成一個民族奮發向上的力量，從而為整個民族注入強大的生命力量，以至把性愛誇大到了「救世」的作用。這無疑與中國現代文學中「人的發現」以及如何建立健全優美的人性思考一脈相承。正如有研究者指出「沈從文從小說實踐開始拯救性愛，希望激活本原的生命活力進而將其擴散到整個民族，激起民族主體性重建的力量。由此實現私人性愛的拯救與宏大民族的重建相融合的文學理想。這已經是他最有力的文學建構了，也是他對中國現代文學最獨特的貢獻。」〔註138〕

三、《看虹錄》：身體的形而上思索

　　《看虹錄》是沈從文40年代的重要小說，是繼其創作成熟標誌的《邊城》發表之後，在人生經歷的「第四段」創作的一篇非常獨特的實驗性小說。小說剛發表就有論者認為是「用人生問題的討論開頭，而後裝入他那一貫的肉欲的追求」，左翼作家許傑指責其為「色情文學」，「雖運用純熟的心理分析和象徵手法，鮮麗到了極點，但其實只是肉欲的讚美」。〔註139〕

　　《看虹錄》沿襲了沈從文一貫的性愛主題，小說中充滿了關於肉體和性愛的隱喻文字：

〔註137〕沈從文：《習作選集代序》，《沈從文全集》第9卷，太原：北嶽文藝出版社，2002年，第5頁。

〔註138〕王巍：《性愛拯救中的「現代性」追求——沈從文湘西題材小說中的性愛意識研究》，《中國現代文學研究叢刊》，2006年第6期，188～189頁。

〔註139〕轉引自賀桂梅、錢理群等著：《沈從文〈看虹錄〉研讀》，載於《現代文學研究叢刊》1997年第2期，第244頁。

我還要沿著那個白楊路行去，到我應當到的地方歇憩。我要到那個
陰蔽處，轉彎末角處，小小井泉邊，茂草芊綿，適宜白羊放牧處。
〔註140〕

我喜歡看那幅元人素景，小阜平岡間有秀草叢生，作三角形，整齊
而細柔，縈回迂徐，如雲如絲，為我一生所僅見風景幽秀地方。我
樂意終此一生，在這個處所隱居。〔註141〕

我要吻你的腳趾和腳掌，膝和腿，以及你那個說來害羞的地方。我
要停頓在你一身這裏或那裏。你應當懂得我的期望，如何誠實，如
何不自私。〔註142〕

我用嘴去輕輕的接觸那個美麗生物的四肢，且順著背脊一直吻到它
那微瘦而圓的尾邊。我在那個地方發現一些微妙之漩渦，彷彿詩人
說的藏吻的窩巢。它的額上、臉頰上，都被覆上纖細的毫毛。它的
頸那麼有式樣，它的腰那麼小，都是我從前夢想不到的。尤其夢想
不到，是它哺小鹿的那一對奶子，那麼柔軟，那麼美。那鹿在我身
邊絲毫無逃脫的意思，它不驚，不懼……我要從它溫柔目光中取得
回答，好像聽到它說：『這一切由你』。〔註143〕

有研究者曾指出：「《看虹錄》遭到批評與作家在文中對女性的生殖部位反
覆歌詠大有關係。作品中有三處將這一部位比喻為青草地，有一處將其比
喻為『蚌殼』，行文隱晦地表達了對女性生殖部位的愛撫。連同後面的描述
一起，文本三次直言不諱地表達了口交的意願，以及終身追求性愛的理想。
從來沒有一個作品會如此頻繁和直接地描繪女性的這一部位，關於這一部
位的曖昧性行為從來都是我國藝術表現中的禁區，即使在當下藝術中對這
一部位的直接表現也不多見，而沈從文大膽突破禁區的行為確實振聾發

〔註140〕沈從文：《看虹錄》，《沈從文全集》第10卷，太原：北嶽文藝出版社，2002
　　　　年，第335頁。
〔註141〕沈從文：《看虹錄》，《沈從文全集》第10卷，太原：北嶽文藝出版社，2002
　　　　年，第338頁。
〔註142〕沈從文：《看虹錄》，《沈從文全集》第10卷，太原：北嶽文藝出版社，2002
　　　　年，第333頁。
〔註143〕沈從文：《看虹錄》，《沈從文全集》第10卷，太原：北嶽文藝出版社，2002
　　　　年，第336頁。

聵，在 20 世紀的 40 年代肯定免不了被批判的命運。」〔註 144〕

這些批評並非完全沒有道理，小說中女人身體形態的描寫佔用了大量篇幅，並且，對鹿的身體以及雕塑、百合花的形態的描寫實際上也是對女人身體描寫的一種隱喻和映襯。獵人與鹿的故事、屋內燃燒的爐火和窗簾上馳騁的小花馬圖案以及虹的意象無疑都具有男女交合的象徵性內涵。然而這一切都只是作品中作為表現形式的肉體和「性」的存在，在形式之後，透露出的卻是沈對美和生命的追求的內涵。

首先我們注意到，小說分為三個部分，被斥為最「色情」「反動」的是第二部分，恰當地傳達出作者對健康的人體（兩性關係）的審美態度，以及他的人性建構的觀念。在他看來，「社會中那個性的『道德』的成見，最初本隨同鬼神迷信而來，卻比迷信更頑固十分，在人類生活中支配一切。教徒都能娶妻生子的今日，二千年前僧侶對於兩性關係所抱有的原人恐怖感，以及由恐怖感而變質的訶欲不淨觀，卻與社會上某種不健康習慣相結合，形成一種頑固而殘忍的勢力，滯塞人性作正常發展。」〔註 145〕也就是說，「人性美」連同「人體美」都是充滿生命力的表現形式，都滲透了不可或缺的審美價值，這也正是被現代文明禁忌所扭曲和遺忘的。

因此，沈從文以一種宗教徒的虔誠來膜拜生命的激情，對女性身體充滿崇拜欣賞：「展露在我面前的，不是一個單純的肉體，竟是一片光輝，一把花，一朵雲。」〔註 146〕「百合花頸弱而秀，你的頸肩和它十分相似……燈光照到那個白白的額部時，正如一朵百合花欲開未開。我手指發抖，不敢攀折，為的是我從這個花中見到了神。微笑時你是開放的百合花，有生命在活躍流動。你沉默，在沉默中更見出高貴。你長眉微蹙，無所自主時，在輕鬟薄媚中所增加的鮮豔，恰恰如淺碧色百合花帶上一個小小黃蕊，一片小墨斑。……這一切又只是一個抽象。」〔註 147〕「美，令人崇拜，見之低頭。發現美接近美不僅僅

〔註144〕韓冷：《性幻想：一個男子二十四點鐘內生命的一種形式——〈看虹錄〉解讀》，《吉昌學院學報》2009 年第 3 期，第 7 頁。
〔註145〕沈從文：《〈看虹摘星錄〉後序》，《沈從文全集》第 16 卷，太原：北嶽文藝出版社，2002 年，第 345 頁。
〔註146〕沈從文：《看虹錄》，《沈從文全集》第 10 卷，太原：北嶽文藝出版社，2002年，第 337～338 頁。
〔註147〕沈從文：《看虹錄》，《沈從文全集》第 10 卷，太原：北嶽文藝出版社，2002年，第 339 頁。

使人愉快，並且使人嚴肅，因爲儼然與神面對！」〔註148〕作家用大量的篇幅描寫女人的身體形態，並且以鹿、雕塑、百合花的形態的描寫隱喻和補充這一意象。身體在《看虹錄》中既是欲望的對象，同時也成爲審美的對象。同時，小說中對情欲的描寫也是通過隱喻象徵等較爲含蓄的方式表達的，除了男女主人公富有潛臺詞的對話以外，屋內燃燒的爐火和窗簾上馳騁的小花馬圖案等也是具有象徵意味的：爐火由「始熾」、「漸熾」到「完全燃燒」，暗示著情欲之火的燃燒和釋放，小花馬由開始的跳躍馳騁到最後的完全安靜，象徵著情欲由衝動到平息的過程。沈從文借助意象的象徵作用，不僅使性愛經驗獲得了一種審美的表達，而且小說由此也超越了世俗的性愛經驗，獲得了詩性的昇華。作者通過身體所表達的不是情欲的俗豔和瘋狂，而是「一片白，單純而素淨，象徵道德的極致」〔註149〕，身體於是超越了情欲，而上昇爲抽象的生命形式和審美形式，「最奇異的是這裏並沒有情欲。竟可說毫無情欲，只有藝術。我所處的地位，完全是一個藝術鑒賞家的地位。我理會的只是一種生命的形式，以及一種自然道德的形式，沒有衝突，超越得失，我從一個人的肉體上認識了神。」〔註150〕於是「《看虹錄》對女性身體與鹿身體極端精微的凝視和呈現，正是出於表現生命本質的企圖，他懸置了任何關於身體的『情欲』、『道德』等的理解，而僅將其看成『生命的形與線』的形式，『那本身的形與線即代表了最高德性』即神性，人由此獲得與上帝造物相通的處境。」〔註151〕具有了神性的身體，也就是抽象化了的身體，在保留著感性生命的溫度和色澤的同時，呈現出了形而上的生命意義。

其次，從結構來看，小說由三部分組成：第一部分以第一人稱寫「我」見月光清瑩，引起內心感動，而梅花的清香引我走向素樸小小的庭院，閱讀一本題詞爲「神在我們生命裏」的奇書。第二部分敘事角度轉變爲第三人稱，講述男客人和女主人的雪夜情，且以同構隱喻手法講了一個雪中獵鹿的故事，這是奇書中的盡情幻想。第三部分又採用第一人稱「我」離開那個房間，回到月夜

〔註148〕沈從文：《看虹錄》，《沈從文全集》第10卷，太原：北嶽文藝出版社，2002年，第331頁。

〔註149〕沈從文：《看虹錄》，《沈從文全集》第10卷，太原：北嶽文藝出版社，2002年，第335頁。

〔註150〕沈從文《水雲》，《沈從文全集》第12卷，太原：北嶽文藝出版社，2002年，第117頁。

〔註151〕賀桂梅：《〈看虹錄〉的追求與命運》，錢理群主編：《對話與漫遊：四十年代小說研讀》，上海文藝出版社，1999年，第137頁。

牌樓下。梅花枯乾，色香失去，原來第二部分中美輪美奐令人心醉神迷的世界，只是我的白日夢而已，現實中我展開對生命的意義的思索。第二部分結構已經是獨立完整的了，那麼，第一部分和第三部分在結構上有何意義呢？

顯然，第一部分只是全文的楔子，由我在深夜循著梅花的清香走向「空虛」，從而閱讀到一本奇書，書的題詞是「神在我們生命裏」無疑是全文的文眼，我於是由此開始追尋生命的意義。而第三部分，回到現實中的「我」，因為看了這部奇書，而展開了對生命的意義的思索。回到住處的「我」發現「這裏那裏只是書，兩千年前人寫的，一萬里外人寫的，自己寫的，不相識同時人寫的」，而正是這諸多的經史典籍、繁文縟禮，種種所謂進步的文明觀念，使人類活在前人既定的觀念中，造成了人的非人狀態。正如尼古拉·別爾嘉耶夫說，「文明使人獲得智力，同時也伴隨著人的本能的弱化」。確實，「文明使人成為奴隸，阻礙他獲得生命的完整性和完滿。」〔註152〕既然遺留下來的典籍及我們的文明，所倡導的生命形式「只是一片黃和一點乾枯焦黑的東西」，「我推測另外必然還有一本書，記載的是在微陽涼秋間，一個女人對於自己美麗精緻的肉體，烏黑柔軟的毛髮，薄薄嘴唇上一點紅，白白豐頰間一縷香，配上手足頸肩素淨與明潤，還有那一種從瑩然如淚的目光中流出的溫柔歌呼。肢體如融時愛與怨無可奈何的對立，感到眩目的驚奇。」〔註153〕作者用美麗的文字，構畫的其實是累累典籍中另一類的有關情欲的，被視為「色情」的文化形式。作者推測，肯定曾經記載著激情的生命形式那樣的書，但卻因為被視為有傷風化，被道德家們所斥責，於是慢慢地被歷史所遺忘，「試去追尋時，剩餘的同樣是一點乾枯焦黑東西。」於是我們的生命意義被概念化了，被一切的文明術語所規範。正如小說中所講：「試來追究『生命』意義時，我重新看到一堆名詞，情欲和愛，怨和恨，取和予，上帝和魔鬼，人和人，湊巧和相左。過半點鐘後，一切名詞又都失去了它的位置和意義。」〔註154〕因此，第三部分無疑是對第二部分生命神性的理解引向了深入，使第二部分的迷狂的具象具有了象徵的意義。

〔註152〕〔俄〕尼古拉·別爾嘉耶夫著，張百春譯：《論人的奴役與自由》，北京：中國城市出版社，2002年，第139頁。

〔註153〕沈從文：《看虹錄》，《沈從文全集》第10卷，太原：北嶽文藝出版社，2002年，第340頁。

〔註154〕沈從文：《看虹錄》，《沈從文全集》第10卷，太原：北嶽文藝出版社，2002年，第341頁。

綜上所述，沈從文從感性的身體出發，最終強調的卻是對肉慾的身體的超越。身體本身並不是歸宿和目的，作者最終是要在形而下的感性身體中抽象和昇華出生命的意義。四十年代的沈從文，在堅持其一貫的從性愛視角出發，對人性和人類文明進行的思考的同時，又有了新的發展。如果說，沈從文前期的小說更具寫實性的話，四十年代的小說，往往具有了濃厚的哲理色彩和象徵意味，這類小說中情節和人物逐漸淡化，取而代之的是意境和情調的凸顯，從而藝術上也更見圓熟。只可惜格格不入的殘酷現實阻止了他的繼續追尋，留給了我們後來者以深深的遺憾。

第四節　另類情色：風雅盟主的獨特情懷

「在漫漫的封建社會裏，女性的自然存在，是男人洩慾的對象和傳宗接代的生育工具；女性的社會存在，是奴婢或附庸；女性的精神存在，則完全地被窒息著。」〔註155〕幾千年的封建統治和封建禮教的禁錮，女性長期處在被奴役被損害的地位，使中國女性喪失了人的主體精神，喪失了自由思維與自由行動的能力，被異化成非人。直到「五四」時期，在東西方文化的激烈碰撞中，女性的自我意識才在時代春雷的震撼下開始覺醒。閻純德指出：「在『五四』那場新文化運動中，其覺悟者不僅發現了『人』，也發現了『女人』，這種發現改變了中國的歷史命運，同時也激發了在中國沉睡得曠日持久的女性意識。」〔註156〕

在五四性道德觀變革的思潮中，「女子的發現」構成了對傳統道德倫理最激烈的反叛。而女子的發現在相當程度上就在於對女性身體慾望的發現和肯定，周作人就曾說過，女子問題實際只有兩件事，即「經濟的解放」與「性的解放」，因此他希望：「將來如由女性在作風雅的盟主（Elegance Arbiter），不但兩性問題可以協和，一切也都好了。」〔註157〕五四新文化運動的歷史狂瀾掀開了女性解放嶄新的一頁，伴隨精神覺醒而來的性愛覺醒成為女性解放

〔註155〕盛英：《導言》，《二十世紀中國女性文學史》，天津人民出版社，1995年，第4頁。

〔註156〕閻純德：《論女性文學在中國的發展》，《中國現當代文學研究》，2002年第2期。

〔註157〕周作人：《北溝沿通信》，《談虎集》，石家莊：河北教育出版社，2002年，第274頁。

一個劃時代的歷史分界，「第一個引人注目的成長標誌是女性肉體的覺醒。她們獲得了性別成人那種看到肉體——欲望的存在，聽到肉體的語言和聲音，了悟肉體的含義的知識和能力。」〔註158〕

　　作為最先覺醒的一批知識女性和文化精英，「五四」女作家們浮出歷史的地表，第一次以群體形象在平等的人的位置上言說女性心聲，進行女性身體性愛欲望的自我書寫。

一、女性主體的覺醒及性愛欲望的自我抒寫

　　在中國古代文學傳統中，對女性情欲和性愛的表現，往往是以扭曲的形象來表現，即要麼是貞女，要麼是蕩婦。情欲和性愛在女性生命中的正常狀態一直是被有意無意遺忘的角落，這反映了傳統倫理治理女性身體最隱秘的情形。而在「五四」女性小說中，與個性的覺醒緊密相連是現代性愛意識的覺醒，這集中表現在反對包辦婚姻，爭取戀愛婚姻自主等對自身性愛權利的確認上。一方面，現代性愛給了性欲望滿足的合法性，而性欲望的滿足又帶來了「人」的身體和欲望的覺醒，並由此引出了個人主體性的需求。另一方面，現代性愛所蘊涵的自由意志等個性主義理念在「五四」小說中也成為構成「人」的形象的最重要因素。正如李歐梵在《現代性的追求》一書中所說：「（二三十年代）愛情已經成為新道德的整體象徵，成為被視為外在束縛的傳統禮教的自在的替代品。作為解放的總趨勢，愛情成了自由的別名，在這個意義上，只有通過愛，只有通過釋放自己的激情與能量，個人才能真正成為完整的人、自由的人。愛情也被視作一種挑戰的舉動，一種真誠的行為，一種拋棄虛偽社會中一切人為禁錮的大膽叛逆。它要求人們找到真正的自我，並把它毫無保留地呈現在自己心愛的人面前。」〔註159〕

　　以馮沅君、盧隱、淩叔華等為代表的現代文學第一代女作家們，把戀愛自由提高到個體生命自由的高度予以肯定。馮沅君《隔絕》和《隔絕之後》的女主人公雋華，喊出了悲壯的愛情宣言：「身命可以犧牲，意志自由不可以犧牲，不得自由我寧死。人們要不知道爭戀愛自由，則所有的一切都不必提

〔註158〕孟悅、戴錦華：《浮出歷史地表》，鄭州：河南人民出版社，1989 年，第 112 頁。

〔註159〕李歐梵：《現代性的追求》，北京：三聯書店，2000 年，第 99 頁。

了」。〔註160〕爲反抗封建家庭包辦婚姻，不惜和愛人雙雙以身殉情。《旅行》中的主人公「我」，《春痕》中的公瑗，都是戀愛至上主義者，把一切幸福的源泉都歸於愛情，爲了得到愛情，不惜以生命相抗爭。毅眞在《幾位當代中國女小說家》中稱讚道：「在沅君時代，大家誰敢赤裸裸描寫男女愛情，然而這樣驚人的作品竟由一個女作家的筆寫出來了。」〔註161〕盧隱也塑造了一群以自己的全部心力和血肉來追求戀愛自由、人性解放的知識女性。《海濱故人》中主人公露沙勇敢地與有婦之夫梓青相戀，表明了追求「情」、「欲」自由的決心和堅定的態度。《父親》中小妾，敢於與比自己小兩歲的丈夫之子相戀，以反叛者的姿態，發起了向傳統的挑戰。美娟（《一個情婦的日記》）更是肯定肉體的欲望：「我幾次拋下筆想要去找仲謙，我不顧一切，將他緊緊地抱在懷裏。我吻他無論什麼地方，我要使用密吻如雨點般地落在他的頸子上，臉上，口角上。唉，我發狂了。」〔註162〕此外，淩淑華的《吃茶》、《酒後》等小說也較早觸及到了女性隱秘的性心理。

但是我們也看到，女性性愛意識的現代覺醒，是一個逐步成長的心路歷程。「五四」初期的現代女作家們，她們一方面反對封建倫理道德束縛，勇敢地爭取自身愛情幸福和個性解放，但同時並不能完全掙脫傳統社會壓制女性的種種陳規舊習的影響。受封建「性不潔」觀念的影響，她們往往把愛情中靈的因素高揚到無比神聖的位置上，卻不敢確認女性的感性欲望，在創作中刻意迴避性的領域。如這一時期最大膽最具代表性的馮沅君的《旅行》，小說中男女主人公在10天裏夜夜同衾共枕，卻依然守身如玉，剋制自己的性欲，把戀愛雙方的禁欲視爲愛情高尚純潔的要素而引以爲自豪。甚至文中每當涉及到「結婚」、「夫妻」等話語，則使用「XX」來代替。即使在同時期的男性作家郁達夫勇敢地叫出「性的苦悶」後，女性作家們對人的正當要求的性欲仍然採取迴避的態度，敘述者仍執著於愛情言說，不斷地表述精神上高尚，肉體上往往純潔的愛情。馮沅君、盧隱、石評梅、淩淑華等五四女作家們的戀愛故事的主人公們躲藏在精神之戀中，基本不涉及肉欲的內容；在冰心那裏，欲望則乾脆被優雅含蓄地省略了。這突出地表現出五四一代女性作家們

〔註160〕馮沅君：《隔絕》，《卷葹》，北京：人民文學出版社，1983年，第4頁。
〔註161〕轉引自張光芒：《啓蒙論》，北京：三聯書店，2003年，第142～143頁。
〔註162〕盧隱：《一個情婦的日記》，《盧隱作品選》，北京：中央民族大學出版社，2005年，第221頁。

在時代文化允許的範圍內書寫下了男性啓蒙者無法代言的、現代女性獨特的
生命體驗，在歷史的空白點上建構現代女性主體性的艱難：她們一方面抨擊
封建道德對人性的摧殘，高揚起個性解放的現代旗幟，一方面又無法徹底擺
脫舊的性道德、性心理的傳統局限。

打破這一局面的是丁玲的出現。丁玲是第一個大膽將筆觸深入到女性性
欲這一隱秘王國，把靈與肉的一致作爲女性合理的性愛要求的現代女作家。
她把女性的性需要作爲一種主體的需求來描寫，如實表現了女性性意識的欲
望與衝動、性的苦悶與痛楚，肯定了女性性欲的自然性、合理性。1928 年丁
玲《莎菲女士的日記》的發表，標誌著中國女性文學出現了眞正具有現代性
愛意識的覺醒者。主人公莎菲對淩吉士的狂熱的情欲渴望使得這部小說一度
被看成是「女性的《沉淪》」。莎菲可謂第一個眞正用性愛的眼光來審視男性
的現代女性，「那高個兒可眞漂亮，這是我第一次感覺到男人的美，從來我還
沒有留心到」。她爲淩吉士「頎長的身軀，白嫩的面龐，薄薄的小嘴唇，柔軟
的頭髮」所傾倒，心中湧起一種強烈的欲望：「我要佔有他」，「假使他能把我
緊緊的擁抱，讓我吻遍他全身，然後他把我丟下海去，丟下火去，我都快樂
的閉目等待那可以永久保藏我那愛情能夠的死的到來」，「單單能獲得騎士般
的那人兒的溫柔的一撫摩，隨便他的手尖觸到我身上的任何部分，因此就犧
牲一切，我也肯」。〔註 163〕從莎菲開始，我們第一次看到了女性也有強烈的肉
體欲望。在莎菲身上，傳統貞操觀念的禁錮已經蕩然無存，在與淩吉士的愛
情中，她主動出擊，並且毫不隱瞞自己對於淩吉士的肉體的要求。最後對淩
吉士的拒絕與逃離，也不是被貞潔感所限制，而只是對靈、肉相分裂的殘缺
的性愛的拒絕。

在傳統理性中，欲望對於女性來說向來都是禁區，女性只能是男性欲望
的承受者，而不可能是欲望的滋生者。莎菲卻對著欲望迎頭而上，大概是第
一次有女性這樣坦率急切地說：「我要，我要使我快樂。」〔註 164〕這裏的「我」
是這樣的飽滿眞實，不再是一個附屬物，或者是中介物，而是主動地要求著
「享有我生的一切」。中島碧曾經說：「敢於如此大膽地從女主人公的立場尋

〔註 163〕丁玲：《莎菲女士的日記》，《丁玲選集》第二卷，成都：四川人民出版社，1995
年，第 80 頁。
〔註 164〕丁玲：《莎菲女士的日記》，《丁玲選集》第二卷，成都：四川人民出版社，1995
年，第 71 頁。

求愛與性的意義，在中國近代文學史上丁玲是第一人。」〔註165〕徐岱也認爲：
「丁玲敘事裏的女人既不同於冰心筆下的聖母，馮沅君作品裏的閨秀，也並
非廬隱故事中的癡情弱女子和淩叔華小說中走不出舊生活陰影的小太太，而
是敢想敢做的激情女性，她們身上獨特的女人味恰恰來自於其所具有的、有
別於女性傳統的一種『丈夫氣』。」〔註166〕

　　丁玲的處女作《夢珂》中，就已經表現出女性在異性欲望包圍中的自我
意識。「《夢珂》和《莎菲女士的日記》寫作時間相距僅一兩個月。作爲『互
文』，它們一個寫的是女性在異性欲望包圍中的自我意識，一個寫的是女性的
欲望和對這欲望的自我意識，都是集中地從兩性關係這個角度表現了大都市
中不甘沉淪與平庸的女性的理想破滅的精神困境。」〔註167〕然而夢珂在封建
紈絝子弟那裏和男權主導的商業社會裏的遭遇，表現了人欲泛濫的社會對女
性主體意識的絞殺。羅崗在論述《夢珂》時指出它對女性解放的深刻寓意：「剛
剛建立起來的現代體制已經耗盡『解放』的潛力，反而在商業化的環境中把
對女性的侮辱『制度化』了。」〔註168〕

　　在《慶云里中的一間小房裏》，女人的欲望通過一個掙扎在社會底層的妓
女表現了出來。阿英充滿了對妓女生活的滿足感：她不用發愁什麼，吃飯穿
衣有老鴇承擔，「雖說缺少一個丈夫，然而她夜夜並不虛過呀！而且這只有更
能覺得有趣的……她什麼事都可以不做，除了去陪男人睡，但這事亦不難，
她很慣於這個了。」〔註169〕她想過嫁給她中意的陳老三，卻又害怕清貧和寂
寞。甚至生病了也不聽鴇母的勸休息一晚，因爲她不能隔著很薄的間壁「白
聽別人一整夜的戲」。由於對女性性欲望的強烈表露，丁玲對女性在妓女生活
中淪爲被動的性消費品這一性的異化視而不見，因而對於賣淫、妓女等問題
的看法，迥然有別於左翼作家從階級角度進行的血淚控訴。在《夢珂》中，

〔註165〕中島碧：《丁玲論》，《丁玲研究在國外》，長沙：湖南人民出版社，1985年，
　　　　第170頁。

〔註166〕徐岱：《邊緣敘事：20世紀中國女性小說個案批評》，上海：學林出版社，2002
　　　　年版，第86～87頁。

〔註167〕劉思謙：《「娜拉言說」——中國現代女作家心路紀程》，上海文藝出版社，1993
　　　　年，第146頁。

〔註168〕羅崗：《視覺『互文』、身體想像和觀看的政治——丁玲的〈夢珂〉與後五四
　　　　的都市》，《華東師範大學學報》，2005年，第5期。

〔註169〕丁玲：《慶雲里中的一間小房裏》，《丁玲選集》第二卷，成都：四川人民出版
　　　　社，1995年，第129頁。

丁玲就借表嫂之口，控訴了無愛婚姻中的性行為對女性的精神傷害，「講到舊式婚姻中的女子，嫁人也等於賣淫，只不過是賤價而又整個的……。」，因此「有時，我竟如此幻想，願意把自己的命運弄得更壞些，更不可收拾些，現在，一個妓女也比我好！也值得我去羨慕！」〔註170〕通過處於生存弱勢的女性在婚姻內外遭受男性世界的性傷害，丁玲控訴了以女性為性消費品的男權文化，其次，在丁玲的筆下，賣淫行為、妓女生活已經摒棄了女性淪為沒有自我性愛主動權的性消費品這一本質特徵，而被賦予可以自由地接觸異性世界、可以充分地滿足女性肉欲這一不切實際的浪漫臆想，從而寄寓了女性對性愛的滿足尤其是對「自我欲望」的滿足的浪漫想像。

「五四」以後中國社會的現代轉型帶來了女性命運的巨變，個性解放、戀愛自由、性愛意識迅速覺醒。從大膽肯定愛情的合理性，到對女性的身體欲望的肯定和宣泄，「五四」女性文學逐漸建立起了靈肉相統一的性愛觀念以及健全的女性性愛意識。以此為基礎，後來的女性文學才能進一步去發掘和探討女性性愛的深層問題。

二、女兒國的烏有之邦——同性之戀

同性戀是指以同性為對象的性愛傾向與行為。〔註171〕同性戀現象在中國幾千年的文明發展史上始終存在，我國古代正史和野史中都有大量關於同性戀現象的記載，如膾炙人口的「餘桃」（春秋）、「斷袖」（漢代）、龍陽君（戰國）、安陵君（戰國）等歷史故事和人物的記載。從史籍記載來看，在漢以前，「狎昵孌童」僅為君王貴族的特殊癖好，及至魏晉南北朝，漸漸普及於士大夫及社會民眾，到明清之際男色之風則非常盛行，出現了大量反映男同性戀的文學作品如《龍陽逸史》、《弁而釵》、《宜春香質》、《童婉爭奇》、《男王後》、《王郎曲》、《品花寶鑒》等。

與中國古代文學史上對於男風的描述連篇累牘相異，文學作品中對女同性戀的描寫卻很少，直到明以後，在一些世情小說中才偶有所見，並且還基本都是以男性作家的眼光來敘述。這與以男性為中心的社會裏，女性的存在與需要尤其是性的需要往往處於受壓制的境遇不無相關，女性因受禮教束

〔註170〕丁玲：《夢珂》，《丁玲選集》第二卷，成都：四川人民出版社，1995 年，第 29 頁。
〔註171〕李銀河：《同性戀亞文化》，北京：中國友誼出版公司，2002 年，第 1 頁。

縛，往往被認為是無欲望的，一旦對性有興趣，便被視為淫蕩，更不用說離經叛道的同性戀行為了。正如西方女權主義者所言：「婦女之間強烈的愛情要麼被視為不正常，要麼視為不可取——也許是因為婦女被認為是無性別的。」〔註172〕

　　中國文學作品中對同性戀的表現基本上可概括為男性作家書寫男性同性戀現象的歷史，這一現象直到五四時期才有所改觀。受新文化運動思想解放和性解放思潮的影響，一大批女作家大膽的涉足性愛題材，筆觸在不經意間也伸向了女性同性相愛這一獨特的描寫領域，由女作家表現的女同性戀現象因此成為五四文學中一道特殊的風景。盧隱的《海濱故人》、《麗石的日記》、石評梅的《玉薇》、淩叔華的《說有這麼一回事》、丁玲的《暑假中》、《歲暮》等作品都描寫了女同性戀現象。

　　盧隱的《海濱故人》寫五個女子企圖在海邊修築屋盧構建姐妹聯邦的故事。文中設想了一個剔除了男性存在只有女子的烏托邦似的生活空間，藉以躲避封建世俗、戀愛婚姻等人生愁苦。在這個「海濱烏托邦」，她們相互依戀，互相傾訴愛意甚至不乏親密的身體接觸如撒嬌、吻對方的手等等。小說中雖然沒有明確的打出同性愛的旗幟，但這五個少女之間親昵的言行舉止不無充滿同性戀愛的曖昧色彩。從《海濱故人》中，盧隱形成了她的基本風格：以女性戀愛婚姻的苦悶為題材，省卻了具體的情節，把人物內在情感放在首位，主人公在倫理無意識和異性之愛的夾縫中經受靈魂的掙扎，同性之愛總是被禮教規定的異性婚姻所拆散，禮教和理智總是在節制本性中深層的性的欲望。

　　盧隱《麗石的日記》可謂現代文學中女作家反映同性愛戀的第一篇，於1923年發表在《小說月報》第14卷第6期上。這篇小說以日記體的形式描述了女學生麗石因為與同性伴侶沅青戀愛不得而抑鬱而死的故事。在這篇小說中，麗石發出了「同性戀愛」的吶喊：「我從不願從異性那裏尋求安慰，因為和他們——異性——的交接，總覺得不自由。沅青她和我表同情，因此我們兩人從泛泛的友誼上，而變成同性的愛戀了。」〔註173〕沅青最終嫁給了異性的表哥，以「正常的」、為社會所容許的姿態被現實所接受從而能繼續存活在世上，而麗石則在失去了沅青的痛苦和憂鬱中死去。小說中雖然只是描寫了

〔註172〕艾德里安娜·里奇：《強迫的異性愛和女同性戀的存在》，〔英〕瑪麗·伊格爾頓編，胡敏譯：《女權主義文學理論》，長沙：湖南文藝出版社，1989年。
〔註173〕盧隱：《麗石的日記》，《小說月報》第14卷第6期，1923年，第11頁。

麗石與沅青的精神之戀而不涉肉體之愛，然而細讀麗石的這個夢境，卻充滿了性暗示的曖昧意味：

> 夢見在一道小溪的旁邊，有一所很清雅的草屋，屋的前面，種著兩棵大柳樹，柳樹飄拂在草房的頂上。柳樹根下，拴著一隻小船。那時正是斜日橫窗，白雲封洞，我和沅青坐在小船裏，御著清波，漸漸馳進那蘆葦叢裏去。這時天上忽下起小雨來，我們被蘆葦嚴嚴遮住，看不見雨形，只聽見淅淅地雨聲。過了好久時已入夜，我們忙忙把船開回。這時月光又從那薄薄涼雲裏露出來，照得碧水如翡翠砌。沅青叫我到水晶宮裏去遊逛，我便當真跳下水，忽覺心裏一驚就醒了。〔註174〕

淩叔華的《說有這麼一回事》，描寫了影曼和雲羅的同性戀愛故事。兩人由扮演羅密歐、朱麗葉而撞出火花進而相愛，形影不離，同床共枕，儼然夫妻一樣。她們之間的性愛描寫也是直露而大膽：「影曼含笑說到雲羅身旁，望著她敞開前胸露出粉紅似的胸口，順著那大領窩望去，隱約看見那酥軟微凸的乳房的曲線。那弓形的小嘴更可愛，此時正微微張開，嘴角添了兩個小彎彎，腮邊多了淺淺的凹下的兩點，比方才演戲欲吻羅密歐的樣子更加嫵媚動人。帳子裏時時透出一種不知是粉香，髮香或肉香的甜支支醉人的味氣。」〔註175〕兩個人已從精神的相互愉悅和欣賞，發展到了身體上的親密接觸：

> 影曼把臉貼近雲羅，低聲笑道：
>
> 「你是我的眷屬，聽見沒有？」
>
> 「又說便宜話，我不同你睡了。」雲羅推她一下，就勢把頭貼伏在她的胸前。
>
> 雲羅半夜醒來，躺在暖和和的被窩裏，頭枕著一隻溫軟的胳臂，腰間有一隻手搭住，忽覺得一種以前沒有過且說不出來的舒服。往常半夜醒來所感到的空虛、恐怖與落寞的味兒都似乎被暖熔熔的氣息化散了。她替影曼重新披嚴了被筒，怕她肩膀上露風。〔註176〕

〔註174〕盧隱：《麗石的日記》，《小說月報》第 14 卷第 6 期，1923 年，第 11 頁。

〔註175〕淩叔華：《說有這麼一回事》，《淩叔華經典作品》，北京：當代世界出版社，2003 年，第 191 頁。

〔註176〕淩叔華：《說有這麼一回事》，《花之寺 女人 小哥倆》，北京：人民文學出版社，1986 年版，第 85 頁，第 88 頁。

而丁玲的《暑假中》，對女性同性戀生活場景更是作大膽細緻的描繪：「只要進了武陵女子師範兩個月，……只一天到晚顛倒於接吻呀，擁抱呀，寫一封情書悄悄丟在別人床頭呀，還有那些怨恨，眼淚，以至於那些不雅看的動手動腳都全學會了。」〔註177〕「其餘的，……則摟抱住女友，互相給予一些含情的不正經的眼光，狎暱的聲音，做得沒有一絲不同於一對新婚夫婦所做的。」〔註178〕「（玉子）把身子倒下床去的時候，觸著了溫溫的柔柔的娟娟的手腕，不覺就把來用力的擁著，並恣肆的接起吻來……說過後，她把臉更湊攏去，嘉瑛的呼吸輕輕觸到她的左頰，她微微覺得有點癢，並且在那呼吸之中，似乎含有蘭麝之香，她慢慢的又把自己的嘴唇，去印到那更柔膩的頸項上了。」〔註179〕《暑假中》的主人公是自立女校的幾位青年女教師，她們反對社會對女性的壓抑，因而奉行獨身主義。在相互依存的獨身生活中，她們之間產生了同性戀情。

　　通常的對於「女同性戀」的界定有兩種情形：一種是狹義的，指有身體親密關係的女性情感，即「女同性戀必須有欲望，並且至少有具體表現……這種肉欲使其同同情同性戀的政治態度及婦女之間彼此喜歡，相互支持，分享知音感和幸福感的親密友誼區分開來。」〔註180〕另一種則是廣義的，儘管不排除有身體上的親密關係，但更指向女性間的精神依戀和情感慰藉，「包括更多形式的婦女之間和婦女內部的原有的強烈感情。如分享豐富的內心生活，結合起來反抗男性暴君，提供和接受物質支持和政治援助，反對男人侵佔女人的權利。」〔註181〕通過對五四時期這些女作家關於女同性戀的文本的分析，我們發現，這些同性戀更多的屬於後者，一種廣義的同性戀愛的現象。

　　這些文本，在主題上有著某種一致性，那就是正在解放或剛剛解放的一代女性，對父權制社會確立的舊的性別秩序和異性戀規範的恐懼、厭惡和鄙視。與20世紀初整個社會爭取個性解放、思想解放等啓蒙思潮相一致，現代女作家筆下的女同性戀書寫也是作為一種反抗傳統父權文化禁錮、慰藉青春

〔註177〕丁玲：《暑假中》，《在黑暗中》，北京：人民文學出版社，2001年，第84頁。
〔註178〕丁玲：《暑假中》，《在黑暗中》，北京：人民文學出版社，2001年，第85頁。
〔註179〕丁玲：《暑假中》，《在黑暗中》，北京：人民文學出版社，2001年，第96頁。
〔註180〕轉引自張岩冰：《女權主義文論》，濟南：山東教育出版社，2001年，第168頁。
〔註181〕林樹明：《多維視野中的女性主義文學批評》，北京：中國社會科學出版社，2004年，第154頁。

女性情懷的權衡策略。面對依舊強大的舊的社會體系，她們不得不從同性中尋求安慰，結成暫時的姐妹聯盟來對抗時時刻刻準備壓迫她們的舊規範。正如學者劉思謙所說：「她們這種行為方式不是天生的，不是那種性學意義上的同性戀即非如此不可的性選擇。一般來說，她們大多在童年期或青春萌動期經歷過與男性交往的創傷性經驗，挫折和傷痛使她們充滿了對男人的失望，而女人天性中愛和被愛的渴望、情感生活中與他人交流與傾訴的欲望迫使她們做出了無奈的而又並非盲目的選擇。這種是屬於女性的生存的和心理的現象，屬於女性生存論和精神現象學而不屬於性學。」〔註182〕

正如波伏娃斷言「女人不是天生的，而是後天形成的」一樣，這些文本中的女同性戀者也不是天生的，而是後天形成的，是男性社會塑造的，是「在特定處境下被選擇的一種態度」〔註183〕。女性傾向於同性戀往往不是本身生理的選擇，而是在強大的父權制社會文化的壓制所導致。這種壓抑一方面是整個社會思想文化及道德觀念的束縛，也是外界環境包括男性作為性別群體對女性群體的壓迫。五四時期女作家筆下的女同性戀關係的形成也正是由於封建禮教和傳統觀念的壓迫和禁錮，正如盧隱《海濱故人》中說：「許多青年男女的幸福，都被這戴紫金冠的魔鬼剝奪了！……那金冠上有四個大字是：『禮教勝利』。」《麗石的日記》中麗石也是通過好友的不幸遭遇，看清了封建制度下異性婚姻的本質，才選擇在女兒國中構築自己的愛情堡壘的。

其次，我們也看到，「五四」女作家以細膩的感情描寫寬容地表現了女性之間的同性戀情，也寫出了這種感情面對異性愛時無可改變的脆弱。「同性關係的描寫也是第一次表現了女人視點所看到的男女兩性之間的隔閡，以及女性對男性的陌生感、異己感」，〔註184〕「她們都渴望異性戀的情愛生活，有著浪漫的愛情理想。但幻想中完美的異性與現實中猥瑣男性之反差，背離自己所思所欲。愛情的匱乏在她們心理上投下暗影，最終阻礙了她們情愛的正常表現。對男性的失望，對庸俗社會的反叛，使她們以「姐妹聯盟」組成了自己的生活圈子。」這種聯盟是為了擺脫孤獨而產生的，它的存在又將人物推向了更加孤獨的境地，因為這是沒有合理土壤的感情，不過是一時之需，脆

〔註182〕劉思謙：《女人的船和岸》，石家莊：河北教育出版社，2002年，第130頁。
〔註183〕〔法〕西蒙娜·德·波伏娃著，陶鐵柱譯：《第二性》，北京：中國書籍出版社，1998年，第483頁。
〔註184〕孟悅、戴錦華：《浮出歷史地表—現代婦女文學研究》，北京：中國人民大學出版社，2004年，第26頁。

弱易破，很難長久。作者把同性情誼安排在相對獨立、逼仄的空間，也反映了女兒社會天空的低矮和有限。在缺乏優秀男性的環境裏，無法達成理想中的完美異性戀而不得不用同性間的曖昧感情填補空白，不過是退而求其次的選擇，是女性自身對「第二性」的認同。

在這個世界上，唯一情智相諧的是一種同性之愛。但這顯然不是性倒錯意義上的同性戀，而是存在於女兒們心中的理想國，一個剔除了男人與對男人的欲望（性威脅與性焦慮）的女兒國，一個建立在烏有之鄉上的姐妹之邦。「五四」女作家涉足同性戀這一題材領域，其勇氣不能不令人折服，女性同性戀現象在「五四」時期具有深刻的社會意義，從心理學角度講，這種同性戀行為亦是女性性愛意識覺醒的一個標誌。

第四章 上海小報與都市情色文化的興盛

第一節 都市的崛起與上海商業性消費娛樂文化的形成

　　1897 年 6 月 24 日，李寶嘉（伯元）在上海創辦的《遊戲報》，是近代小報的始祖，由此開創了近代小報發展史的新紀元。上海也因此成爲近代中國小報的發源地。不僅如此，上海還是小報最集中的城市，從 1897 年 6 月第一張小報誕生起，至 1952 年最後一張小報的停刊，近代上海小報總數達一千餘種以上。〔註1〕這是同期中國其他城市所沒有的，而小報的興起和繁榮，無疑是和近代上海城市化的進程中，商業的繁榮、娛樂業的發展以及市民文化的形成密切相關。

一、上海的城市化進程及市民社會的形成

　　在中國燦若群星的名城古都中，古代上海並不具備耀眼的光芒。這個元代的漁村、明代的小鎮、清代的縣治，直到 19 世紀中葉，都還只是一個僅有75000 人口的江南城鎮，其繁華程度遠不如南京、蘇州、杭州等城市，更無法與政治中心北京抗衡。鴉片戰爭爆發以後，在帝國主義堅船利炮的威逼之下，上海被迫打開了大門，成爲五大通商口岸之一。1843 年 11 月 17 日，上海正

〔註 1〕 祝君宙：《上海小報的歷史沿革》，載中國人民大學《新聞研究資料》第 42 輯。

式開埠通商，這是上海發展史上的一個重要的轉折點，它標誌著上海逸出了傳統的軌道，開始以驚人的速度朝著近代化國際性大都市邁進。憑藉著其扼長江、臨大海，憑據富饒深厚的長江三角洲等優越的地理位置和自然條件，上海一躍而變成一個商號林立、貿易興旺、全國首屈一指的通商巨埠。短短的幾十年，在經濟上迅速崛起的上海，不僅在全國取得了無可抗衡的領先地位，並且成為世界主要的現代工業製造中心之一，最主要的金融中心之一，最繁榮的港口之一，最前列的十大都市之一。經濟的騰飛、城市的繁華，逐漸使其成為中國的社會中心，並在晚清以來的文化轉型過程中，逐漸確立了其文化中心的獨特地位。上海聞人姚公鶴曾將北京與上海做了比較，認為北京是政治的中心點，上海是社會的中心點：「上海與北京，一為社會中心點，一為政治中心點，各有其挾持之具，恒處對峙地位。……惟上海之所以得成為社會中心點，其始也，因天然之地理，為外人涎羨。……其繼也，又同外人經營之有效，中經吾國太平戰事……。而工商及流寓，乃相率而集此。而其最大原因，是以確立社會中心點之基礎，與政治中心點之北京有並峙之資格者，則實以租界為國內政令所不及之故。」〔註2〕

上海開埠之後，隨著其商業的發展、貿易的繁榮，市政建設、公用事業、交通信息、文化娛樂等方面都有了很快的發展，其城市建設更是日新月異，「洋樓聳峙，高入雲霄，八面窗櫺，玻璃五色，鐵欄鉛瓦，玉扇銅環，其中街衢弄巷，縱橫交錯，久於此地者，亦易迷所向」。物質文明的發達給上海城市的商業發達提供了良好的基礎，各種交通信息的發達和便利，為城市商業的發展提供便利的條件。城市的發展，商業的繁盛，提供了更多的就業機會，各種行業的從業人員隨之增加，因此大量的移民從四面八方湧向這裏。自開埠以來，作為「冒險家的樂園」的上海，不僅外商紛紛來此進行投機活動，內地富商大賈也來此尋找商機，最先來的是閩廣商人，他們是開埠初期上海最大的一股移民。而更大規模的移民，還是幾次戰事帶來的難民。租界的開闢，無疑使上海成為了中國近現代政治風雲中的「安全島」，成為戰爭中人們的避難所。姚公鶴把上海移民高潮分為三次，而每一次都和戰事相關：「上海兵事凡經三次，第一次道光時英人之役，為上海開埠之造因。第二次咸豐初劉麗川之役，為華界人民聚居租界之造因。第三次咸豐末太平之役，為江、浙及長江一帶人民聚居租界之造因。經一次兵事，則租界繁盛一次，後惟庚子一

〔註 2〕 姚公鶴：《上海閒話》，上海古籍出版社，1989 年，第 50 頁。

役，政府爲義和團所鼓惑，扶清滅洋之聲，影響及於南方，租界市面稍受打擊。然未幾聯軍入都，而原狀回覆矣。迄辛亥革命事起，外人默認官、革爲交戰團體，嚴守中立，於是避難來滬之人，遂驟增至二十餘萬，可爲盛矣。」〔註3〕包天笑在《上海春秋》中談到民國以後的移民原因時也說：「第一個原因就是自入民國以來，內地不曾安靜過一日，不是湖北、湖南的兵變，便是廣東、福建的打仗，只有上海託庇外人勢力之下，尚是安全樂土。每逢一處內亂，內地的略有身家稍具資產的人便紛紛的避到上海來。內地的人一住上海，便覺得色色比內地便利，自然是此間樂不思蜀了。……再加上有許多人都說上海碼頭大，容納的人多，謀事也容易，內地的人都做一個上海黃金之夢。一到了上海，無論謀得著事謀不著事，便留住在上海了。因此，上海一埠幾有人滿之患。」〔註4〕

　　因此，屢經社會動蕩以後，上海移民激劇增長，租界內人口數量和人口結構也隨之發生了重大的改變，形成了一個五方雜處、華洋混居的移民型市民社會。據忻平在《從上海發現歷史》中所做的上海人口增長表顯示，1895年時上海人口已達92.5萬，而1910～1927年間上海人口從128.9萬增至264.1萬，年均遞增43‰；〔註5〕學者高福進也指出，「到了1900年，上海人口超過100萬，15年後又超過200萬。到了1930年，上海已經是人口超過300萬的中國特大城市，在遠東居第二（僅次於東京），位於倫敦、紐約、東京、柏林之後，爲世界第五大城市。1947年，上海人口達到500萬，成爲當時世界上的特大城市」。〔註6〕關於租界的人口統計則顯示，自1885年到1905年20年間，公共租界人口從12.9萬增長到46.4萬，淨增了33.5萬。自1910年到1942年，又從50萬人增長到158萬，32年內共計淨增了近108萬人，平均每年增長約爲3萬人，後期的增長率比前期更快。〔註7〕與大量的移民一起的湧入，還有鉅額的資金。如江浙富人視租界爲避亂的桃源，是他們富裕的資金保存、增殖和消費的好地方，「江浙兩省富商巨族避亂而出，皆以上海爲桃源，兩省

〔註3〕姚公鶴：《上海閒話》，上海古籍出版社，1989年，第60頁。
〔註4〕包天笑：《上海春秋》，上海古籍出版社，1991年，第48頁。
〔註5〕忻平：《從上海發現歷史——現代化進程中的上海人及其社會生活 1927～1937》，上海人民出版社，1996年，第41～42頁。
〔註6〕高福進：《洋娛樂的流入：近代上海的文化娛樂業》，上海人民出版社，2003年，第2頁。
〔註7〕鄒依仁：《舊上海人口變遷的研究》，上海人民出版社，1980年，第91、7～8頁。

精華薈萃於此。」〔註8〕華商資金的大量投入，各類商鋪如雨後春筍般地出現了，各類娛樂場所也隨之興起，茶館、酒樓、煙館、妓院、戲館、書場紛紛建立，尤其是租界的妓院更爲繁榮。到了二十世紀，上海成了「亞洲大陸最大的人類定居點」，在 1927 年風暴停息以後，上海「比以前更大更富有了。革命前逃走的錢和人，在租界上找到了安全的避難所。這個國家的白銀在填塞上海的庫房：到第一次世界大戰結束，社會已經有了價值四千萬元的白銀；現在，到了大革命之後，這筆數目已經膨脹到超過兩億元。白銀在上海仍然放在外灘的銀行裏，並且在孵化。上海變得愈來愈富了」；到了抗戰前夕，「上海是中國最富的城市。中國半數的對外貿易通過這個口岸，有十億兩以上的白銀貯存在上海的庫房裏。外國人的投資也值十億銀兩，上海發行的鈔票全中國通用」。〔註9〕資本的大量湧入，無疑大大刺激了上海商業經濟的發展，促進城市的繁榮發達，進一步又吸引更多的移民的遷入，擴大了市民階層隊伍，促進了城市市民文化的發展，從而帶動了城市消閒娛樂文化的生成和發展。

都市的發展和繁榮，促進了市民社會的形成，市民隊伍的不斷壯大、成長，逐漸成爲重要的社會力量和消費主體，也帶來市民文化的發展和演變。其中，家資豐盈的富商巨賈在地域行業組織和經濟活動中起主導作用和中堅力量，成爲市民社會的上層。洋行、商行職員，中小商賈，以及靠教讀和秉筆爲生的江南文人學士組成市民社會的中層，他們有一定的教育背景，並在溫飽之外還有相當的餘資以享受文化的消費。他們的生活方式代表著市民生活的主流，對於市民文化和社會風習具有較大的影響力，在一定程度上超過了紳宦富商。處於下層的是工人、店員和低級職員等，對社會文化不可能產生主動的影響，但是他們人數眾多，是市民文化主體。張仲禮在其主編的《近代上海城市研究》中總結說：「據各種記載綜合來看，19 世紀上海社會的消費主體是買辦商人、本地的地產出售人、攜資來滬的寓公、紈絝子弟、妓女。到 20 世紀 30 年代後，中小商人和一般市民階層壯大，構成城市大眾群體，商場遊樂場、戲院影院乃至各類藝術形式都爲之一變。」〔註10〕

〔註 8〕《論本埠地貴》，《申報》1882 年 1 月 7 日。
〔註 9〕〔美〕霍塞著，紀明譯：《出賣的上海灘》，上海：商務印書館，1962 年，第
 141、151 頁。
〔註10〕張仲禮主編：《近代上海城市研究》，上海人民出版社，1990 年，第 152 頁。

在上海都市化的進程中，在其中起舉足輕重作用的，無疑是其特殊的租界環境。上海這座現代化的大都市在其由農業社會向工業社會的過渡中，本身就是被西方殖民勢力強行拉入工業化的進程中的，租界的存在對於近代上海的政治、經濟、文化等各方面產生了重要的影響。上海能夠「富甲天下」，形成極度繁榮的工商業，一個最根本的原因就是在中國最動亂的年代，西方列強提供安全的保障，吸引了全國的富商巨賈及其資本向租界集中。同時大量難民紛紛湧入租界，成為廉價的勞動力，從而使租界地區人口和財富迅速積纍，為上海租界的商業畸形繁榮準備了必要的條件。而進入 20 世紀以後，上海又成為外國資本投入的集中地。據統計，1931 年外國人對上海投資達 11.1 億美元。在抗戰以前，外資對中國金融業的投資，上海一地即占其總額的 79.2％，在對進出口商業的投資中，外資在滬投資竟占 80%。〔註 11〕上海的繁華可以說不僅集中了中國甚至世界的大批財富。其次，租界這一「飛地」雖屬於中國領土但不受中國政府直接管轄，是中國政府控制的薄弱地帶，其特殊的政治格局以及言論相對自由的輿論空間，也大大促進了上海報刊業的發展，對於近代上海小報的發展起到了一定的保護作用。正如 A·M·Kotenev 在《Shanghai，Its Municipality and the Chinese》中說：「近代中國報紙的歷史是與外人的治外法權的特權之享受有密接之關係，僅於此種特權保護之下，與在此種自治的外僑居留地內，中國的報紙方能成為現在的中國的社會生活裏的一種要素。」〔註 12〕

二、上海感官娛樂文化氛圍的興盛

憑藉著政治的穩定，地理位置的優越，以及發達的江南商業經濟，開埠後的上海吸引了大量華洋投資，迅速成長為中國最大的工業城市，遠東第一商業大都市。其極度繁榮的商業的發展也帶動了娛樂業的發展，形成了上海感官娛樂文化的興盛。

上海開埠以後，屢次戰亂尤其是太平軍在江南地區與清軍的作戰，使大批江南富豪巨賈等紛紛避難租界，這些龐大消費人群的存在，促進了租界消閒娛樂業的發展。租界內一時間茶館、煙館、妓院、說書等消閒娛樂業相繼

〔註11〕張仲禮主編：《近代上海城市研究》，上海人民出版社，1990 年，第 47 頁。
〔註12〕胡道靜：《上海的日報》，《中國近代報刊發展概況》，新華出版社，1986 年，第 280 頁。

開設，堂子、臺基、花煙間、煙館、燕子窩、賭場、書場、戲園、酒樓等如雨後春筍，比比皆是。當時有所謂「八事」、「十景」之說。「八事」即「戲館也、書場也、酒樓也、茶室也、煙間也、馬車也、花園也、堂子也」。「十景」指「桂園觀劇、聚豐選饌、城信吸煙、茂源飲酒、五層品茶、薈芳訪美、樂窩聽書、飛車擁豔、夜市燃燈、浦灘步月」。〔註13〕報刊也描繪了當時海上娛樂業的盛況：「上海之洋涇浜甚勝地也，中外雜處，商賈輻輳，俗尚繁華，習成淫佚，故妓館之多甲於天下。輔之以戲場，襯之以酒肆，又有茶居、煙室以點綴也。月地花天，燈山酒海。耳謀鄭衛之聲，目熟冶蕩之態。」〔註14〕

隨著上海向現代化城市的邁進，上海的消閒娛樂業也不斷由傳統娛樂向近代娛樂業方向發展的轉變。許多綜合性的娛樂場所遊樂場相繼建成，著名的如號稱「上海第一遊藝場」的新世界（1915）和「中國第一俱樂部」的大世界（1917），此外還有大舞臺（1915）、天外天（1916）、小世界遊樂場（1917）、天韻樓（1918）、先施遊樂場（1918）等。以大世界為例，其總面積達 14000多平方米，遊藝場中設有電影院、戲院、溜冰場、彈子房、展館、茶室、露天花園、中西餐廳等多種遊藝、休閒空間。其戲院可同時或輪番上演京戲、崑曲、蘇灘、甬灘、文明戲、說書、及西人表演的雜技等。這種百藝雜陳的綜合性娛樂空間，不僅把民間性和大眾性有效地融為一體；也把中西、古今、雅俗不同的文化形態濃縮於一地，將多種文化形式匆匆而又廣泛地吸納，為上海民眾打開了一個博覽式、開放性的文化櫥窗。

到了 20 世紀二、三十年代，各種娛樂業無論從規模還是數量都達到鼎盛時期。這一時期，金碧輝煌的電影院、舞廳成為了都市最搶眼的風景，「跑跳舞場和影戲院」更成為市民最時髦最熱衷的娛樂。據《上海研究資料續集》的統計，20 年代以後至抗戰爆發前為止興建的電影院就有 40 餘座，加之露天影院達 50 餘座，更有兼營電影與戲劇的大戲院。特別是 20 年代末 30 年代初興建的大光明大戲院（1928）、南京大戲院（1930）、國泰電影院（1932）、大上海大戲院（1933）等一批電影院都以其外觀的豪華、座位的舒適和映機音響的完善而直追美國，成為現代都市文化繁榮的標誌。而跳舞場當以 1932 年開辦的百樂門舞廳為翹首。除此之外，還有眾多的大型百貨公司、回力球場、跑馬廳、跑狗場、新式的旅館飯店，以及散落在大馬路、霞飛路、北四川路、

〔註13〕《海上游戲圖說》，卷三。
〔註14〕載《上海新報》1869 年 11 月 13 日。

靜安寺路等各個主要街區的咖啡館、酒吧，與霓虹燈閃爍的櫥窗、街景，奔
馳在大街上的新款勞司萊斯汽車，構成了一幅幅聲色犬馬、目迷五色、「不脫
奢靡、麻醉的負面作用，卻飽脹了熱情，有種生命歡欣、躍動的氣息」〔註15〕
的都市感官文化景觀。

　　在上海娛樂業的發展中，傳統的「京式盆湯澡罷身，杏花樓畔又逡巡。
貪看一齣髦兒戲，也算風流隊裡人」〔註16〕的澡後看戲，「洞庭春色佐春茶，
飲罷徐徐上小車。聽說客從何處去，西金街內訪桃花」〔註17〕的茶罷嫖妓；「萬
里雲煙遠近誇，冷籠陳土小壺茶。橫陳短榻綱組裏，更有何人肯憶家」〔註18〕
的煙館尋樂，發展爲到20、30年代更爲現代的感官娛樂文化。時人的文章《現
代人的娛樂姿態》中這樣禮贊道：

> 娛樂，這個寫在過去的歷史中不知道受過幾許世間的白眼和淩辱─
> ─好一個有決斷力的，壯膽的，幽秘著魔術似的，並且包滿著肉底
> 表現呀！
>
> 半世紀以前連影子都未曾出現過的新時代的產物　　銀幕，汽車，
> 飛機，單純而雅致的圓形與直線所構成的機械，把文藝復興時代底
> 古夢完全打破了的分離派底建築物，asphalt 的道路，加之以徹底的
> 人工所建造的街道，甚至晝夜無別的延長！……我們所追求著的無
> 非是流向快樂之途上的洶湧奔騰之潮和活現現地呼吸著的現
> 代，……。〔註19〕

而1933年，新中華雜誌社邀請多位作家來描述他們心目中未來的上海，銘三
設想上海這座建築在地獄上面的天堂的城市的未來娛樂場所是這樣的：

> 電影院一律裝冷氣管、熱水汀，男茶房改用女招待，每場除開映「香
> 豔肉感」的電影外，並有國際歌舞團公開表演裸體舞蹈。各大公園
> 一律增開 Kiss 傳習所，教授一般未成年男女各種交際，對於未帶愛
> 人的遊客並聘有「美豔絕倫」的青年男女可以陡時伴遊伴坐。跳舞

〔註15〕吳福輝：《都市旋流中的海派小說》，長沙：湖南教育出版社，1995年，第17
　　　　頁。
〔註16〕慈湖小隱：《續滬北竹枝詞》，《申報》，1872年8月12日。
〔註17〕慈湖小隱：《續滬北竹枝詞》載《申報》1872年8月12日。
〔註18〕慈湖小隱：《續滬北竹枝詞》載《申報》1872年8月12日。
〔註19〕迷云：《現代人底娛樂姿態》，載《新文藝》，第1卷第6號，1930年2月15
　　　　日。

> 場一律添設睡室，以便一般來賓休憩之用。遊藝方面，除電影院外，
> 另有京戲場、馬戲場、回力球場、考爾夫球場、跑馬場、跑狗場、
> 跑貓場、鬥牛場、鬥雞場等。〔註20〕

對未來的想像無疑是建立在現實基礎之上的。從作家銘三的想像中，我們可以看出當時上海娛樂市場的影子：豐富的娛樂品種、現代的娛樂方式、感官的娛樂追求構成了娛樂場的主要特徵。其中感官刺激之氛圍不僅存在於「香豔肉感」的電影，而且蔓延到了歌舞臺、公園和跳舞廳。

上海近代娛樂業的發展和感官娛樂文化的興盛，促使了市民日常休閒娛樂生活的大眾化，市民日常文化消費已成為市民生活中的一項重要內容。學者李長莉描述道：「在上海，像茶樓閒飲、盆湯沐浴、書場聽書、戲院觀戲、乘車遊觀等，都已是花費無多的大眾化休閒娛樂活動，那些受雇於人的店夥、賬房、塾師，乃至於販夫走卒等普通人，也可以在勞作之餘，到這些場所去休閒一番，以解身心之乏。」〔註21〕再如20年代不少游藝場的定位均是大眾，如大世界的門票僅為小洋2角，出入其間的除大小商人、文人墨客、外地遊客外，更多的則是收入處於中下水平的本地平民。資料統計顯示，當時大世界的日均門票銷售在2萬餘張左右。〔註22〕由此我們可以想見當時娛樂文化氛圍的興盛。許多研究者也指出：「20世紀二三十年代上海是全國最發達城市，當時工人階層收入，兩口之家年收入200～300元，他們每年有6角多的文娛開支（可以聽一次戲，逛一次大世界，或看一場電影），據說此與歐美、日本相比，『亦不多讓』。根據國民政府工商部對工人生活的調查統計，1928～1929年上海產業工人中的男工每月工資在8～50元之間，一般為15.8元；女工在7～24元之間，一般為12.5元，此外還有獎金、津貼等附加收入。這樣，舊上海普通工人還是有一點錢可以用在娛樂方面的。」〔註23〕

隨著上海市民文化和感官娛樂文化的興盛，情色業也隨之興起和繁榮。上海妓業的繁盛，很快使之超越揚州、蘇州，成為江南最大的聲色場。晚清

〔註20〕新中華雜誌社編：《上海的將來》，上海中華書局，1934年版，第3頁。

〔註21〕李長莉：《晚清上海社會的變遷——生活與倫理的近代化》，天津人民出版社，2002年，第265頁。

〔註22〕參見崔雪芹：《誰為商業奇才黃楚九立傳》，載 www.ccnt.com.cn，2004年6月。

〔註23〕高福進：《洋娛樂的流入：近代上海的文化娛樂業》，上海人民出版社，2003年，第22頁。

時期僅妓業之中就有小班、茶室、下處、老媽堂，或書寓、長三、麼二、鹹水妹、淡水妹、女堂倌、野雞、臺基釘棚等名目繁多的名稱和等級，進入民國之後，各種應招女、女按摩師、「淌排」、舞女、甚至「吉普女郎」紛紛加入色情業的大軍。1917 年，英國有個叫甘博耳（Gamble）的社會學家曾對世界八個大都市的娼妓人數和城市總人口的比率作了一個調查：倫敦 1：906、柏林 1：582、巴黎 1：481、芝加哥 1：437、名古屋 1：314、東京 1：277、北平 1：259 上海 1：137。在《危險的愉悅》一書中有如此的數據：「1927 年的一項估算稱有執照的和無執照的娼妓數字爲 12,000 人，到 1935 年，估計達 100,000 人」，「1937 年，在日本入侵前夕發表的一份英文報告稱公共租界有 25,000 名婦女從事賣淫活動，也就是說，租界的每 14 名婦女中就有一個妓女。」〔註 24〕妓院成爲特殊的社交場所，名士鄉紳、商賈夥計、政府官員，各色人等都可以公開出入，不以爲恥，妓女嫖客坐馬車招搖過市成爲上海灘上的一大景觀。尤其是四馬路上（今福州路）會聚了大批妓院及煙館、菜館、賭場、商店等相關娛樂產業，形成一個人的娛樂圈，成爲社會的焦點。於是我們看到：「在晚上十點鐘以後，整個的霞飛路，漸漸的神秘化了」，〔註 25〕「從四馬路的小弄堂到大世界的陰影下，擁擠著如漁人的筐裏的魚一樣的腥的女人的肉體」。〔註 26〕所有的娛樂場所都在有意無意地發揮著色情服務的職能，從早期的秦樓楚館到中後期的遊樂場、舞廳、影戲院，無一例外。都市作爲市民提供娛樂，滿足精神享受的同時，又不斷地誘發人們的欲望，將欲望的過度釋放轉化爲放縱。

　　娼妓業的繁榮刺激了近代上海文化消費的畸形發展，也促進了以娛樂消閒爲主要內容的文化載體——小報的誕生和繁榮。第一張小報《遊戲報》就誕生在風月場中，其所記多爲妓女的日常起居。小報自此也帶上了濃厚的情色意味，梁實秋就曾指責小報專門「從事於『性』的運動」，〔註 27〕當時以至後世厭惡小報的主要因由也是謠言、色情與陳腐。以下一段文字，就是一份小報上描繪舞場中的男女的畫面：

　　　　上海的舞場裏，一個方方的或是圓圓的圈子，團團圍圍的數了幾十

〔註 24〕〔美〕賀蕭著，韓敏中等譯：《危險的愉悅——20 世紀上海的娼妓問題與現代性》，南京：江蘇人民出版社，2003 年，第 40 頁。
〔註 25〕梁鐵群：《霞飛路巡禮》，載《新上海》第 1 卷第 7 期，1934 年 4 月 1 日。
〔註 26〕徐蘇靈：《黑眼睛》，載《新上海》第 1 卷第 2 期，1933 年 11 月 1 日。
〔註 27〕秋郎：《小報》，收入《罵人的藝術》，新月書店，1927 年版，第 65 頁。

個如花如玉的女人，靈活的眼珠，烏雲一般的髮，楊柳的腰，櫻桃的嘴，雪白的酥胸，粉紅的臉，彎彎的眉毛，象牙的鼻……長的苗條，矮的玲瓏，瘦的纖小，胖的有趣，他們一個個端正，有春風般的笑容，斯斯文文的坐著，等著舞客選擇和購買，……她們決不會拒絕，摟著他底腰，貼著她底肉，把你底二隻大腿伸在她底股間在光滑的地板上作各式各樣的迴旋，……你可以說一兩句輕薄的話，來挑撥她底春情，她至多只用蔥般的玉指，在你背心上，捏那輕輕的一下，但那輕輕的一下，非但不痛，而有趣，看見她那左右擺動會得起波浪紋的臀部，你便可以聯想到她昨天晚上和男人家睡覺的浪態來，你還可以想，盡荒唐的想，……這些權利，只要四角小洋，都可以完全買到，比打茶圍還合算。……音樂的旋律卷去了疊疊的紙幣，翩躚的腳步催老了少女底青春，他們互相擁抱著在五色的燈光下浮沉，毫不猶豫的拼命的享樂著現在。〔註28〕

十九、二十世紀的上海是一個世俗意識漸次成熟的都市，消費與欲望連帶發揮效用，也大大促進了感官娛樂文化氛圍的興盛。正是上海城市近代化的發展，商業經濟的繁榮，市民階層的擴大，為近代上海小報的生成、發展和繁榮提供了廣闊的市民基礎和文化市場。

二、西方娛樂方式及其娛樂精神的輸入

「十里洋場」「上洋」均是舊上海的別稱，一個「洋」字，道出了上海與西方的關係。上海在近代中國的確是一個異數，它是在西方殖民者的堅船利炮的逼迫下被迫洞開的，而開埠後隨著租界的建立，西人的定居，西方的休閒娛樂方式也被帶進了租界。最開始只是洋人們和少數中國人的娛樂，但由於租界華洋雜居的現實，使得一些中國居民也能參與其中，經過市民的拒斥、驚異、認同和仿傚的，終由上層漸漸滲入民間，最終成為大眾化的休閒娛樂活動。

最早吸引中國市民興趣並參與的，是西人的賽馬活動。緊接著洋戲、幻燈、影戲、雜技、馬戲、彈子等娛樂項目，也漸次進入傳統的文化消費空間。在新世界、大世界等綜合性的遊樂場，就有著這些西式的娛樂方式的身影，

〔註28〕萍子：《跳舞場》，《社會日報》1934 年 1 月 21 日。

甚至成為許多中國人的消閒娛樂的首選。有學者高福進在《洋娛樂的流入：近代上海的文化娛樂業》一書中就指出：「20 世紀初期以後，中國人逐漸成為一些娛樂項目主要的消費者。至 20 世紀二三十年代，多數娛樂項目主要是華人在消費，如電影業、舞廳、戲院、公園裏主要的娛樂以及多數體育項目等。」〔註 29〕

隨著娛樂方式的變遷，西方的世界觀、人生觀、價值觀隨著晚清近代社會的風氣作用於都市的心理，對上海的社會和文化產生極大的影響。如在西方人提倡男女平等的觀念影響下，上海男女情侶逛馬路，也成為青年男女的休閒方式，舊上海的南京路上好像突然出現了許多手挽手的情侶們；外灘附近也成為情人們聚會的最佳場所。1939 年 10 月的《上海生活》上曾刊載了的一篇因逃避戰亂初到上海的難民的觀感：

> 不到上海，不會知道男人和女人關係是這樣的密切，我每次到公園
> 裏去，總看見遊人中多半是一男一女的緊緊相隨，採取一對一政
> 策，一個綠鬢修蛾的，粉臉朱唇的，高跟絲襪的，花枝招展的新女
> 子，跟著一個油頭粉面，西裝革履的年青人，且行且笑，或手臂相
> 挽，或偎依相親，目下無人，顧盼自雄，這種樣子，在內地一定要
> 給人當著話柄，說這是肉麻當有趣，但在上海的青年男女之間，如
> 果不這個樣子，則未免覺得太煞風景，太美中不足，太孤寂寒酸了。

〔註 30〕

年輕男女在公眾場所如此親密，這種表現對傳統性別意識的震撼是毋庸置疑的。

上海對西化的生活和娛樂的追求，還體現在西化的摩登的衣飾和時尚上，以及對在西化的摩登生活方式的追求和享受上。咖啡館是上海上層社會人士體驗現代生活的休閒公共空間，這種西方生活方式的傳入使上海的夜生活充滿了現代情調。美學家張若谷就這樣描述道：「坐咖啡館裏的確是都會摩登生活的一種象徵，……慢吞吞的呷著濃厚香醇……的刺激液質，一壁傾瀉出各人心坎裏積蓄著的甜蜜，彼此交換快樂的印象，有時在紅燈綠酒之下，對面坐了一個十七八歲的少女，向他們細細追述伊的已往的浪漫事迹，輕聽

〔註 29〕高福進：《洋娛樂的流入：近代上海的文化娛樂業》，上海人民出版社，2003 年，第 11 頁。
〔註 30〕徐大風：《上海的新印象》，《上海生活》1939 年 10 月 7 日，第 17～18 頁。

一句兩句從鋼琴和提琴上發出來的旋律……」。〔註31〕小報《福爾摩斯》上有一篇文章則是如此描述:「北四川路雖沒有南京路來得響,熱鬧情形,尤其是在夜裏十二點鐘敲過以後,在那熱鬧之中,還帶著一些狂漫和神秘的色彩呢。……櫛比鱗次的咖啡店,門前裝著火焰齊吐的電炬,隔著薄薄的紗牌,隱約可見一雙雙的舞侶,挽著臂,踏著腳,翩翩的舞著,還和著抑揚的音樂,使人們的心靈,都陶醉在這靡靡之音,婉曼的紅妝,殷勤的翠袖,傾著芬芳而又甜冽的佳釀,一滴一滴的灌溉著,把那一般枯燥委靡的青春苗口都蓬蓬勃勃都怒茁出來。……這種快樂的場所,簡直是狂曼憔悴青年的世外桃源,不能算是墮落之窟吧!」〔註32〕

隨著西方娛樂方式及娛樂精神的輸入,追求人生享樂的都市之風也構成了近代上海「文明」的重要人文景觀。上海人的生活方向改變了,洋氣襲入了骨髓,致使帶有洋味的東西成爲了一種時尚,否則就是不入世俗,未感風化。傳統的道德概念逐漸被稀釋乃至消亡,金錢、欲望、妓女並未以貶的寓意出現,倒是顯得與眾不同,身價倍增,成爲自然和時尚的摩登標籤,流光溢彩。所有的娛樂項目都帶上了情色的意味,所有的娛樂場所也都在有意無意地發揮著色情服務的功能。我們且以電影院、舞廳這兩項經西方傳入且在當時最爲風行的娛樂爲例,來探索這些娛樂的色情化。

交誼舞是在晚清時隨著西人傳入上海,但是一直囿於洋人的夜總會、俱樂部之中,直到 1920 年代才在中國人的生活中出現,一開始也被認爲「交際舞在中國是奇事一椿,比無毛的雞和生角的馬更能令人驚愕」〔註33〕。到1927 年,有舞女伴舞的營業性舞廳巴黎舞廳開業,跳舞成爲一種時髦的活動,變成了時髦男女白相的好去處,也成爲他們歐化生活的消遣。「歐化便是時髦。時髦朋友一定喜歡白相跳舞場,逛舞場的一定時髦」。〔註34〕舞廳生意逐漸興隆,於是大華、新新、爵祿、月宮等舞廳乘時崛起,至 1928 年不到一年的時間裏,上海的舞廳就已經達到三十幾家之多。於是這個受西方影響後普遍開設的男女公開社交的娛樂場所,迅速成爲演出男女悲歡離合的喜劇、以及釀成女性淪落風塵的情色之地。「跳舞固交際酬醉之唯一佳事,

〔註31〕 張若谷:《俄商復興館》,《戰爭、飲食、男女》,上海:良友出版公司,1933年,第 143、146 頁。
〔註32〕 《燈光底下的北四川路》,《福爾摩斯》,1929 年 5 月 11 日。
〔註33〕 王了一:《跳舞》,《自由論壇周報》1944 年 9 月 15 日。
〔註34〕 萍子:《跳舞場》,《社會日報》1934 年 1 月 21 日。

且亦有藝術存矣。然環顧吾國之跳舞，誰以之為藝術耶？交際耶？酬醉耶？一言以蔽之，縱情聲色耳！儂薄者流，且以之為獵豔之場，尋歡之窟。其在舞榭也，鮮有為跳舞而來者，無非假此以作晉接異性之階，以圖片刻溫馨耳。」〔註35〕而隨著跳舞的平民化，許多中下層舞廳漸漸淪為墮落的場地，變相的高級妓館。一位小報文人這樣寫道：「在這小舞場裏，跳舞時間比大舞場裏有時會長上二倍，而很稀淡的幾對紅綠紫燈，卻會很多次關著，這是要你更熱心一點啊，因為你可以去摸舞女的奶，吻舞女的頰，甚至香舞女的嘴，這些盡是隨便的。」〔註36〕另一位小報文人也饒有興致地描述了舞女的賣淫現象：

> 在早晨，跑過虞洽卿路，各大飯店門口看見舞女頭髮蓬鬆，雙頰絆紅，或者睡意惺忪，一定的，她在昨晚是辛苦了一夜。小花園的一帶是造成性交的場所，往往有許多舞女因為了幾雙皮鞋，犧牲了褲帶。冰淇淋、酸梅湯、刨冰等冷飲品，舞女們最好少吃，要知道這東西是告訴客人，我的身浪來不來，這樣桃色毛病就發生了。〔註37〕

而作為戲劇演出的脫衣舞表演，也常常在舞場和劇院上演。這類表演往往還有一個名義上的故事，1938年上演的《野人襲擊美女》，就在小報上人登廣告，稱有「紅種印第安蠻人和裸露的女郎」。1939年上演的舞劇有《夏夜露天浴》、《我想幹那事》、《沉悶的春日》、《神聖的玉體》、《四馬亂奔》、《貞女的酥胸》、《桃紅色內褲》、《巴黎夜生活》、《她的褲帶》、《讓我們寬衣吧》等，並且這些表演都在各種中文小報上刊登廣告或者有報導，這些廣告或報導寫得十分詳盡和露骨，以至形成黃色文學的別類，以至激怒公共租界當局。〔註38〕這股風潮甚至延及到戲曲舞臺，在1930年1月25日，丹桂第一臺在推薦其新劇《驚天動地》時，在報紙上大做廣告，介紹所謂的香豔情節。如介紹第5部分深宮豔夢時這樣寫道：

> 風流皇帝偏多風流事，一天，宣帝為著在正宮內三天未曾安睡，想到西宮來偷安一夜，那知這夜較正宮裏還要不安，竟然夢遊儸人洞，洞深里許，內有亭臺樓閣，四面青松蔽天，幽靜之致，閣內有美女

〔註35〕劍厂：《望越樓雜綴》，《小說日報》，1941年3月6日。
〔註36〕丁白告：《話小舞場》，《時代漫畫》，1934年2月。
〔註37〕舞客：《舞人之言，言必由衷》，《小說日報》，1939年8月17日。
〔註38〕〔美〕賀蕭著，韓敏中等譯：《危險的愉悅──20世紀上海的娼妓問題與現代性》，南京：江蘇人民出版社，2003年，第61頁。

十人，半裸其身，載歌載舞，若穿花蝴蝶，非但宣帝看了，要心神
搖蕩，恐怕觀眾看了，也要魂消魄散。〔註39〕

上海電影大約在 20 世紀初引入，到了 20 世紀二三十年代，看電影幾乎成為
上海人必不可少消閒娛樂方式，欣欣向榮的電影業因而成為熱門的大眾娛
樂、休閒行業。隨著經營者對獲取更大的經濟利益的追求，為了吸引更多懷
有獵奇心理的市民大眾的目光，從而刮起了一股影響甚大的情色之風。如曾
經遭禁的美國影片《墮落之路》，百星大戲院將之更名為《風月寶鑒》上映，
並大作頗具挑逗性的廣告，還刊出署名寄病的文章《風月寶鑒試映後》，以文
學的筆調敘述和評論影片的內容，為百星大戲院的放映大造輿論：

影片敘述兩少女，青春正盛，而空閨寂寞，偏偏父母都沉醉於肉的
生活裏面，本來已感受著無限的寂寞，父母的生活更反映了自己的
清冷，再益以閱讀了關於性的不正當書籍，一顆活躍的心，還能羈
絆得住嗎？正在渴求性的安慰的當兒，是最易被異性誘惑的，少女
終於被惑了，起初免不了蜂蝶雙飛，隅隅話情，後來辛由靈的感觸
進而為肉的交換，雖然肉的感受已經滿足，但是處女的寶藏喪失了，
處女的稱號失去了，以後更屬遭法律和墮胎的痛苦，墮入人間地獄
而操皮肉生涯，一朵燦爛的花被踩躪得多麼可憐啊……事情是很平
常，尤其是在萬惡的上海，更覺是司空見慣不足為奇，但是，因為
不足為奇，所以上海墮落的男女們，尤其是女學生們，也就特多，
這是何等不幸的事啊……聽說租界當局因此片描寫肉欲地方過於明
顯，認為暴露西人弱點，禁止開演，本埠百星大戲院主人以為肉欲
地方雖覺過顯，但尚不失為家庭教育影片，對於現在的社會，可謂
痛下針砭，不愧為目今的照妖鏡。〔註40〕

文章貌似批判社會的醜惡現象，然而遍佈誘惑、肉欲等肉感、香豔的字眼，
卻使得其更像是一則影院招攬顧客的廣告。同樣，中央大戲院開映《荒唐戀
愛》，其廣告稱：「此片劇情非常奇突，以不正當戀愛為世之訓誡，形容男子
為情所誤，忘形而為荒唐之事，林立盡致，德國影片以愛情香豔為目標者，
當推此片為第一，前次在某影院公映時，當局有禁止兒童往觀之舉，足見此

〔註39〕《新聞報》，1930 年 1 月 23 日，第 4 版廣告。
〔註40〕寄病：《風月寶鑒試映後》，《申報》，1929 年 4 月 18 日。

片於男女情愛上之描寫，自有驚人之優點，非接吻摟抱可盡其意也。」〔註41〕同樣的還有 1929 年 5 月 2 日北京大戲院開映的《漢中情血》、5 月 5 日好萊塢大戲院開映的《春宵一刻值千金》、6 月 22 日中央大戲院開映的《白璧之愛》、1930 年 1 月 16 日光陸大戲院開映《醫生之秘密》、1931 年 3 月 1 日新光大戲院開映的《惡魔與女性》以及《埃田樂園》、《蕩婦愚夫》、《孝子豔婦》、《夜之花》、《紅髮女郎》、《一夜纏綿》等等，不勝枚舉。一時間，男歡女愛、酥胸玉臂的鏡頭充斥銀幕，大大衝擊著觀眾的視覺，進一步推動了上海情色文化的興盛。

第二節　上海小報的概況

一、上海小報的發展流變

　　上海小報是流行於清末和民國時期，以休閒為主、講求趣味性的小型報紙。從 1897 年李伯元在上海創辦《遊戲報》起，至 1952 年《亦報》的停辦，小報的發展經歷了 50 多個春秋，總數達一千餘種以上。類別也是千姿百態的：有文學文藝類小報，有花報和戲報，有社會生活報，有揭載內幕秘聞的小報，有綜合性小報，也有部分的黃色小報。小報與上海息息相關，是上海都市近代化進程的產物，近代上海商業的繁榮、娛樂業的興盛以及近代報刊的誕生和發展、租界寬鬆的政治環境以及文化市場的繁榮為小報的誕生和發展提供了廣闊的市場和消費文化氛圍；同時，近代上海印刷業的發展也為小報的繁榮發展提供了深厚的物質技術前提。

　　「小報」的稱謂雖然最早可追溯到明清之際，但近代新聞史上的小報概念顯然是隨著近代報刊的發展而出現的。現在能夠查到的近代意義上的「小報」一詞的最早提出者是姚公鶴，他在 1917 年發表的《上海報紙小史》，在篇尾的「公鶴附誌」提到：「本篇為記述上海華文各日報歷史，故各西報、各華文小報（戲報、花從報，普通名之曰『小報』）、星期報、季報、年報、不定期之專門藝術報不與焉。」〔註42〕小報，顧名思義，首先在其篇幅小。戈公振在《中國報學史》就認為「與大報副張頡頏者有小報，以其篇幅小故名。」

〔註41〕《中央今日開映荒唐戀愛》，《申報》，1930 年 3 月 1 日。
〔註42〕姚公鶴：《上海報紙小史》，《東方雜誌》第 14 卷第 12 號，1927 年。

〔註43〕小報與刊載新聞的大報的不同，張君良歸納爲，「大報用正面或直視的方法觀察社會，小報用側面或透視的方法來觀察社會」，「大報多硬性新聞」，小報「以軟性爲多」，「大報的新聞重時間性，小報的新聞偏重超昧性」。〔註44〕1934 年《申報》上國民黨中央宣傳委員會發佈的《解釋取締小報標準》，也指出「所稱小抵係指內容簡陋，篇幅短少，專載瑣聞碎事（如時人軼事、遊戲小品之類），而無國內外重要電訊記載之類報紙」。〔註45〕小報文人自己在對比與大報的區別時，對小報作出過這樣的界定：

> 什麼叫做大報，什麼個區別似乎是很有界限的。紙張大的、多的就是大報，反之就不咧。專門記載點零碎趣聞，插渾打科，鬧鬧頑意兒，甚至於韓莊的秘密、性生活的變態等等，也不妨赤裸裸地連篇累牘的登載，這就是所謂小報啊。照這個界限講，小的決不能大，大的也未必至於小。如果要小而大之固然很難，大而小之也不成個樣子。不過報紙的精神，不是印版式的大之所以大，小之所以小，其間也有許多的分別。當然不必不倫不類的從尖字上走，可也不能亦步亦趨的跟著別人家學。怎樣的不能跟人學呢，這的確是個問題。
>
> 小大之間，各自做去罷。〔註46〕

當代新聞史學者秦紹德將近代小報定義爲：小報是一類篇幅小、刊載趣味性消遣性內容（包括新聞、軼事、隨筆小品、文藝小說等）爲主的報紙。〔註47〕這樣的界定無疑是相當準確的。

　　從 1897 年至 1952 年，小報的發展經歷了 50 多個春秋，隨著上海城市化的進程以及上海市民文化生活的發展變化，小報的發展也經歷了大致三個時期的變遷。

　　第一個時期是從晚清到民初的小報發軔期，具體是從 1897 年《遊戲報》的誕生到 1919 年 3 月《晶報》的創刊。其中又可分爲「花報」和「戲報」兩個時期。首先是「花報」時期（晚清）：隨著李伯元《遊戲報》的創刊，其他的小報也如雨後春筍般地湧現，有鄒弢辦的《趣報》《通俗報》、李伯元后來辦的《世界繁華報》、孫玉聲辦的《采風報》《笑林報》、李笠仙創辦的《寓言

〔註43〕戈公振：《中國報學史》，上海：商務印書館，1928 年，第 201 頁。
〔註44〕張君良：《海上小報泛論》，申時電訊社十年紀念刊《十年》第 178 頁。
〔註45〕《解釋取締小報標準》，《申報》，1934 年 1 月 16 日。
〔註46〕鏡水生：《報之大小問題》，《人間地獄》，1926 年 1 月 3 日。
〔註47〕秦紹德：《上海近代報刊史論》，上海：復旦大學出版社，1993 年，第 134 頁。

報》《春江花月報》《及時行樂報》《方言報》、《飛報》《支那小報》《蘇州白話報》《花天日報》《花世界》《捷影報》《娛閒日報》、笑笑主人主編的《笑報》、《演義白話報》、高太癡主編的《消閒報》等等,但這些小報「都是旋起旋僕,為時無多,只有遊戲、笑林、繁華三家支撐最久」。這些小報風格消閒,充斥著大量的花邊新聞和遊戲文字,「大致都為專記妓女起居、嫖客生活,戲館京角等等」,〔註48〕所以此一時期的這類文藝小報在當時也被稱為「妓報」、「花報」或「花叢小報」,有「花國春秋」之譽。這些小報主辦者多為活躍於十里洋場中的傳統文人,他們流連於書寓、妓院,十里洋場的風花雪月,士大夫的徵歌逐酒,雖然也以嬉笑怒罵的遊戲文體諷刺時政,但更多是里巷瑣聞以及嫖經花訊之類,大量軟性文字充斥小報版面,充分體現了江南士大夫傳統文化與世俗文化融合,成為晚清市民文化的特徵。其次是「戲報」時代(民國初年):此時,隨著遊藝場的興起,上海的小報發生了新的變化,遊藝場小報應運而生。第一張游藝場小報是海上漱石生主編的《新世界報》,其他的還有《大世界報》、《勸業場報》、《新舞臺報》、《天韻樓報》、《樂園日報》、《新新日報》等。這些戲報主要特色除了替遊藝場作宣傳之外,還刊載一些小品文和文化娛樂新聞,增加了趣味性,趣味主要來自「遊戲」、「滑稽小品」等內容。這一時期以遊樂場為中心的一大批小報文人如張丹斧、姚民哀、劉恨我、王小逸、有澹安、朱大可、戚飯牛、奚燕子、尤半狂、何海鳴、許指嚴、駱無涯、包天笑、鄭逸梅、周瘦鵑的聚集,成為日後小報發展繁榮時期十分活躍的編撰主力。總之,在小報的發軔時期,由於現代都市還未成型,文化商業機制初具規模,這一時期的小報呈現出商業性和士大夫文化雜蹂的底色。

第二個時期是小報的繁榮鼎盛期,從 1919 年到 1930 年,以 1919 年 3 月 3 日《晶報》的誕生為標誌。《晶報》有「小報巨擘」之稱,從創刊到 1940 年停辦,歷時 21 年之久,是近代上海小報界生存時間最長之一種,它的誕生和發展帶動了上海小報的繁榮和興盛。《晶報》承繼了晚清小報的消閒娛樂性,但又別於晚清純粹的文藝和花界逸事,而融知識性、娛樂性、趣味性於一爐。它的欄目設置新穎,有「歌舞場」、「衣食住」、「鶯花屑」、「新常識」、「花界叢談」、「風俗談」、「字紙簍」、「燃犀錄」等,內容十分豐富,文章短小精悍,文字多為嬉笑怒罵,諷刺挖苦,深受讀者喜愛。時人有評:「自從晶報一出世,小報界開一新紀元。材料重趣味,編輯尚新穎,於是銷路大增,小報

〔註48〕 胡道靜:《上海新聞事業之史的發展》,上海通志館,1935 年,第 60 頁。

也多起來了，社會上對於小報，也大有非看不可之勢了。今日小報界的地位，可以說是晶報造成的。」〔註49〕《晶報》的創刊，掀起了上海創辦小報的熱潮。「20年代爲三日刊的出版高潮，模仿《晶報》的內容、版式的綜合性小報，多達60多種。」〔註50〕到20年代後期，小報數量更是以驚人的速度增長，當時有過這樣的統計，「在近三年裏面，市面上的小報，一共發現過七百四十多種」。〔註51〕馬光仁也指出，「在20年代末30年代初，上海先後出版的小報竟達700多種，幾乎占上海小報史上總量的3／4」〔註52〕。可見其時小報發展的盛況了。其中最爲著名的是與《晶報》齊名的《金剛鑽》、《羅賓漢》、《福爾摩斯》四家小報，當時被譽爲小報界的「四大金剛」。除此之外，影響較大的三日刊小報還有《海報》、《光報》、《大報》、《報報》、《上海夜報》、《錦報》、《龍報》、《大晶報》、《福報》、《新春秋》、《上海灘》等。這一時期還出現了一股小報中的黃色濁流──橫報潮。這一時期小報的繁榮，一方面與近代上海商業經濟及文化市場的繁榮相關；一方面也與當時的社會文化歷史大背景有一定的聯繫。有人總結說，「民元以來，戰禍頻仍，民眾厭戰久矣。……對政治問題的不感興趣，這是我國人普遍的特性，多數讀者皆因讀大報而不能厭其欲望，遂不得不求別種有時間性的讀物來補充其不足，小報適能應此需要，於是光怪陸離的小刊物，應時崛起，風行社會了」。〔註53〕

第三個時期是小報的衍變和下降期，從1930年直到1952年。其中又可分爲衍變和下降兩個時期，大致以1937年八一三抗戰爲分界。上海小報經過20年代發展達到鼎盛以後，自30年代開始，進入了發展平緩的時代。此時期的小報發行的種數急劇下降，「據不完全統計，1931年至1937年，上海出版的小報約近百種，僅及20年代的七分之一。」〔註54〕但是小報的內容和品格有了很大的進步意義，成爲上海小報發展史上的衍變時期。這一衍變是從《社會日報》開始的。《社會日報》的改革有二：首先改變了以往小報主要以消閒文字招徠讀者的方式，而注重於新聞報導和言論，專載大報不登的社會新聞，

〔註49〕載《晶報》，1933年3月4日。
〔註50〕秦紹德：《上海近代報刊史論》，上海：復旦大學出版社，1993年，第146頁。
〔註51〕臨時：《上海小報記者之職業分析》，《海報》，1930年10月3日。
〔註52〕馬光仁主編：《上海新聞史》，上海：復旦大學出版社，1996年，第696頁。
〔註53〕中堅：《時代產物的小報》，《金剛鑽》1927年10月20日。
〔註54〕祝均宙：《上海小報的歷史沿革》，《新聞研究資料》第42輯，中國社會科學院出版社，1988年。

報告「讀者中關心最注意最新發生之社會新聞」，以及不易探集的重要新聞。其次，小報歷來是舊文學的陣地，與新文學壁壘分明，《社會日報》主編陳靈犀有意將小報和新文學的聯繫打通，刊載新文藝作家的作品，如曹聚仁、鄭伯奇、徐愁庸、柯靈等都曾爲《社會日報》撰文。《社會日報》的成功轉型，引起起了市民和社會的重視，銷數激增至兩萬多份，上海的小報界開始向著新的更有意義的方向轉型。而 1935 年 9 月創刊的《立報》繼《社會日報》之後給小報界造成更大的衝擊波。《立報》人稱「小報中的大報，大報中的小報」，其創刊旨在將之辦成普通市民的大眾小報，它有兩個辦刊口號，即「報紙大眾化」和「以日銷百萬爲目的」，致力於使《立報》深入民間，「要顧到各種社會讀者的需要和程度」，認爲小報應當使家家可讀，人人可讀，認爲「到家庭去」，是辦小報者的一條大出路。〔註55〕30 年代上海小報的發展轉型與時局緊密聯繫著，是國際國內政治局勢和軍事格局的變化，促進了小報內容和風格的轉變。小報的下降期是從 1937 年淞滬戰事爆發開始的。「八—三」淞滬戰役以後，上海小報一度絕迹，上海淪陷以後，租界成爲孤島，小報才陸續出現。此時比較有亮色的小報有《力報》、《小說日報》、《光化日報》、《海報》，其他的還有《彙報》、《捷報》、《文華報》、《上海世界》、《怎報》、《民強報》《竹報》、、《大報》、《國報》、《鳴報》、《小報》等創刊。而此時創刊的另有一些小報如《桃色新聞報》、《針報》、《花世界》、《香報》、《洛風》、《桃花日報》、《銀都日報》、《舞星日報》等，多刊登一些淫穢色情的小說，格調比較低下。到日本無條件投降後，上海小報「只有金雄白創辦的《海報》與《平報》和《東方日報》三家」〔註56〕了。以後雖有大約八十多種小報復刊和創辦，但已是強弩之末。到 1952 年 11 月 20 日，唐大郎主辦的《亦報》停刊，上海小報在歷經喧囂之後，終於落下了帷幕。

　　近代上海小報從晚清的花報，到商業性的遊戲場報，再到綜合性小報的出現，其發展演變無疑都和上海都市化進程中商業繁榮和娛樂業的發達緊密相關，同時也反映了市民文化的轉變和發展過程已經市民意識及文化趣味的轉變，凸顯出中國近現代市民文化，不斷地被市場交往規則異化，越來越顯示出大眾消費文化的特徵。

〔註55〕秋塵：《談小報》，《立報》，1935 年 9 月 22 日。
〔註56〕祝均宙：《上海小報的歷史沿革》，《新聞研究資料》第 42 輯，中國社會科學院出版社，1988 年。

二、上海小報的性質及文化定位

（一）小報的性質特點

新聞史家趙君豪界定小報性質時說：「小報性質，與大報容有未同，籠統言之，無非描寫社會間有趣味之事件，以供各級人士之消遣。」〔註57〕大報以重大的政治、軍事、經濟新聞為主，文藝為輔；而小報卻與之相反，以登載文藝作品為主，新聞為輔，是以「遊戲」、「消遣」為主體內容的文藝性的報紙。因此，小報上大量小說、隨筆、遊記、小品文、新舊體詩詞、掌故、社會知識和生活話題等五花八門的內容，它們把小報裝扮得十分繁雜，也顯得十分熱鬧。40年代小報的編輯們就曾自陳：「小型報的取材是多方面的，包羅萬象」，「上下古今，無所不容」，足以「代表上海地方的人情風俗」。〔註58〕作為消遣娛樂性質的小報，其大眾文化特徵就表現在它的趣味性和通俗性上。為了滿足市民生活的娛樂和消閒需要，為了滿足市民階層精神訴求和欲望的需要，趣味性成了其主要特色之一，有人總結說，上海小報「本身的價值，是站在趣味一層」〔註59〕。

小報作為民間化的兼具同人性質的商業報紙，要在高度商業化的都市上海生存，決定了它必須要適應文化市場的規律，適應報業之間的激烈競爭以及市民階層的興趣的轉換。因此，小報的發行具有明確的商業目的，從追求商業利潤出發，它必須迎合讀者，貼近市民生活，所寫的大都是市民的世態，衣食住行，柴米油鹽，人際關係、集中於「食色」二字，當然也就免不了會媚俗。事實上，小報一直最受人詬病的，就是其濃厚的色情意味，字裏行間充滿了赤裸裸的情欲、肉欲、色欲、性欲的撩撥，梁實秋就曾指責小報專門「從事於『性』的運動」，他說「我們平常看大報，像是和太太談天，她老是板著臉，不是告訴你家裏錢不夠用，就是告訴你家裏兄弟吵架，使你聽得膩而且煩。偏是翻翻小報看看，她會嬉皮笑臉的逗著你玩。姨太太逗著你玩，使你笑眯眯的開心，我羨慕你；姨太太稍微不規矩一些，出言稍微欠莊重一點，我原諒她。但是一位姨太太若像現今上海的一般小報似的，開口『曲線美』，閉口『青筋美』，千方百計的引誘你到她身上去消遣，不消幾天使你神志萎靡肌骨消瘦，對於這樣的姨太太，我便時常露出一種不很恭敬的態度。」

〔註57〕趙君豪著：《中國近代之報業》，申報館，1938年，第157頁。
〔註58〕《上海的小型報文化》座談會記錄，載《雜誌》，第11卷第6期，1943年。
〔註59〕學銓：《一年來本報之面面觀》，《大晶報》1929年5月21日。

〔註 60〕梁實秋的話生動地表達出了讀者的真實感受：小報固然有趣，但彌散其中的色情氣息的確讓人窒息。40 年代的女作家蘇青，曾被潘柳黛諷刺，因為蘇的作品在小報上刊載較多，如她的短篇小說《魚水歡》就登載在 1947 年 4 月 6 日《力報》的創刊號上。潘這樣諷刺蘇說：「女作家中，寫小型報稿子，蘇青最有噱頭，因為她有『性』文藝作風」。阿英的《晚清小報錄》中也談到「若果不談『風月』『勾欄』，這些小報在當時就不會存在了，就會失去物質基礎了。這正說明了這類小報，是半殖民地都市生活，和封建地主生活結合起來所孕育的，具有特徵的報紙。也正反映了當時半殖民地的買辦階級、洋場才子、都會市民和官僚地主一些沒落的生活形態。這些報紙，是起了推波助瀾作用的。不過，我所著錄，卻是為著另外一面，就是這些小報，同時也揭露了當時的社會黑暗，抨擊了買辦、官僚以及帝國主義，奠定了晚清譴責小說發展的基礎。為報學史補闕，也就是從這些意義上來補闕。」〔註 61〕

　　小報為迎合市民讀者的口味，將休閒性作為本位，表明了一種大眾媒體的文化姿態，是市民文化在商業文明吹拂下發生異化的必然結果。其濃厚的商業性必然帶來低俗的趣味性的流弊，使本應與現代精神聯成一氣，包蘊著平等、自由、契約、競爭等現代的價值觀念市民文化的先進性被遮蔽了，而混同於大眾文化。大眾文化是消費社會的產物，具「流行、瞬間即逝、唾手可得、成本低廉、大量生產」、「詼諧而帶點話慧、撩撥性欲、玩弄花招而顯得俏皮、浮誇」〔註 62〕等特質。因此，這種趣味性只能供市民一時的消遣，排解一些壓抑，宣泄一些積鬱，不能陶冶人的情操，不能提升人的精神。

　　對於小報寄情風月，迴避政治的現象，其實還有小報編輯、文人群體在晚清到民國政治局勢風雲際會之時，對於政局的失望而產生的冷漠以及對政治風險的迴避。包天笑就說，小報「第一是不談政治，所謂國家大事，概不與聞。所載的不過是街談巷議，軼事秘聞」〔註 63〕一小報發刊詞就如是說：「稱雄號霸，書生無能也。數籌執斧，未之習也。閒暇無所事，轉不如戀情風花

〔註 60〕梁實秋：《小報》，選自秋郎《罵人的藝術》，1927 年，新月書店初版。

〔註 61〕阿英：《晚清小報錄》，選自《晚清文藝報刊述略》，古典文學出版社，1958 年，第 50 頁。

〔註 62〕〔英〕阿蘭·斯威伍德著，馮建三譯：《大眾文化的迷思》，臺北：遠流出版公司，1993 年，第 7 頁。

〔註 63〕包天笑：《釧影樓回憶錄》，香港：大華出版社，1971 年，第 445 頁。

雪月，寄意清歌長舞。灑灑幾點墨，管什麼世理紛爭。」〔註64〕《光報》面對質疑坦言道：「往往拿起筆來，很想爽爽快快的說幾句愛國話，一吐那久蘊在胸中的積鬱，怎奈我們託足在人家的屋檐之下，那裏得任你自由，如果你要說愛了國，說不定輕輕加上你一個過激的罪名，可憐我們那裏擔當得起，自然我們只好談風月了。」〔註65〕《金剛鑽》報甚至以小報談政治爲小報的末日，稱：「小報本來是只談風月的，現在卻有人利用他作爲宣傳政治的利器，……吾想小報的末日要到了。」〔註66〕因此，小報「有口不談國家，寄情只在風月」，顯示出小報文人對於政治的無奈。

（二）小報的文化定位及受眾分析

上海小報之所以能夠延續半個多世紀，與其有著廣泛的讀者基礎密切相關。小報多爲營業性質，其社會地位和經濟勢力與大報相比，眞如天壤之別，讀者的擴大是小報生存的根本前提。小報以其民間化的經營模式，能夠在高度商業化的都市上海生存，決定了它必須要適應文化市場的規律，以適應報業之間的激烈競爭以及市民階層的興趣隨著社會形勢的變化而發生的轉換。這些都促使了小報的辦刊宗旨必須向市民大眾方向位移。上海小報自我定位爲大眾文化的平民讀物，以其消閒、娛樂功能，滿足不同市民階層的文化需要，這是其自覺的文化選擇。有研究者指出：「小報從晚清時期主要屬於有錢有閒人的文化消遣品，發展到 20 世紀 30 年代後期逐步成爲市民大眾的日常文化消費讀物。這種文化定位的轉變也是近代上海小報在商業化都市發展過程中自我生存和發展的必然選擇。」〔註67〕

晚清時期主辦小報的洋場文人大都來自江南的文人學士，傳統的士大夫氣味濃厚，爲文人興趣所使然，所載文章多爲文人之間的詩詞吟唱，以及對於時事政治的點評「首論」和妓院的妓女花事新聞，尤以名士風情、花叢豔事爲腦，以展示其才子佳人式的交遊風習。於是評花、品菊之類文字充塞版面，妓院消息、當紅妓女生活動態更是小報的主題。被時人評價爲「文人好事，遊戲三昧」。〔註68〕因此，此一時期小報主要是迎合都市中產階級的閒情

〔註64〕馬光仁主編：《上海新聞史》，上海：復旦大學出版社，1996 年，第 698 頁
〔註65〕風翁：《只談風月》，《光報》1925 年 6 月 11 日。
〔註66〕濟公：《今年只可談風月》，《金剛鑽》1929 年 3 月 3 日。
〔註67〕洪煜：《近代上海小報與市民文化研究（1897～1937）》，上海書店出版社，2007 年，第 138 頁。
〔註68〕滬老：《小報之回憶》，《社會日報》1931 年 11 月 1 日。

逸致，受眾多為有錢有閒的官僚、富商、士紳等社會上層市民及士大夫文人。楊嘉枯就曾說，「《遊戲報》能適合上層人士、中產階級的興趣」〔註69〕但是，即使是此時，小報平民化的傾向也已見端倪，如《遊戲報》就聲明「意取其淺，言取其理，使農工商賈婦女豎子，皆得而觀之」，〔註70〕以及隨後的《演義白話報》也力求以白話文形式使更多的普通市民能夠接受，並且其對「遊戲」、「趣味」的極力推崇無疑也是對平民文化價值觀念的認同。

　　之後的小報循著市民化、通俗化的軌道繼續發展。「戲報」時期，隨著遊戲場小報商業氣息的逐漸濃厚，小報的接受視野逐漸下移，內容逐漸趨向多樣化和通俗化。而20年代以後，隨著都市化進程的加快及文化市場的繁榮，此時的綜合性小報，定位為更廣大的市民階層，其內容也愈來愈以普通市民的日常生活欲求為導向，飲食男女、衣食住行成等了各小報重點關注的對象，而普通市民的文化趣味不斷被高揚。吳福輝先生在研究海派小說時曾指出「海派小說的廣大讀者似含兩個群體：一是鴛蝴派的老主顧們，居住在上海弄堂房子裏的市民，文化程度大約是小學，或通過自修粗通閱讀，他們的趣味是世俗的，可以稱之為石庫門讀者；一是洋場上的工薪階層，包括洋行、銀行、海關、郵政、鐵路的職員，公司雇員，大中學校教員（及學生），以所謂寫字間先生為代表，文化程度在中學以上，文學趣味甚為洋化，也知道些世界的情況，他們住得起公寓（張愛玲描述過公寓生活），可稱為寫字間讀者或公寓讀者。這種高檔市民在中國當時任何一地都構不成通俗讀者群，只有在上海這個連南京路、霞通路大商店招聘店員都要有一般英語會話能力的地方，才擁有這麼多需要在下班時間用軟性讀物鬆弛一下神經的人們。」〔註71〕他的研究，用於海派上海小報也極為貼切。由於這類小報的文化定位得到了廣大市民階層的普遍認同，銷數大為增加。如創刊於1929年的《社會日報》，號稱「小市民的報紙」，文化定位的下移，讀者群的擴大，其發行量也日益上升，超過了二萬份。1935年創刊的《立報》，更是提出了「報紙大眾化是價錢便宜人人買得起，文字淺顯人人看得懂」，以「淺顯通俗的文字，寫出些有益於他們的進步思想和應具常識」。〔註72〕讀者主體是大中學生、寫字間職員、店員

〔註69〕楊嘉枯：《半個世紀的小報》，《檔案與史學》，2002年第3期。
〔註70〕《遊戲報》1897年8月25日。
〔註71〕吳福輝：《都市漩流中的海派小說》，湖南教育出版社，1995年，第29頁。
〔註72〕了了：《向下走的告白》，《立報》1935年11月1日。

以及粗通文墨的中下層市民，小報的受眾完全下移到市民社會的基層，逐漸爲市民大眾的日常文化消費品。

上海小報以其消閒、娛樂的功能，以及「上自國家政治、經濟、藝術、文學的記述批判與討論，下迄社會花絮，街談巷議，彌不刊登」的豐富內容，成爲「包羅萬象的百寶箱」，〔註73〕滿足了不同市民階層的文化需要，受到市民大眾的歡迎。近代上海小報的文化視野實際是處於一個不斷下移的過程中的，在由晚清時期士大夫文人及市民中上層階級逐漸轉向社會中下層市民的文化，這是自覺的文化選擇。這一過程中，其接受者處於不斷壯大中，從政府要員、社會顯達，到海上寓公、買辦官僚，再到一般的職員、店員、工人、普通市民，還有大量的大中小學生群體，都是小報的熱情讀者，甚至還包括不少鄙視通俗文學的新文學作家。如政界階層閱讀小報，一方面是個人興趣，另一方面也將之作爲瞭解市民生活和文化消費、對政府權力的輿論影響等社會功能的窗口，小報的輿論力量成爲政界要人關注小報的重要前提。據傳國民黨要人吳稚暉就很喜歡看小報，並對小報的社會功能有較高的評價，說「補助識字，要算一個至有力量的機關了」，〔註74〕「對小報是無報不看，無報不喜」。〔註75〕1932 年 11 月 6 日上海市市長吳鐵城也曾爲《晶報》題詞曰：「小報之王」。

綜上所述，上海小報自我定位市民階層的大眾文化的讀物，其讀者主體是大中學生、寫字間職員、店員，以及中下階層市民，但同時它又力求自己的讀者範圍不僅僅囿於「中下層市民」，而成爲社會各階層都能接受的讀物。小報擁有廣泛的讀者群體，並且逐漸形成了以小報爲中心的市民文化空間。哈貝馬斯說，「市民階層一開始就是一個閱讀群體」。〔註76〕受眾面的擴大，其公共空間本身也相應地擴展了，上海小報推動了近代上海市民文化的大眾化和平民化的進程。

三、小報中的黃色濁流：橫報潮

20 世紀 20 年代，在上海小報發展的鼎盛時期，出現了一股黃色的濁流—

〔註73〕青白：《小報文藝批評的批評》，《鐵報》1930 年 6 月 22 日。
〔註74〕丹翁：《吳稚老捧小報》，《晶報》1928 年 7 月 12 日。
〔註75〕范敬五：《吳稚暉與報報》，《報報》1928 年 12 月 1 日。
〔註76〕哈貝馬斯著，曹衛東等譯：《公共領域的結構轉型》，上海：學林出版社，1999 年，第 22 頁。

一「橫報」潮。所謂「橫報」指的是樣式上有別於當時普通的直式小報，多用粉紅、綠、淡青和黃色彩紙印行的四開或者八開的小報。橫報也多為三日刊，不僅在形式與《晶報》一類的普通的直式三日刊在樣式上恰好相反，並且內容上多敘述嫖賭吃喝的門檻與黑幕，以及兩性間的離合怪狀。

秦紹德在《上海近代報刊史論》一書中指出，「橫報潮」是「1926 年底至 1928 年中，以《荒唐世界》、《牽絲攀藤》為先導，出版了幾十種橫四開或者八開版式的黃色小報。這類小報專門介紹、傳授在十里洋場吃喝嫖賭的經驗，什麼《嫖學入門》、《嫖的要素》，什麼《花間春訊》、《東洋鹹肉莊》，什麼《賭經》、《性學指南》等等，一些細節的描寫繪聲繪色，文字不堪入目」。〔註 77〕《荒唐世界》是橫報的始作俑者，由報人駱無涯於 1926 年 10 月 5 日創刊，出滿 80 期至 1927 年 6 月 22 日即終刊。《荒唐世界》的發刊詞中即宣稱：「吃喝嫖賭，是狹義的荒唐，這狹義的荒唐，不過是表示一種嗜好，完全無罪惡可言。……（荒唐）乃是發展他人個性，以求得生活上的一種安慰」，「荒唐，這是好字眼兒，並不是壞字眼，一個人荒唐道的資格深，就是他閱世的經驗多」，因此，「如果荒唐閱歷透了，那便看得破，想得穿，放得落，……所以人家要教子弟讀國文課本，我卻主張給子弟讀荒唐經」。〔註 78〕他們公開鼓吹吃喝嫖賭的合理性，大量的介紹、傳授十里洋場的吃喝嫖賭的經驗，什麼「嫖學入門」、「堂子經」、「軋姘頭常識」、「倡門風塵」、「洋涇浜辭典」、「賭窩黑幕」等等，不一而足。駱無涯自己寫了一篇社會小說《如此上海》，共三十回，十六萬字，就在該報上連載。《牽絲攀藤》由有「花界福爾摩斯」之稱的康不駝創刊於 1927 年 2 月 17 日。康常年混迹妓館，主辦過《嘰裏咕嚕》、《五花八門》、《奇形怪狀》、《公樂》等多種黃色小報，並寫過大量的色情稿件，大多是迎合市民庸俗、頹廢的消費趣味之作。因此，他所創辦的黃色小報被時人斥之為「小報末流」和「荒淫別動隊」。

《荒唐世界》、《牽絲攀藤》出版後風行一時，仿傚者如雨後春筍，上海小報界頓時刮起了一股黃色狂風。橫四開小報競出者有《嘰裏咕嚕》、《嚕裏嚕嗦》、《瞎三話四》、《瞎話三千》、《稀奇古怪》、《陰陽怪氣》、《糊裏糊塗》、《七勿搭八》、《落花流水》、《張牙舞爪》、《奇峰突出》、《阿要開心》、《歡喜世界》、《白相世界》、《堂子新聞》、《電燈泡》、《字紙簍》、《千里鏡》《西洋鏡》、

〔註 77〕秦紹德：《上海近代報刊史論》，上海：復旦大學出版社，1993 年，第 149 頁。
〔註 78〕大荒：《荒唐》，《荒唐世界》，1926 年 10 月 5 日。

《新性報》、《情海》、《真開心》等等，不下 70 多種，也有人統計為五六十種之多。〔註 79〕橫八開黃色小報，有《長三堂子》、《小寶寶》、《老門檻》等計有 100 多種。〔註 80〕楊嘉祐在《半個世紀的上海小報》中指出：「到 1928 年，又出了許多以情字為報名的什麼《情天》、《情夢》、《情綿》、《情語》等，到 1929 年又是什麼秘密，《秘密世界》、《秘密西洋鏡》、《真老秘密》等等，1930 年 5 月後，又有一批橫報鋪天蓋地而來，有什麼《荒唐門檻》、《秘密風潮》、《老生活》、《兩性生活》、《荒唐鏡》、《男女間》、《情潮》等。」〔註 81〕這些橫報，報名可謂五花八門，稀奇古怪，聞所未聞，內容上無一不是追求新、奇、趣、怪，大談「五經」，即吃經、煙經、酒經、嫖經、賭經，宣揚一種頹廢的價值觀和人生觀。

啼紅在 40 年代有一篇文章回憶了橫報潮的經過：

> 民十四五間，海上一度風行橫式四開報，時報紙尚未收統治，出版物亦無須登記，以是創辦一種小型報，相當便利，紙價既廉，（每令約三元左右），排印工亦不及現在之半數，能籌數百金，即可作報館老闆甚至齎本僅數十元者，亦有由三五友好湊集而成者，既輕而易舉，聞風興起者遂多如雨後春筍，尤以橫式三日刊為多。此類橫報之內容，大都不堪設想，僅觀其命名，即可知其內容之一斑，如《荒唐世界》，《牽絲攀藤》、《嘰裏咕嚕》、《吉格嚕多》、《瞎三話四》，文字多幼稚欠通，取材則非談嫖經，即將賭學，以及弔膀子，軋姘頭種種門檻，下流社會之黑幕，總之，無奇不有，而以誨淫為主。所可怪者，吾人不欲一觀之報紙，銷數竟出於意外，當時最起碼之報紙，但於白紙上印有黑字者，不問其內容如何，每晨送到望平街，至少以萬計。而愛閱此類橫報者，大都為初中以下之青年學生，商店小職員之類，不特無益，終難持久，所謂「橫報潮」，不足年餘之歷史，北伐以後，即告絕迹。其後雖間有謀死灰復燃者，但均如曇花之一現，辛歸天然淘汰也。〔註 82〕

〔註 79〕鄭逸梅：《民國舊派文藝期刊叢話》，載魏紹昌編：《鴛鴦蝴蝶派研究資料》上冊，上海文藝出版社，1984 年，第 521 頁。
〔註 80〕祝均宙：《上海小報的歷史沿革》，《新聞研究資料》第 43 輯，中國社會科學院出版社，1988 年。
〔註 81〕楊嘉祐：《半個世紀的上海小報》，《檔案與史學》2002 年第 3 期，第 41 頁。
〔註 82〕啼紅：《燈邊話墮——報話》，《小說日報》，1940 年 8 月 23 日。

20 世紀 20 年代橫報潮的出現，有著其深刻的原因。

　　首先，素有「冒險家的樂園」的上海給那些抱著發財夢的人們提供了一個廣闊的舞臺，無數的人在這裏投機發財、從此飛黃騰達。也有一些都市小市民面對時代和社會的動蕩，頓感人生的虛無、前途的渺茫，於是及時行樂的思想到處泛濫，無數的人沉湎於花天酒地之中。而十里洋場商業的繁榮和物質的極度豐富，也帶動了感官娛樂業的興盛，到處是醉生夢死、銷金銷魂的香粉妓院、賭場、煙館，黃色小報無疑是他們尋花問柳沉溺色情場所的指南。「黃色小報完全適應這種墮落生活的需要，爲這種生活服務。黃色小報的出現，也是小報發展的必然。小報的消閒性質與黃色小報鼓吹的內容並無嚴格的界限。原先出版的小報中不乏無聊、黃色的文字。這種內容不加限制，必定發展成專門授受色、欲的報紙」。〔註83〕

　　其次，黃色小報有豐厚的經濟利益可圖。「此報紙，成本既輕，資本亦微，但籌備得數十元，即可出版一報，每期銷一千餘份，不需廣告收入，即足維持，若滿二千份，則且有盈羨」。〔註84〕趙君豪就這樣評價：「各方以小報有利可圖，紛紛創辦，而一般無聊文人，竟藉此爲生財之途徑」。〔註85〕這類小報大多抱著「拼命迎合心理，圖混一二個錢」〔註86〕的方針創辦小報，因此，小報鼎盛時期，「上海小報，橫式真膨脹極了，……生涯很不惡，致一班儈夫走卒，阿貓阿狗，看得眼紅了，你也出一張，我也出一張，你也做編輯，我也做主筆，真是文人多如狗，編輯滿街走了。」〔註87〕

　　第三，橫報潮的興盛，與 20 年代性愛思潮的勃興緊密相關。正如研究者指出的：「黃色小報泛濫的時期，正值現代海派文學的興起和海派文人『性』言論的話語爆炸之時。小報在都市男女關係上，面臨著更開放的時期，它以自己對『性』的理解參與了這場文化『討論』。」〔註88〕一方面，橫報中所反映的男女關係，即使是弔膀子、軋姘頭，常常也打著性愛自由的旗號，反映出 20 年代性愛思潮的影響。但是另一方面，他們大肆張揚的吃喝嫖賭經，卻

〔註83〕秦紹德著：《上海近代報刊史論》，上海：復旦大學出版社，1993 年，第 148～149 頁。

〔註84〕靈犀：《一年來之小報觀》，《社會日報》1931 年正月初三。

〔註85〕趙君豪：《中國近代之報業》，申報館，1938 年 12 月，第 159 頁。

〔註86〕《軟性讀物與提高報格》，《東方日報》1933 年 3 月 9 日。

〔註87〕錢伯盛：《斯文掃地》，《談天説地》1927 年 6 月 1 日。

〔註88〕李楠：《晚清民國時期上海小報》，北京：人民文學出版社，2006 年，第 50 頁。

又與性愛自由、人格獨立相去甚遠，與張競生等主張顛覆「傳統的靈與肉的價值等級關係，也打破了惟有靈魂、精神純潔高尚的價值觀念」〔註89〕的性愛理論的先鋒性更有天壤之別，更多的卻是十里洋場的紙醉金迷、縱情聲色。更爲離譜的是，他們自己大肆鼓吹吃喝嫖賭，卻又大肆攻擊張競生和海派精英文人關於性愛、性美等觀念，特別是張競生，常常成爲小報嘲笑叱責的對象。如一篇題爲《狎妓殷鑒》的韻文，就這樣說到：「世風日下，人心不古，淫風日熾，青年道德，隨之墮落。有如長江大河，一瀉千里。張競生博士提倡性史，措詞淫穢，足以戕害風化，造句纖巧，足以敗壞道德。」〔註90〕彷彿最穢褻不堪敗壞道德的，正是張競生之流，自己儼然成了道德的護衛者。

最後，我們也看到，橫報潮的興盛還與 20 世紀 20 年代那場世界性的黃色新聞思潮有著一定的聯繫。19 世紀末 20 世紀初，黃色新聞最初在美國出現，接著迅即向其他國家和地區蔓延，最終在世界範圍內泛濫起來。19 世紀 90 年代第一次黃色新聞思潮的泛濫以煽情、鼓動和獵奇爲最突出的特點；到了 20 世紀 20 年代的這場黃色新聞思潮，更大力宣揚「性」的誘惑，滿紙色情，「黃色新聞的色情因素，就是從這時開始出現的」。〔註91〕帕特森將《紐約每日新聞》的銷量「建築在大腿上」無疑是對此最好的詮釋。各家報刊更是使盡渾身解數挖掘所謂墮落女性的故事以及種種頗具誘惑的性新聞，「性」公然成爲人們茶餘飯後津津樂道的話題。而這一黃色新聞思潮的泛濫無疑與當時思想界對性壓制、禁欲等傳統性觀念進行抨擊的浪潮是一致的。20 世紀 20 年代中，對傳統性觀念的反叛逐漸轉化成性解放運動，人們的性道德觀念發生了翻天覆地的改變。性開放、性自由思想無疑順應了這一時期性解放運動的要求，因此，對「性」的大力宣揚和鼓吹，對色情繪聲繪色的描述使黃色新聞贏得了廣泛的關注，也迎合了部分受眾的好奇心。如 20 年代的美國，無論是卡羅爾宴會上的全裸舞女，還是「老爹」和「水蜜桃」的浪漫史，之所以能成爲全美耳熟能詳的故事，全仗黃色小報的大肆炒作之功。於是，世界範圍內的黃色新聞思潮再次勃興。同時期中國上海橫報潮的興盛，無疑也是這場世界性的黃色新聞思潮的一個支流。

〔註89〕 李今：《海派小說和現代都市文化》，安徽教育出版社，2000 年 12 月，第 79 頁。

〔註90〕 夢不漁：《狎妓殷鑒》，《囉哩囉嗦》第 9 期，1927 年 5 月 6 日。

〔註91〕 李彬：《全球新聞傳播史（公元 1500～2000 年）》，北京：清華大學出版社，2005 年，第 291 頁。

　　黃色小報的泛濫敗壞了小報的聲譽，給小報界帶來了很壞的影響，終於激起公憤，上海小報界發出「打倒橫報」的口號，進行了一系列的清掃運動。其他小報也紛紛發表文章譴責黃色小報，指責這類小報「既不能消遣，還會引人入下流」，「都是教閱者們成爲一個失足者」，〔註92〕包天笑更是化名胡說博士，在《晶報》上撰文指責《荒唐世界》是「社會之蠹，害群之馬」。黃色小報過於色情和低俗的趣味，也引起當局的注意並受到查封。於是，喧囂一時的橫報潮，到了1928年即漸漸平息，後來雖然也屢有黃色小報沉滓泛起，但都如曇化一現，無論數量還是聲勢都遠不及20年代末的這場橫報潮。

第三節　小報與青樓：花榜、花稿及青樓文化的變遷

　　狎妓冶遊，選豔徵歌，本是中國傳統士人風雅生活的標誌。文士與妓女的結緣是很早的事，而到唐代則開始興盛。「長安有平康坊，妓女所居之地，京都俠少萃集於此，兼每年新進士，以紅箋名紙遊謁其中。時人謂此坊爲風流藪澤」。〔註93〕唐代及第進士「一日看遍長安花」竟成爲與雁塔題名一樣的保留節目，魯迅在《中國小說史略》中也指出：「唐人登科之後，多做冶遊。習俗相沿，以爲佳話」〔註94〕。此後，士人與妓女逐漸形成了非常特殊的關係，至明清時期，江南名士更是縱情聲色，與名妓們詩酒往還，將此風推向了高潮。清初余懷的《板橋雜記》就記述了明代南京妓院與貢院對門而居的有趣景象：「舊院與貢院遙對，僅隔一河。原爲才子佳人而設，逢秋風桂子之年，四方應試者畢集。結駟連騎，選色徵歌，轉車子之喉，按陽阿之舞，院本之笙聲合奏，回舟之一水皆香。或邀旬日之歡，或計百年之約。蒲桃架下，戲擲金錢。芍藥欄邊，間拋玉馬。此平康之盛事，乃文戰之外篇」。〔註95〕

　　文人學士出入青樓楚館，與名妓往還，社會不僅不以爲忤，還往往傳爲佳話，流傳千古。可見詩酒風流的生活方式，作爲傳統文士生活方式的一種，是爲中國傳統社會心理所接受的習俗。而隨著文士與娼妓的結緣，大量記載妓女的色藝性情、緬懷這類風流韻事的詩詞曲賦筆記便出現了，甚至出現了

〔註92〕發癡哥哥：《閱小報的感想》，《上海趣報》1927年5月29日。
〔註93〕王仁裕：《開元天寶遺事》，上海古籍出版社，1985年，第79頁。
〔註94〕魯迅：《中國小說史略》，上海古籍出版社，1998，第52頁。
〔註95〕葉德輝：《雙梅影暗叢書》，海口：海南國際新聞出版中心，1995年，第126頁。

專事描寫青樓生活的小說戲曲。近代上海小報也是誕生於花叢之間，所載登內容大多與妓院及妓女生活相關，從晚清的開花榜到民國時期的大量的花稿，近代上海小報折射出了這一時期青樓文化的變遷。

一、花榜評選：小報文人的情色遊戲

文士與妓女結緣，於淺斟低唱並肉帛相見之餘，給小姐們打分品題也便成了文人墨客的千古雅事，因此有了「花榜」。給妓女評品、開花榜的風氣，據傳清初就已經在江南出現。有記載稱，順治十三年（1656年）秋，「松江沈某至蘇，欲定花榜，與下堡金又文招致蘇松名妹五十餘人，選虎丘梅華樓爲花場，品定高下，以朱雲爲狀元，錢瑞爲榜眼，余華爲探花，某某等爲二十八宿，彩旗錦幰，自胥門迎至虎丘，畫舫蘭橈，傾城遊宴。」〔註96〕到同治中葉，上海也有花榜出現。〔註97〕但這些都是偶一爲之，並且規模也不大。到了近代，隨著「近現代上海娼妓業日盛一日，嫖界捧妓之風也極盛，其開花榜的規模之大、形式之多、次數之頻，可謂首屈一指，冠絕全國」。〔註98〕

晚清花選的始作俑者是李伯元。《老上海三十年見聞錄》中稱「從前滬上小報時有花榜之作，搜採芳馨，品題紅翠，極文人之好事，播香國之美談。光緒中李君伯元創辦《遊戲報》，首以開淞濱花榜爲號召，總持風月，捃摭羲娥，韻事流傳，至今勿替。花榜之外，兼開武榜、葉榜，尤爲別開生面。同時諸小報聞風踵舉，盛極一時。然愼重將事，典論翕然，允推李君各榜爲首。此亦申江一大掌故也。」〔註99〕《上海軼事大觀》也提到：「光緒丙申（二十二年）李伯元創辦《遊戲報》爲報界別開溪徑。……逾年遂有四金剛之選，又逾年而有花榜藝榜之選，上海花界之有狀元自此始也」。〔註100〕可見，1897年夏李伯元《遊戲報》上的花選，開創了在報紙上開花榜的先例。

李伯元主持花選，秉承了傳統文人士大夫的遊冶風雅情趣，對於花榜的選美標準，還不僅僅是取其姿色，而是「色藝自不容偏尚，品節亦當與表彰」，

〔註96〕徐珂：《清稗類鈔·娼妓類》，北京：中華書局，1986年，第5149～5150頁。

〔註97〕孫國群：《舊上海娼妓秘史》，鄭州：河南人民出版社，1988年，第71頁。

〔註98〕陳伯熙編著：《上海軼事大觀》，上海書店出版社，2000年，第403頁。

〔註99〕陳無我：《老上海三十年見聞錄·豔榜三科》下冊，上海大東書局，1928年，第1頁。

〔註100〕陳伯熙編著：《上海軼事大觀》，上海書店出版社，2000年，第408頁。

〔註101〕強調才色品藝的綜合。在《糾花侍者之花榜格》中，李伯元列出其選美標準：

計開花榜格三條：

一、尚品：不隨俗，不傲物。

二、徵色：修短得中，濃纖合度。

三、角藝：通翰墨，善酬應，妙詼諧，曉音律，解詞曲，能飲酒。〔註102〕

青樓美人們完全脫去了風塵和色情意味，不僅富有端莊秀美的容色，並且還要富有情性、氣質等神韻，因此，李伯元的花選充滿了「主持風月，提倡風雅」的情調。僅舉第一次《春江丁酉夏季花榜》第一甲的評語爲例：

第一甲

狀元：張四寶，年十六歲，姑蘇人，住西繪芳里。薦評九函。錄五：

葵穫者范，娟娟其韻，波寫明而花寫媚，神取潔而情取幽。

《淮南子》云：「曼容皓齒，不待脂粉芳澤而佳者，西施、陽文也。」吾於詞史亦云。

端莊沉靜，柔媚可親。張墅、愚園，蹤迹罕到。舉止嫺雅，有大家風。秀麗天然，風神嫺稚。姍姍仙骨，嬌嬌不群。

天仙化人，自然豐韻，翩然入座，鶴立難群：「昔人謂美人之光可以養目，睹此益信。

榜眼：金小寶，年十九歲，姑蘇人，住大興里。薦評七函錄四：

色練練而奪目，光炎炎而若神，非氣象之可譬，焉影響而能陳？

容光煥發，流露自然。

由來稱獨步，本是號傾城。

豐肌秀骨，嫵媚中饒卓落氣。

探花：祝如椿，年十七歲，姑蘇人，住同安里。薦評七函錄四：

珠輝玉映，蝶膩鶯癡，秀外慧中，宜風宜雅。

〔註101〕《金寶仙不願登榜》，轉摘自陳無我：《老上海三十年見聞錄》下冊，上海大東書局，1928 年，第 13 頁。

〔註102〕《糾花侍者之花榜格》，轉引自陳無我：《老上海三十年見聞錄》下冊，上海大東書局，1928 年，第 5～6 頁。

> 錦心繡口，聰慧絕倫，善病工愁，溫存如玉。
>
> 細骨輕盈，蠻腰素口，臨風獨秀，與月爭嬌。
>
> 才色品藝，四美俱臻，溝爲花叢領袖。

由此我們可以看出，沉浸其中的是對女性美的欣賞以及對文學藝術之美的感受，與那種市儈式的充滿色情意味的狎妓心理眞有天壤之別。李伯元的花榜也因此在花榜史上「尙孚眾望」，《上海軼事大觀》中就記載說：「是時舉行花榜，幾如國家掄才大典，嚴防關節，祛除情弊，故被選者皆一時知名之妓，揭曉後，輿論亦翕然稱頌。」〔註103〕張秋凡在評價李伯元的花榜時也說道：「以前那班報館的開花榜，雖然未免有些阿私所好的弊病，卻究竟還有幾分公道。即如南亭亭長選拔花榜狀元，有了色藝，還要考證他的資格；有了資格，還有察看他的品行。直要色藝、資格、品行件件當行，椿椿出色，方可以把他置諸榜首，獨冠群芳。所以那個時候的花榜狀元，倒著著實實的有些聲價。」〔註104〕

　　對於花選的具體辦法，李伯元採取了投票選舉的方法。早在創刊伊始發佈的《遊戲主人告白》中他就聲明：「本報每年出花榜四次，本年夏季準在六月出榜。諸君選色徵歌，如有所遇，投函保薦，將生平事實、姓氏里居，詳細開明，以便來公選取。遊戲主人謹啓。」〔註105〕後又發表告白：「自本報創行特開花榜之議，即大登告白於報首，謂本屆花榜係仿泰西保薦民主之例，以投函多寡爲定。甲第之高下，名次之前後，皆視此爲衡，本主人不參一毫私意焉。」〔註106〕這裏的「仿泰西保薦民主之例，以投函多寡爲定」，也就是採取西方「民主選舉」的辦法，以選票的多少來決定選舉結果。這個辦法自然最能廣泛地激發人們的參與興趣，在吸引盡可能多的投票者的同時，也吸引了相當的讀者，使報紙的發行量也創下了「當時上海新聞界還沒有哪家報紙達到過的發行數字」，〔註107〕花榜頓時造成轟動效應，成爲當時的新聞熱點。

〔註103〕陳伯熙編著：《上海軼事大觀》，上海書店出版社，2000年，第408頁。

〔註104〕張春帆：《九尾龜》，中國文史出版社，2003年，第1062頁。

〔註105〕《遊戲主人告白》，轉引自陳無我：《老上海三十年見聞錄》下冊，上海大東書局，1928年，第1頁。

〔註106〕《遊戲主人擬舉行遴芳會議》轉引自陳無我：《老上海三十年見聞錄》下冊，上海大東書局，1928年，第27頁。

〔註107〕馬光仁主編：《上海新聞史》，上海：復旦大學出版社，1996年，第151頁。

　　李伯元的花選活動，雖然是本著「主持風月，提倡風雅」傳統名士的冶
遊情趣，另一方面，也投合了普通市民對花間生活探幽的世俗欲望。花榜選
舉的成功，榜上有名的妓女頓時身價大增，妓院生意隨之紅火，同時也給主
持的小報帶來豐厚的利潤，如 1897 年花榜揭曉之日，登有花榜內容的《遊戲
報》8000 份剛一上市即被搶購一空。繼《遊戲報》之後，《花天日報》、《閒情
報》、《采風報》等小報群起傚仿，各自舉行「花榜狀元」的選舉活動，花榜
選舉便墮入了經常化、世俗化。不僅如此，花榜之外，兼開武榜、葉榜。所
謂武榜，就是在藝妓中選舉技藝出色者。而葉榜，就是在高級藝妓的侍女中
選舉出色者，妓女既為花，她們的侍女也就是葉，若無綠葉相扶則無花朵之
豔，所以既開花榜，也就得開葉榜。由此可見當時這類花選真可謂盛極一時，
也逐漸因泛濫而走向大眾化和庸俗化的末路。

　　1910～1917 年間沒有舉行花選，直到進入民國後的 1917 年才重開花
榜。此時花選稱為選舉「花國大總統」，其頭銜由於科舉的廢除，狀元、榜
眼的稱號失去了其價值，便改成了花國大總統、副總統、總理、總長。有人
認為，民國時期小報的花榜選舉，不以科舉時代的花榜狀元等頭銜，而用軍
政職務頭銜如大總統、總理、都督、總長、次長等封優勝的妓女，是借用政
治詞彙作一曲筆，用意在於拐彎抹角地批評政府的軟弱無能。〔註 108〕其推
舉方式從原來的文人寫信推薦，改為開大會投票選舉。學者張鳴揶揄道：「西
方的民主制度，不僅在政壇，而且在花界也得到了體現。有選舉就有競爭，
跟從前妓女坐在家裏等人評比不同，現在她們要登臺競選，表演才藝；有後
臺，財力充足的，還要散發傳單，甚至在報上打競選廣告。在選舉中，連『執
政黨』和『在野黨』的名目都出來了，有人真的提議讓野雞（沒有執照的街
頭低等妓女）以『在野黨』的身份參加競選。」〔註 109〕更有意思的是，與
政壇的賄選相同，花界選舉也要大肆拉選票。「曹錕選民國的總統要買選票，
上海的嫖客們選花國的總統也要買選票，只是所費不一樣罷了。妓女們不僅
樂意頂著民國所有威嚴的官銜招搖過市，而且還喜歡穿印有國旗（五色旗）
圖案的褲子（注意是下半身，不是上半身）。看來，總統、總長的頭銜和國

〔註 108〕賀蕭著，韓敏中等譯：《危險的愉悅─20 世紀上海的娼妓問題與現代性》，南
　　　　　京：江蘇人民出版社，2003 年，第 157 頁。
〔註 109〕張鳴：《歷史的壞脾氣：晚近中國的另類觀察》，北京：中國檔案出版社，2005
　　　　　年，第 194 頁。

旗的圖案，對妓女們招徠客人都有莫大的好處。」〔註110〕

　　自從 1917 年新世界遊戲場第一次舉行花國大總統的選舉活動後，直到 1920 年代中期，大約每年都要舉行一、兩次花選。花選一方面投合了市民尋求刺激和滿足他們窺視的欲望，另一方面，確實有著巨大的商業價值。妓女一旦榜上有名，立刻身價百倍，其大幅玉照登於各家報紙，成為家喻戶曉的著名人物。與狎妓冶遊成風的社會習俗相適應，上海的色情業也較諸其他城市更為發達興盛，商人非但自身可以躬逢於花天酒地之間，而且還能通過發達的色情業贏利增財，遂趨之若鶩樂此不疲。而小報編輯也將之視為謀利的手段，一是可以得到妓女的賄金，二是小報發行量的提高。因此，在這些商業利益的驅動下，小報花選日益成為利益驅動下的商業炒作，甚至淪落為小報文人與妓女之間的商業交易，成為他們製造轟動效應的噱頭。陳伯熙嘲諷道：「然賄賂公行，幾如市場買賣，不知清議為何物，甚至每年舉行春、秋二次花榜，幾無價值可言矣。按是時清室綱紀廢弛，西太后、李蓮英輩賣官翻爵一樣，國家名器濫之已極，然則於花榜又何尤乎？」〔註111〕甚至在後期花選活動中，小報在介紹參選妓女的「業績」時，色情描述的成分也逐漸增加，各種惡俗泛濫，品位也越來越低下。

　　二十年代中期以後，針對青樓女子的花選不再，但變相的花選，仍是不斷的在舉行，如後來的電影皇后的選舉，30、40 年代的舞后選舉和上海小姐的選舉，都曾盛極一時。

二、花稿：情欲的撩撥

　　近代上海小報從誕生之初，就和青樓緊密聯繫在一起，第一張小報《遊戲報》就誕生在風月場中，而大量的專記妓女起居、嫖客生活，戲館京角的軟性文字充滿了各種小報的版面，在當時就被稱為「妓報」、「花報」或「花叢小報」，有「花國春秋」之譽。所謂「花稿」，通常就是指反映妓女的日常起居、逸聞小史和社會人士的冶遊經歷的文字。晚清民國時期，與狎妓冶遊成風的社會習俗相適應，上海的色情業也較諸其他城市更為興盛。不少市民的日常生活和社會交往往往和青樓緊密相連，因此，以性交易為主要特點的

〔註110〕張鳴：《歷史的壞脾氣：晚近中國的另類觀察》，北京：中國檔案出版社，2005年，第 195 頁。
〔註111〕陳伯熙著：《上海軼事大觀》，上海書店出版社，2000 年 6 月，第 408 頁。

娼妓業無疑成了滋生花稿的溫床，而花稿的暢銷，對娼妓業又起到了推波助瀾的作用，因此花稿也就有了廣闊的市場。

晚清時期的花報，雖然充斥著大量關於妓院、妓女日常生活的花稿，但是文字還比較乾淨，一般不涉及淫穢、露骨的色情描寫。20 年代後，隨著上海性話語的泛濫，花國小報、黃色小報的花稿幾乎都以「性」作爲噱頭，露骨的色情描寫遂成爲它們招徠讀者的不二法寶。有人評價說，「海上三日一出的小報，風起雲湧，盛極一時，拿到手裏一看，千篇一律，都離不了穢褻二字」。〔註112〕「一張報紙上天天只看見談女人，談性交，紅情老七，雪豔老八，可實在是無聊得可以的事情。不但無聊，而且近於下流。」〔註113〕不僅是花報黃色小報以大登性描寫露骨的花稿，其他的小報也莫不如此，如當時號稱「小報之王」的《晶報》，從辦報之初就開始登載花稿，如報導花界消息、講述冶遊見聞、刊登妓女照片等等。

花稿的撰寫需要報人熟悉妓女的生活，這就要求他們與妓家頻繁交接，因此小報文人出入青樓，尋芳覓豔，徵逐燈紅酒綠的冶遊生活，也就不足爲奇了。30 年代有小報文人自陳：「現在各小報的趨勢，每期必要刊上一二則花界新聞，一二張妓女照片，因爲要採訪這種新聞，要搜羅這類照片，所以一報館裏，多少有一二個人常常出入妓家。」〔註114〕晚清時期的李伯元、孫玉聲、吳研人等人，無不豔迹昭著，都足青樓裏的常客。小報鼻祖和首開花榜化選的李伯元，本人就是花界常客，對花界之事瞭如指掌，有「花間提督」之稱。他生性風流調攬，爲人放達，公開狎妓叫局，人稱他「風流自喜，頗以山東絲竹、南部煙花爲樂。」〔註115〕孫玉聲，「在中年時代，金粉場中，幾乎天天有他的足迹，如名花金寶仙、呂巧琳、王寶釵、、朱筱仙、金香林、周湘雲等，都是他素所相識的。他四十歲後，豪興未已，又垂青於花榜狀元金菊仙。他的纏頭所擲，萬金也不止了。」〔註116〕小報文人陳佩忍（陳去病），「竟以妓館爲家，會朋友在那裏，寫文章也在那裏，也可以算得沉溺於此了」。〔註117〕

〔註112〕二云：《小報論》，《鐵報》1930 年 5 月 13 日。
〔註113〕王憶眞：《談小報》，（鐵報）1936 年 7 月 26 日。
〔註114〕林葦：《上海小報史（六）》，《福報》，1928 年 6 月 7 日。
〔註115〕魏紹昌：《李伯元研究資料》，上海古籍出版社，1980 年，第 22 頁。
〔註116〕嚴芙孫：《民國舊派小說名家小史》，魏紹昌編：《鴛鴦蝴蝶派研究資料》（上卷），上海文藝出版社，1984 年，第 544 頁。
〔註117〕包天笑：《釧影樓回憶錄續編》，香港：大華出版社，1973 年，第 47 頁。

民國時期，在十里洋場商業、娛樂業愈加發達的都市中，小報文人出入妓院「叫局」、「吃花酒」，也是最為常見的行為。包天笑在回憶錄中毫不諱言道：「我是吃花酒的，踏進報館第三天，狄南士（狄楚青）就請我吃花酒，……那是我第一次進入花叢」；他談到：「上海在這個時候，正是吃花酒最盛行的時代，談商業是吃花酒，燕友朋是吃花酒，甚而至於謀革命的也是吃花酒」，〔註118〕由此我們可見當時吃花酒風氣之盛。《新新日報》等小報編輯劉恨我，「一天到晚，不是溷迹在窯子裏，就是混蹻於跳舞場，花天酒地」，「沒有一天不過他胡調生活」。〔註119〕20 年代上海橫報潮的始作俑者之一的康不駝，有著「花界福爾摩斯」的雅號，相傳他是「花叢中的老手，無論哪一個妓女，差不多個個認識」，〔註120〕以至「看小報朋友，哪一個不曉得專記花事的康不駝」〔註121〕。其他的如《晶報》主持余大雄、小報界怪傑張丹斧、在花叢間得有「畢三」的渾名的畢倚虹、《福爾摩斯》創辦人之一吳微雨、報人俞逸芬、《報報》《上海聲》等報的主編胡憨珠、「《社會日報》的主筆陳靈犀……無一不是沉溺花間，迷不知返的登徒子。文人流連風月場甚至成為他們日常生活中的一個部分，出版家張靜廬在回憶中談到，當時的文人「一定要『風流』，才可以稱為『才子』，一定要進出娼門，才配稱得起為『洋場才子』」。〔註122〕由此可見，小報文人們流連花叢，一方面有著傳統士大夫舊式風習的遺留，另一方面也是十里洋場中娛樂消遣的普遍現象。而青樓、舞場、賭場的生活也為這些小報文人提供了源源不斷的創作素材，也成為小報的重要內容。

20 年代，上海小報幾乎每家都有專寫花稿的小報文人，如「上海三小」（指小亂抖葉仲方、小麻皮沈吉誠、小東洋黃文農）、「上海三不」（指顧不肯顧肯夫、劉不恨劉恨我、康不駝康駝背），而以嚴芙孫、康不駝、駱無涯〔駱大荒〕的名氣較大。其中，駱無涯和康不駝是 20 年代中後期上海橫報潮的始作俑者，分別創辦了黃色小報《荒唐世界》和《牽絲攀藤》。以《荒唐世界》為例，大量的嫖經、賭經充斥版面，從文章的題目《荒唐家庭》、《荒唐史之一夜》、《半夜偷人記》、《啖肉之夜》（肉，即是鹹肉莊裏的妓女──筆者注）、《擁明星坤角，不如嫖鹹肉打野雞》即可見出其內容的污穢不堪。更有大量

〔註118〕包天笑：《釧影樓回憶錄續編》，香港：大華出版社，1973 年，第 6 頁。
〔註119〕蓮廬：《劉恨我回頭了》，《笑報》，1929 年 4 月 11 日。
〔註120〕《談談小報界的幾個人物》，《消閒》，1927 年 10 月 22 日。
〔註121〕《不駝之不平事》，《上海小報》，1926 年 10 月 13 日。
〔註122〕張靜廬：《在出版界二十年》，南京：江蘇教育出版社，2005 年，第 30 頁。

的欄目,如「花國珍聞」、「荒唐消息」、「談談欄」等,專門記載妓女的消息,如「談談欄」,就是為妓女作傳,文字也往往流於色情。在橫報潮中更多的旋生旋滅的黃色小報,較之《荒唐世界》,更是有過之而無不及。這些黃色小報,一味地迎合小市民的低級趣味,無不散佈著低級無聊的消遣享樂價值觀,對市民生活態度產生了極大的誤導。《趣報》就倡導「善飲者得酒之趣,善遊者得景之趣,善賞者得鶯花風月之趣,善食者得蔬果魚肉之趣,即近今之善嫖者,亦各得書寓、長三、麼二、野雞之趣」。〔註 123〕而滿紙的穢聞淫訊色情文字,更是危害甚打,時人稱之「趨向薄俗所好,以改編肉蒲團,仿作燈草和尚之作品,引誘一般血氣未定之少年,誨淫誨盜」。〔註 124〕終於成為眾矢之的,逐漸遭到取締。

刊載花稿的不僅有黃色小報,還包括其他小報。但是,相對那些旋起旋滅的黃色小報,其他的小報為了避免當局的懲罰和社會的譴責,往往不會信筆馳騁,而下筆有度,粗俗而色情的描寫相對較少,不會突破一定的界限,如《晶報》的土筆張丹翁就曾談及花稿寫作的技巧,「十數稔前,固最善撰穢褻記事者。他人所記,不免貽有傷風化之譏,甚且被控罰金。丹翁乃能運其想入非非之筆,以極深奧曲折文字,描寫不堪形容之異聞……曾未撞禍」。〔註 125〕

30 年代後,關於青樓生活的花稿依然是很多小報的重要內容之一,但是也有了新的變化。以《晶報》為例,1935 年後,大量的關於性欲、性健康、性生理之類的性知識文章陸續出臺。這類的文章,其實質並不是性科學的傳播,而不過是打的「擦邊球」,與花稿的本質一樣,依然是在「性」問題上大做文章,以迎合讀者的低級趣味,所以筆者也將之歸為變相的花稿之列。到 1937〜1939 年間,《晶報》刊登此類文章達到頂峰,幾乎每天都有,內容千奇百怪,甚至極為惡俗,如涉及人獸交、同性戀等的話題。僅從題目我們就可見一斑:《雙丸》(作者:不比,1939 年 6 月 5 日)、《生育力》(作者:醫隱,1939 年 6 月 9 日)、《草頭娘豔史》(作者:藕絲,1939 年 6 月 10 日)、《孕與節制》(作者:醫隱,1939 年 6 月 11 日)、《乳峰十景》(作者:醉夢,1939 年 7 月 24 日)、《臀與足的研究》和《鹿馬象——女子體形與性欲》(作者:

〔註 123〕《說趣上》,《趣報》,1898 年 6 月 29 日。
〔註 124〕《小報之功過》,《福爾摩斯》,1928 年 7 月 28 日。
〔註 125〕鎮冠:《回憶張丹翁先生(七)》,《晶報》,1937 年 11 月 9 日。

不比，1939 年 7 月 25 日）、《笞與性激》（作者：不比，1939 年 7 月 27 日）。出現這種現象的原因，還是其主筆張丹翁一語道破了天機：「然如穢褻文字，雖爲法律所不許，而讀者未始不欣賞，但既度越竹馬的年齡，難道除卻那種之外，就沒有妙文了麼？」〔註 126〕也就是說，小報刊登花稿這類較爲色情的文章容易招來政府的取締和法律的懲罰，但是又得投合讀者的喜好，擴大報紙的收益，於是不得不採用變相的形式，大量的以介紹性知識爲名的文章便出現了。

探索近代上海小報花稿泛濫的原因，首先我們看到，商業利益的驅動力無疑是巨大的。橫報潮的泛濫，就與這些黃色小報迎合市民文化中的低級趣味以圖利潤無不相關，小樵就說「橫報的主筆，也有幾種。第一種爲金錢的，像從前陳薰風的一張性報，裏面的文字，穢淫不堪，害得一輩青年人，像山陰道上，大有應接不暇之勢，每期總要一萬數千張，除了鋅版銅版，每期有四五塊好賺，竟能打倒《荒唐世界》《新文化》之慨。」〔註 127〕有小報報人觀察到一種現象，當一種小報的印數處於一二千份的水平時，編者便會加重色情內容；而當銷量很快增至五六千份，已經冒了被當局發現取締的風險了，小報就會自動調整，減弱色情。如此周而復始，幾成慣例。〔註 128〕考查《晶報》的發行，這個結論可以說是相當準確的。

其次，無疑和市民讀者對花稿的嗜好相關。花稿擁有一定讀者群，一方面這正是他們每天經歷的社會生活的眞實寫照，同時也適應了他們偷窺青樓、社會明星和他人隱私的心理。當時就有報人指出：「如果讀者群起而攻，斥去不閱，辦小報的自然也就畏難而止，無如大家讀之津津，爭先購買。」〔註 129〕《晶報》也曾刊文爲自己辯護道：「或曰：提倡歌舞，研究性欲，麻醉青年，散播毒素，何必有此刊物？則應之曰：歌臺鵲起，舞池如林，不待倡導，已成風氣。至於男女居室，人之大倫，食色性也，衛生事大，誨淫之說，非所敢承。低級趣味，偶或有之，麻醉術中，談何容易？見仁見智，是在高明。」〔註 130〕由此可見這和當時上海消費和享樂的都市文化不無相關。

〔註 126〕丹翁：《十五周回想》，《晶報》，1934 年 3 月 4 日。

〔註 127〕小樵：《談談現在的小報界（二）》，《瞎三話四》，1927 年 10 月 26 日。

〔註 128〕李楠：《晚清、民國時期上海小報研究——一種綜合的文化、文學考察》，北京：人民文學出版社，2006 年，第 69 頁。

〔註 129〕剛父：《小報的秘訣》，《金剛鑽》，1925 年 9 月 9 日。

〔註 130〕本報同人：《本報恢復原有體裁小言》，《晶報》，1940 年 3 月 21 日。

另一方面，我們看到，這些花報、花稿的產生也有一定的歷史合理性。西方學者沃爾特‧李普曼（Walter lippmann）指出，報紙有兩種讀者。「一種是對他們自己的生活饒有興趣」，「另一種是認爲他們自己的生活單調乏味，想生活得更激動」，因而「黃色報刊的功績是使一般民眾養成讀報的習慣。這不是報紙這項事業的過錯，而是人類劣根性的過錯。」〔註131〕曹聚仁也曾經說過「其實一個強盜的口供，比一個經濟學家的理論，還能道破社會經濟的矛盾性，一個妓女的生活史，也正是都市潰爛的最正確的注解，一個家庭的亂倫故事，比一部倫理學還能透視舊道德的暗影，日出不重的社會變故，含蘊著人生永久的悲哀，可以寫斷一切大作家的筆」。〔註132〕這讓我們看到，近代上海小報並非簡單的惡俗下流，它仍是市民文化的積極組成部分，具有一定的文化價值和意義。

三、近代上海青樓文化的變遷

青樓一詞起初木是閥閱之家、金張門第的的代稱，後來用來泛指煙花之地，即妓女的住所。自唐以後，青樓的後起之義逐漸取代了它本來的意思，成爲平康、北里、行院、章臺的同義詞，也就是妓院的意義。娼妓的出現是人類進入文明社會以後的世界性現象，只不過由於各自的歷史條件和文化環境不同，妓女的產生和發展及其文化內涵也各有差異。據王書奴《中國娼妓史》一書考證，中國娼妓的起源最早可以追溯到殷代的巫娼。在中國，娼妓包括官妓（其中有宮妓、地方官妓、市妓）、家妓和私妓，大致可分爲兩類：一類是從事藝術表演活動的女藝人，或可稱作藝妓），如歷代宮妓、家妓和大部分地方官妓以及市井妓女中一部分以賣藝爲生者，她們一般並不從事賣淫活動；一類是向男人提供性服務的賣淫女，其中一部分受藝妓影響而實行色藝兼售。

在中國傳統文化中，青樓不僅是煙花之地，同時「青樓又是文化藝術之鄉，撇開青樓，就無法透徹瞭解中國的藝術，中國的文學。」〔註133〕文人士大夫和青樓的結緣是很早的事，自魏晉以來，青樓文化開始逐漸興起，到了

〔註131〕R‧E‧帕克等著，宋峻嶺等譯：《城市社會學》，北京：華夏出版社，1987年，第91－95頁。
〔註132〕曹聚仁：《理想的小型報》，《社會日報》，1937年6月18日。
〔註133〕孔慶東：《青樓文化》，北京：世界知識出版社，2008年，第146頁。

盛唐兩宋時期，隨著唐宋文化的發展逐漸趨向高峰，與此相應的是青樓文學的繁榮。魯迅也曾說：「唐人登科之後，多作冶遊，習俗相沿，以爲佳話。故伎家故事，文人間亦著之篇章」。〔註134〕據統計，「《全唐詩》將近 5 萬首中，有關妓女的達 2000 多首，約占 1／20」。〔註135〕從唐代起，青樓文學逐漸演變出一種彌漫著浪漫和詩意色彩的傳統。從白居易的《琵琶行》等詩歌中，在《遊仙窟》、《霍小玉傳》、《李娃傳》等唐傳奇中，文人和娼妓在風月場所的唱酬應答和熱烈的愛情，以及霍小玉、李娃等美麗多情堅貞俠義的青樓女子形象，無不充滿了浪漫與唯美的色彩。明清時期佻達的名士們更是認爲，青樓美人應該「有文韻，有詩意，有禪機，非獨捧硯拂箋，足以助致。即一顰一笑，皆可以開暢元想。彼臨去秋波那一轉，正今時舉業之宗門」。〔註136〕文人雅士在青樓中尋求的，不是性欲的滿足，而是精神的慰藉。而青樓女子也不僅是以色事人，更講求色藝甚至品行，秦淮名妓的堅貞和氣節，往往還爲男子所不及，如俠肝義膽、蘭心慧質的柳如是、李香君、卞玉京等，還有那個以說書著稱的鄭妥娘，曾勸誡過南明朱福王，在南明小朝廷醉生夢死的時候，一個風塵女子卻還念念不忘國家。雖然明朝中後期，相關青樓的文學出現了追求享受、注重金錢的世俗化趨向，但是總的來說，表現風月場所的詩意傳統還是主流，如雪蓑漁隱的《青樓集》、余懷的《板橋雜記》、西溪山人《吳門畫舫錄》等等。正如孔慶東所指出：「詩化青樓的文學作品，幾乎是與青樓同始終、共命運的。文學在詩化青樓的同時，也借青樓詩化著自己。可以說，沒有青樓，中國文學恐怕要減色一半；而沒有文學，青樓則只是簡單的肉體交易場所」。〔註137〕

到了晚清的上海，隨著社會和文化轉型時期的到來，傳統的青樓文化也開始發生了巨大的變化。上海的青樓業起步較晚，是隨著 19 世紀上海的開埠、商業的發展而逐漸繁榮起來，並且後來居上，很快就取代了揚州、南京、蘇州，成爲江南最大的聲色場。王書奴指出：「上海青樓之盛，甲於天下。十里洋場，釵光鬢影，幾如過江之卿。每逢國家有變故，而海上北里繁盛，益倍於從前。貴遊豪客之徵逐於煙花場中者，肩摩轂擊。一歲所費金錢，殆難以

〔註134〕魯迅：《中國小說史略》，上海古籍出版社，1998，第 52 頁。
〔註135〕陶慕寧：《青樓文學與中國文化》，北京：東方出版社，1993 年，第 7 頁。
〔註136〕見《悅容編·借資》，收入《香豔叢書》一集卷二。
〔註137〕孔慶東：《青樓文化》，北京：世界知識出版社，2008 年，第 17 頁。

數計。自道光二十二年未與外人通商之先，上海僅海濱彈丸小邑。一八二四年後，其娼妓業與工商業有駢進之勢」。〔註138〕

晚清時期上海的青樓業有著嚴格的等級，最高等的是書寓。書寓稱先生或詞史，她們往往有著良好藝術修養，是賣藝而不賣身的高等藝妓。《上海軼事大觀》稱：「昔之書寓如日本上等藝妓，專為客人度曲侑酒，不輕易留客，即侑酒亦必距客坐處約一二尺之遙，」又云：「彼時書寓中人，鬻技不鬻身。伴客侑酒，輕顰淺笑，亦只清歌一曲而已。」〔註139〕次於書寓的是長三，長三也屬高等藝妓，但與書寓不同的是，書寓標稱賣藝不賣身，而長三賣藝也賣身。但很快，書寓和長三之間不再有區別，她們既具有出色的技藝，同時也出賣色相，是當時上海的高等妓女，通常統稱長三書寓。從 19 世紀到 20世紀初，幾乎有一個世紀，上海的娼妓界是由高級妓女主導的。長三書寓等高等妓院便是這些文人雅士富商巨賈休閒的主要空間，也是晚清小報文人冶遊的場所。晚清的狹邪小說幾乎都是以長三書寓的生活為其描寫的主要對象的。

然而止是從晚清的狹邪小說中，我們看到了傳統詩性的青樓文化的變遷。在前期的《品花寶鑒》《花月痕》《青樓夢》等「溢美」型的狹邪小說中，士子與青樓妓女的愛情依然繼續了才子佳人的模式，青樓女子也是色藝雙全，更兼品格堅貞。而韓邦慶的《海上花列傳》，第一次以近真的寫實手法敘述了十九世紀末期上海大都市的妓院的生活，「《紅樓》在狹邪小說之餘澤，亦自此而斬也。」〔註140〕小說中四對男女（嫖客與妓女）之間的感情，也不再是妙曼的愛情神話，而是物欲與情欲泛濫的糾葛，在聲色犬馬中，已經開始展現出外表繁華而又潛伏著罪惡、欲望泛濫與道德墮落的都市現實。此後的溢惡的《九尾龜》《海上繁華夢》等更是縱論嫖界黑幕，嫖客妓女之間寡情絕義，金錢與性的角逐替代了一切。如被稱為「嫖界指南」的《九尾龜》裏，青樓妓女們無不虛偽、奸詐，「四大金剛」張書玉、金小寶、陸蘭芬及林黛玉更是其中代表，沒有任何廉恥道德，只知道千方百計慫恿嫖客，騙取他們的錢財。小說中也不斷有人慨歎從前的倌人如何風雅，如何有才情，如何情深意長，而如今的倌人則貪財、惡俗、只知拚命敲竹槓。從這些

〔註138〕王書奴：《中國娼妓史》，北京：團結出版社，2004 年，第 296 頁。
〔註139〕陳伯熙：《上海軼事大觀》，上海書店出版社，2000 年 6 月，第 419 頁。
〔註140〕魯迅：《中國小說史略》，上海古籍出版社，2003 年，第 191～192 頁。

狹邪小說中我們看到，青樓由傳統的主要面向士大夫群體的詩酒酬唱，變爲主要面向商人、中下層官吏和知識分子，從而趨於職業化、商業化，傳統優雅韻味漸次消失，取而代之的是金錢與肉欲交易。海上名花們以「惚浴」和「敲竹杆」等手段爲自己獲取最大的經濟利益，也「從一個因活潑、能幹、善於交際而被稱讚的藝術家，到一個華貴的普通妓女」，「青樓逐漸成爲眞正的性交易場所。」〔註141〕

　　從19世紀中葉開始，上海的娼妓人數迅速增加，雖然從19世紀到20世紀初，上海的娼妓界是由高級妓女主導的，但是人數上眾多的還是更低等的妓女。據張春帆在《海上青樓沿革記》記載，在鴉片戰爭後上海開設租界之初，上海的妓女分爲以下幾等：1、書寓：能說書唱曲而兼工絃索，故名書寓；2、長三：長三次於書寓一級，故長三之門榜僅能標某某寓，而不能稱爲書寓；3、二三；4、麼二；5、野雞；6、花煙間。〔註142〕海上風習共以狎麼二妓爲恥，她們沒有技藝和才能，不再爲顧客提供任何特別的娛樂，主要從事性的交易，因而無法滿足上流社會男人性之外的其他需要，僅僅是迎合一般中下層階層男性的性需求。她們無疑是上海都市化、商業化轉型中的附生物。

　　進入民國時期，雖然幾經廢娼運動，但是上海的娼妓業卻日漸繁盛。隨著20世紀士大夫和高等妓女傳統的式微，在上海色情業的泛濫中，更多的是普通娼妓的激增。高等的書寓、長三漸漸淡出，到20世紀20年代稍高等的麼二妓院也被更純粹的普通妓院「鹹肉莊」所取代，或者稱之爲「韓莊」。此時期的上海小報的花稿，也大量的以韓莊妓女的生活爲素材，尤其是那些黃色小報。如《韓莊一夜》〔註143〕、《啖肉之夜》〔註144〕、《擁明星坤角，不如嫖鹹肉打野雞》〔註145〕等文，內容極爲色情。韓莊是公開的妓院，除此之外還有大量的被稱爲野雞的妓女，她們沒有營業執照，許多都是流入城市的難民，純粹以性爲交易，且地位非常悲慘。到30年代，又有向導社的出現，向導女郎爲來上海的遊客提供陪伴，同時也迎合與旅行無關的其他需求，到後

〔註141〕安克強著，袁燮銘、夏俊霞譯：《上海妓女：19～20世紀中國的賣淫與性》，上海古籍出版社，2004年，第46頁。

〔註142〕漱六山房（張春帆）：《海上青樓沿革記》，《萬歲》雜誌，第1卷第2期，1932年8月。

〔註143〕雙雙：《韓莊一夜》，《糊裏糊塗》第1期，1927年5月5日。

〔註144〕《啖肉之夜》，《荒唐世界》，第40期，1927年2月10日。

〔註145〕神經病：《擁明星坤角，不如嫖鹹肉打野雞》《荒唐世界》第54期，1927年4月1日。

來就純粹成為變相的賣淫。在 1930 年 8 月 26 日創刊的小報《香報》上，就連載了署名彌陀佛的《向導社史料》以及署名峨眉邁叟的社會紀實《向導俠女傳》。《向導社史料》中介紹了陶陶社、美星社、樂樂社等向導社的情況，可見當時的盛況。

　　上海既被稱為「東方的巴黎」，同時也有「亞洲的妓院」之稱，隨著青樓業的商品化以及新的感官娛樂方式的興起，更多的色情交易形式也出現了。即使這些職業未必都以從事性的交易為目的，但也常常是娼妓業的一種補充形式。首先是女招待，如被稱為「玻璃杯」的女茶役，其次有按摩女，更普遍的則是舞女。安克強稱「後者甚至成了上海夜生活的主要特徵，並在某些方面延續了過去高級妓女所扮演的角色」，「但與職業妓女不同，舞女在這方面並非來者不拒。她們在選擇對象上有完全的自由，並以一種不同的方式享有以前高級妓女的地位。」〔註 146〕上海的俗語稱舞場為「火山」，30、40 年代的小報上，出現了大量的關於舞場的欄目，講解舞場的習俗（如《力報》上連載的《舞場俗語圖解》）、介紹舞女的姿色與生活、以及大量的舞場特寫等，甚至出現了專門寫舞稿的小報文人。

　　上海青樓文化的變遷中，值得一提的還有大量的外籍妓女的加入。據《近代中國娼妓史料》中記載，西妓到達上海是清同治年間的事，後逐年增長，1915 年後，「北四川路」人稱「神秘之街」，酒吧林立，各國妓女都有。以俄羅斯和西班牙妓女為多。〔註 147〕其次還有日本藝妓，如在光緒末年就出現了六三亭、三好館、藤村家等日本妓院。不過中國人去問津的還只是少數。30 年代擅長寫花稿的小報文人曾水手，就曾出版過專門記載外國妓女情況的《西遊記》和《新西遊記》，在《新西遊記》的序裏，曾水手自稱《西遊記》2000 本剛一出版便不脛而走，遂在前此的基礎上再出《新西遊記》，並且還有後續的《東遊記》，也就是記載上海的日本、羅宋等國妓女的情況的。關於自己的寫作動因，曾水手自我辯護道：「有人問起我為什麼要寫色情之作，這是對我沒有認識清楚的人說的，……要是多看一點，看的仔細一點，應當知道我的色情稿件，只不過把一般人心目中目為神秘的所在，加以公開，使她失去一

〔註 146〕安克強著，袁燮銘、夏俊霞譯：《上海妓女：19～20 世紀中國的賣淫與性》，上海古籍出版社，2004 年，第 120 頁。
〔註 147〕李秉新等編：《近代中國娼妓史》下冊，石家莊：河北人民出版社，1997 年，第 164 頁。

種神秘性，誘惑力。」〔註148〕上海娼妓業中外籍妓女的加入，和上海的殖民文化、華洋雜處商業都市的環境是有著密切聯繫的。

　　青樓文化的產生和發展，無不是特定社會和時代的產物。而上海近代青樓文化的變遷中，是青樓傳統的優雅韻味漸次消失。隨著傳統道德觀的潰敗與趨利避義、享樂主義的商業觀念、市民價值觀的興起，娼妓業的發展也日趨職業化、商業化、世俗化，青樓成為了純粹金錢與肉欲交易，詩性的青樓文化徹底被消解掉了。

〔註148〕曾水手：《新西遊記》，民國圖書，上海圖書館藏書，第 1 頁。

第五章 抗戰時期華北淪陷區色情文學大討論

　　文學是時代的產兒。文學離不開時代，自然也離不開環境，超越時代，超越環境的超然文學，實際是不存在的，正如魯迅所說：「各種文學都是應環境而產生的。」〔註1〕抗戰爆發後，抗戰文學是中國文學的主流。但是中國抗戰時期的淪陷區文學是特殊社會環境中的特殊文學，是在日寇殘酷統治下掙扎的文學。

　　首先由於戰爭的爆發，大批文藝工作者離開淪陷區，紛紛南下，進入國統區或者解放區。在中國淪陷區滯留八個月的日本文學報國會作家林房雄曾經對照《中國新文學大系》史料卷提供的作家資料，知道中國第一次文學革命運動時期的作家有一百四十二名，抗戰時期，除魯迅等十七名死亡者外，大多在抗戰地區；而在和平地區（淪陷區）的，僅有周作人、俞平伯、徐祖正、周毓英、張資平、陳大悲、陶晶孫、傅東華、樊仲雲等九名，人數極少。曾經是新文化運動中心的古都北京，在「七七事變」前後，由於大批知名文化人和主要文教機構陸續撤離，文壇一片死寂，正如木君所言「被稱為中國文化中心的故都北京，經過此次的巨大事變（指七七事變──筆者注），所有第一流都作家，差不多都七零八落，向內地撤退走光了。因之，文藝的園地由青蔥茂密的景色一變而為荒蕪凋敝的氣息。」〔註2〕留下的作家除了少數追

〔註 1〕 魯迅：《三閒集·現今新文學的概念》，《魯迅全集》第四卷，北京：人民文學
　　　　出版社，2005 年，第 137 頁。
〔註 2〕 木君：《怎樣復興華北文藝》，《中國文藝》第 5 卷第 1 期，1941 年 9 月。

隨日僞當局，爲他們充當文化打手外，大部分選擇了沉默。而在淪陷前夕剛步上文壇或淪陷後才步入文壇的「新進作家」，自然也需要成長成熟的時間。因此，各淪陷區初期文壇，呈現出一片荒蕪和沉寂。面對中國文化人的沉默，日人志智嘉表示了強烈失望和不滿：

> 自從七七事變以後一直到現在，在華北可以說是沒有什麼顯著的文化運動。雖然多數的文化人因爲事變的關係都逃避到南方去了，可是事實上仍有不少的文化人滯留在北京。這些滯留於北京的文化人，五年來他們只是蟄居在書齋裏，一向是守著沉默的。文化人的生命，是生存在從事於文化活動的裏頭，恰如牡丹的生命，是存在於開放美麗的花朵，黃鶯的生命，是存在於它能哨著那宛轉曼妙的鳴聲裏一樣，所以文化人從事於熾烈的文化活動才可以把它作爲是文化人眞正的生命，文化人若是停止了文化活動，就等於文化人生命的停止，也就是等於死亡。可是在事變後的中國文化人，保守著死一樣的沉默，竟至五年之久。這究竟是因爲什麼緣故呢？是對於避走南方的朋友有所顧慮麼？或是對於日方當局的意向，有所忌憚麼？再不然就是因爲社會的情勢，不適於文化運動，才深門閉戶的高臥寡居起來，一向保守著沉默的罷。〔註3〕

其次，在淪陷區，由於日僞政權的殘酷統治，直接以抗日救亡爲主題的文學幾乎無法直接展開，作家往往只能採用曲折、迂迴和隱蔽的方式，表達自己的家國之恨。因此呈現在淪陷區文壇上的，除形形色色的漢奸文學外，更多的是宣稱與政治無關的「軟性文學」。「個人主義的色情文藝，乘社會紛亂之際，正在茲延蔓長，什麼新詩、短劇、長篇小說，什麼流行的歌曲，無不應有盡有的充滿『色情』的味道。」〔註4〕評論者白雲也如是說：「試觀幾年來的中國文壇，由於憧憬的『麻醉』與『苟安』，『世紀末』的『恐怖』和『顧樂』，於是迎合讀者口味的低級文學也隨之應運而生。『香豔細膩』的捧伶文字，『風流旖旎』的愛情文章，『沉淪頹廢』的『花鼓』情調，『鴛鴦蝴蝶派』的胡鬧文學，便成了這時代的文化的主流，打情罵俏，騷情醜態，耳朵所聽的，眼睛所看到的，腦海裏盤旋的，筆下所寫的，紙上所印出來的，滿是些溫馨的懷抱，咪咪的聲調，泥人的醇醪，滯人而甜，文化，神聖的文化，滿

〔註3〕志智嘉：《文藝雜談》，《藝文雜誌》第 2 卷第 1 期，1944 年 1 月。
〔註4〕木君：《怎樣復興華北文藝》，《中國文藝》第 5 卷第 1 期，1941 年 9 月。

滿墮入『肉、色、香』的魔窟，滿滿的患了『貧瘠』，『冷落』和『盲目多產』的病症」。〔註5〕

　　1941 年，隨著淪陷區文壇的復蘇，「色情文學」一度成了人們目光聚集、興奮度凝結的一個焦點。當時華北文壇很多有影響的雜誌如《中國文藝》、《國民雜誌》、《新民報半月刊》先是刊載所謂的「色情文學」作品，接著又長篇累牘地對之展開討論。在抗戰的大背景下，淪陷區出現的「色情文學」現象不僅涉及對道德、倫理以及純文學的探討，也與政治寓意有緊密的聯繫。也即是說，「色情文學」之所以成爲人們聚焦的一個交彙點，其敘事模式不僅折射出當時社會文化的一些特質，也是人們把諸如民族的、社會的、階級的種種矛盾，轉移或集中到「色情文學」上來，隱藏在「色情文學」背後的更深層的還有意識形態的因素。

第一節　日本對華文藝政策

　　1931 年起，日本軍國主義發動了對中國的侵略，先是東北地區，而後蔓延至全國。於是中國東北、華北、華中、華東、華南地區先後淪陷，不但地域廣闊，而且包括了文化中心城市北京、上海、南京、武漢、廣州、天津、長春等。

　　日本殖民統治當局認識到，要想將中國的領土永遠從中國分裂出去，光有軍事佔領和經濟控制是不夠的，還必須實現文化和語言的殖民化。因此，日本帝國主義者一方面實行著政治獨裁、軍事鎮壓、經濟掠奪，另一方面在思想和文化方面進行了極爲嚴酷的統治，系統化的奴化教育措施和極端化的文化統制政策，有計劃地在不同地區分階段加以實施。

　　異族侵略者的鐵蹄踏碎了新文學原有的社會生態平衡，巨大的、突如其來的社會變動將新文學拋入了一個不期而現、異常陌生的發展軌道。中國淪陷區文學在此承受了雙重的艱難，即一種文學體系成長的自身的艱難和來自異族軍事入侵、高壓的殖民政治統治的嚴酷現實。

　　日本對中國淪陷地區殘酷的文化殖民統治，主要是從以下方面進行的：

　　一、利用以軍隊爲核心的強大的國家專政機器，設立專門機構、制定反動文藝綱領以達到控制文藝的目的。

〔註 5〕白雲：《一年來的國民雜誌》，《國民雜誌》第 1 卷第 12 期，1941 年 12 月。

在各淪陷區，日寇都建立了直接控制文化的機構，有的地方甚至實行「文藝軍事一體化」。在東北，推行日偽文化專制政策的中樞機構是建立於 1937 年的偽滿國務院總務廳弘報處，它下設庶務、新聞、廣播、電影、地方、宣化、編輯、圖書情報等 9 個班，其職能範圍為：（一）控制輿論；（二）控制文藝；（三）主管「主要政策之發表」；（四）領導和監督報導新聞機關；（五）控制宣傳資料；（六）管理出版物、影片及其他宣傳品；（七）管理和控制廣播及通訊機關；（八）掌握情況；（九）除上述諸項外一切對外的宣傳。〔註6〕弘報處是統攬和全面統治文化宣傳的重要機關，其成員是清一色的日本人，由法西斯分子擔任領導職位，如其第一任處長崛內一雄，曾任日軍第九師團參謀、偽第一軍管區參謀長等職，武藤富男於 1939 年接任處長，更是進一步緊密配合關東軍，以強對文藝的法西斯統治，對所有的文化部門實行嚴酷的「一體化」控制。而一些適應「戰時藝文體制」的文藝團體皆由官方直接介入，如：1941 年成立的滿洲文藝家協會，就由山田清三郎任委員長兼書記長，大內隆雄、筒井俊一、逸兄猶吉宮井一郎、宮川靖等任委員；同年成立的滿洲藝文聯盟，也是由日人三井實雄任委員長，山崎末次郎任事務局長；而「滿洲藝文協會」由早在「九一八」事變中就充任法西斯分子角色的甘粕正彥擔任會長，「牡丹江文藝家協會」會長也由日籍牡丹江省副省長充任，而日本駐牡丹江領事、憲兵隊長、特務機關長等皆任該會顧問。在華北，主管文化宣傳工作的武德報社日本顧問龜谷利一（後任社長）既代表日本「華北軍」，也代表偽政權，具體實施了日偽在華北的文化宣傳政策，而日本駐北京大使館（興亞院）的調查官志智嘉也具體參與了對華北文壇的政治控制。日寇在上海主持文化工作的，則是改造社社長山本實彥。同盟社上海分社、《大陸新報》和偽方各系報紙，都直接間接受他的節制。

日偽政權設立的這些專門機構除了對文藝進行直接的統治外，還控制了一些文化社團為其賣命效力。1933 年成立的「滿日文化協會」，總裁是偽滿皇帝博儀，副會長就是日本代表岡部長景，其官方性質非常明顯。而 1937 年 6 月 30 日成立的「滿洲文話會」，開始是由大連的十幾名在東北的日系文人所發起，後來在長春、瀋陽、哈爾濱、北京等地也成立了相應的組織，甚至在東京也成立了支部，總計會員達 400 多人，完全成了日本侵略者御用的文化

〔註6〕姜念東、伊文成、解學詩、呂元明、張輔麟等著：《偽滿洲國史》，長春：吉林人民出版社，1980 年，第 427 頁。

團體了。到了日偽末期，一些文藝組織幾乎全由日人控制，如「齊齊哈爾藝文報國會」中的 31 名領導，全是日本人。1942 年 9 月 13 日在北京成立的華北作家協會，就是以武德報社社長龜谷利一爲中心、經柳龍光等人的撮合，忠實地追隨殖民當局的頗具官方色彩的文化社團。從其工作目標「求文藝學術的發展，與大東亞建設的進展一致」〔註7〕，即可看出日本殖民當局插手文壇的意圖。其組織的一系列活動也具有鮮明的政治色彩：爲「翼贊」治安強化運動派遣作家視察；選派作家出席「大東亞文學者大會」；與其他日占區及日本、「滿洲國」進行文藝交流活動。華中淪陷區的武漢文藝協會（前身武漢作家協會，1940 年）以及華東淪陷區的南京中國作家聯誼會（1940 年）等也都不乏官方色彩。

　　日本殖民統治當局不僅設立專門機構以控制文藝，同時還頒佈一系列的文藝政策、法規，制定反動文藝綱領，以全面監管、控制淪陷區文藝。在東北，出臺了《出版法》、《通迅法》、《新聞法》、《記者法》，嚴密控制監視淪陷區的文藝宣傳，更於 1941 年 3 月 23 日制定並發佈了《藝文指導要綱》，宣稱：要以日本文藝爲模式，移植建構成滿洲「悻然獨立的文藝」。在《要綱》的「藝文特質」中毫不隱諱地寫道：「我國藝文，乃以建國精神爲基礎，是爲八紘一宇精神之美的顯現。故須以移植我國土之日本藝文爲經，原住民族固有之藝文爲緯，取世界藝文之粹，而造成渾然獨特之藝文爲目標焉。」藝文活動的目的在於「鞏固國家基礎，促進國家的產生與發展，爲建設東亞新秩序作貢獻」。根據這一精神，「政府對各團體加以直接指導」。從《藝文指導要綱》中，日本殖民者明確地要求對藝文實行國家管制，所謂的『建國精神』、「八紘一宇」以及「經」、「緯」之分等，明白不過地道出了這個被日偽宣稱爲「劃時期的文化指導政策」，實際上是一個強化殖民主義思想，實行文化專制，更加兇惡地鎮壓抗日愛國進步文藝活動的反動綱領。

　　二、加強對文藝書籍刊物的出版審查，限制、查禁具有民族意識的文藝作品出版發行，殘酷迫害進步作家以達到摧殘消滅中華民族進步文藝的目的。

　　首先是限制和禁絕具有民族意識的書刊出版，同時大量地輸入日本文化，以取代和佔領淪陷區的思想文化陣地。以東北爲例：日寇爲割斷東北文學與中國傳統文學的聯繫，一方面大量銷毀中文書籍，如 1932 年 3 月至 7 月

〔註 7〕羅特：《一年來的華北文藝界》，載《華文大阪每日》第十卷第一期，日本大
　　　　阪：每日新聞社，昭和廿年。

共焚書 650 餘萬冊，其次是禁發（從 1935 到 1938 的四年間，禁止發行的報紙 7440 多份、雜誌 2310 多份、普通讀物 3500 多冊）、三是禁入（1934 年 6 月 29 日，僞民政部一次就通令禁止輸入 36 種報刊）。另一方面又爲用日本文學同化東北文學而大量輸入日本書刊，如 1936 年輸入日本書 58 萬冊，1937 年 380 萬冊，1938 年 1000 萬冊，1939 年 1440 萬冊，1940 年 2230 萬冊，到 1941 年從日本輸入的書籍多達 3440 萬冊，超過了該年度東北出版中文書籍冊數的總和，這年 7 月東北出版日文書籍 112 種，是出版中文書籍 16 種的 7 倍。至於報刊，僅以 1939 年爲例，輸入超過 5494 萬多份；雜誌 827 萬餘冊，這個數字超過了當年中國關內進入東北報紙的 10 倍，雜誌數的 487 倍。這樣就使得自「五‧四」以來成長起來的東北新文藝，在日本殖民文化的統治下，遭到了嚴重的扼殺。（以上數字，均參見《僞滿洲國史》一書中的有關章節）

在淪陷區，日本殖民統治者對於有抗日思想言行或認爲有礙日本殖民統治的作家，他們進行了嚴厲的鎮壓和殘酷的迫害。東北淪陷區，1936 年「黑龍江民報事件」中，日本殖民者就逮捕了 90 多人，有 5 人被殺害，其中就有年僅 26 歲的著名作家金劍嘯以及《黑龍江民報》社長王甄海、記者閻達生等。1937 年「哈爾濱口琴社」事件中，口琴社的主要成員侯小古、王家文、陳笑岩、柳轎等 19 人被捕入獄，其中王家文判刑五年，侯小古判死刑，英勇犧牲。而 1941 年震驚東北的「左翼文學事件」中，就有關沫南、王光逖（司馬桑敦）、劉丹華、李季風、高德生（果杏）、牢罕、趙文選、李默、問流（劉鴻雲）、溫成筠（艾循）、駝子、張烈、劉榮久、馬成龍、陳東升、孫海峰、王德麟等大批進步作家被捕，其中艾循、問流、劉榮久、馬成龍、陳東升、孫海峰、王德麟等或者直接死在日軍屠刀之下，或者被折磨致死。在華北淪陷區也有關永吉、張深切、袁犀、王則、桂青浩等一批人曾被逮捕入獄，在華中淪陷區則有陸葒（被殺害）、沉寂、周楞枷、許廣平、柯靈等曾被捕入獄。正是通過大肆的逮捕和屠殺，日本殖民者妄圖用武力手段消滅進步的愛國文藝，實現其在淪陷地區的殖民統治。

三、採取措施，加強從內部對淪陷區文化界的干預和滲透

（一）發行《華文大阪每日》，積極建構殖民文化體系。

在日本推動大陸奴化教育的具體措施中，號稱發行量逾百萬的中文雜誌《華文大阪每日》，佔有十分重要的地位。《華文大阪每日》於 1938 年 11 月 1

日在日本大阪和東京創刊，係由日本大阪每日新聞社和東京日日新聞社主辦，由大阪每日新聞社在大阪出版發行，並設有大阪、北京、上海三個編稿處，在中國東北、華北、華中淪陷區廣泛設有發售所，僅華北地區就設有 34個。「在北京西單北大街西斜街 16 號設有在中國的唯一一個稿件收寄處，因而此刊與華北文壇的關係比其他中國淪陷區更密切一些」〔註8〕。主要負責人為日人，平川清風（？～1940）任主編，編輯長為三池亥佐夫。先後有石原博、須古清等人擔任編輯長與發行人，但編輯人員多為華人。

《華文大阪每日》初為半月刊，從 1944 年起，改為月刊。設有評論、對華輿論集、記述、日本介紹、名人家庭訪問記、婦女界、文壇、藝壇、小說、要聞、雜俎等欄目，文藝佔有相當大的版面。作為一綜合性文化刊物，《華文大阪每日》與日本軍部和日本文學報國會的關係極為密切，它以「東亞文藝復興」為旗幟，以日本「大陸思想戰」的具體文化協調行動為工作職能，從創刊到終刊，歷時七年多的時間，是淪陷時期出刊時間最長，影響範圍最廣的定期中文出版物之一。

不容否認，這個刊物通過儒學思想、東亞文藝復興和婦女解放與全體主義的關係，建構殖民文化體系，集中反映了日本軍國主義立場、綱領、觀念，在日本的「大陸思想戰」中扮演著異乎尋常的角色。1940 年，上海租界的《中美日報》在反駁菊池寬的《致中國文化人書》時，曾對該刊作過這樣的評價：「異於一般毒化刊物的，乃是在『它是日帝國主義者直接的文化侵略的工具』。它雖然穿著華文的外衣，然而在它的內質上卻十足地顯露出一副日帝國主義者猙獰的臉相，吃人的臉相！」〔註9〕

（二）組織日本文學報國會，派遣筆部隊，加強對中國淪陷區文化界的干預和滲透。

由於日本本土軍國主義思潮的泛濫和日本文化界狹隘的「愛國主義」的影響，日本文學事實上已淪落為御用打手，在實施思想控制方面緊緊追隨和配合日本軍部。甚至一些曾對中國新文學產生過有益影響的進步作家、左翼作家，如武者小路實篤、林房雄等也轉向支持日本的侵略戰爭，鼓吹「文學

〔註 8〕　封世輝：《華北淪陷區文藝期刊鉤沉》，載錢理群主編：《中國淪陷區文學大系·史料卷》，南寧：廣西教育出版社，2000 年，第 653 頁。
〔註 9〕　轉引自原田稔：《關於〈中美日報〉的錯覺》，《華文大阪每日》5 卷 1 期，1940年 7 月 1 日。

報國」。大批日本作家或作爲隨軍記者，或作爲報刊的特派員，或作爲在華機構的日籍職員，或作爲文化使者，或作爲現役軍人，被派到中國。在這其中，日本文學報國會起到了積極的作用。

太平洋戰爭爆發之前，日本的各類文藝團體多達 130 多個，而珍珠港事件後，在日本內閣情報局和文化部的操縱下，解散全部文藝團體，並於 1942 年 5 月 26 日成立了具有新聞法人地位的統一組織——日本文學報國會。其目的在於將作家全部控制在情報局的監視之下，貫徹軍部的侵略政策。該會的成立，誠如小林秀雄所感歎的，反映出日本「文學是已經被政治俗化了去」，標誌著日本的文藝部門也像整個日本社會一樣被納人法西斯軍事一體化的軌道了。日本文學報國會以傚忠國家爲宗旨，其成員超過 4 千人，幾乎網羅了日本文藝界的所有人物，其中有一大批知名作家積極爲國效力，充當侵略戰爭的鼓吹手。如武者小路實篤、林房雄、久米正雄、片岡鐵兵、佐藤春夫、尾崎士郎、石川達三、丹羽文雄、林芙美子、火野葦平、草野心平、菊池寬、阿部知二、岸田國士、吉川英治、吉屋信子，等等。他們以文人的身份，或主動或被動地爲鞏固日本佔領區的殖民統治服務。

爲了配合加強對中國淪陷區的文化殖民統治，1943 年，日本文學報國會頻繁派遣作家來中國訪問。他們或作長期勾留，或作短暫考察，開展所謂的文藝交流活動。陸續有劇文學部部長武者小路實篤，評論隨筆部幹事長河上徹太郎，小說部參事林房雄、橫光利一，評論隨筆部常務理事小林秀雄，評論隨筆部幹事阿部知二，事務局長久米正雄以及眞船豐等一批名作家來到中國，在日僞統治區開展所謂的文藝交流活動。其中，林房雄在南北淪陷區滯留達 8 個多月，爲日本在華殖民當局的對華文化殖民政策殫精竭慮，出謀獻策。

林房雄是五四時期廣爲中國文學界所熟悉日本著名小說家，早年曾投身於日本無產階級文化運動，1937 年轉向，開始拼命鼓吹國粹主義，爲日本軍國主義效力。在僞華北作協爲他舉行的歡迎座談會上，他指出「現在日本國內及國外，均已省悟用文學來解決中日兩國問題爲最好方法。」〔註 10〕在對淪陷區的文藝狀況下了一番實地調查的功夫後，先後發表了《新中國的文學運動》（《中國文藝》9 卷 1 期，1943 年 9 月）、《中國新文化運動偶感》（《中

〔註10〕 《歡宴日文學報國會駐在中國代表林房雄氏》，《華北作家月報》第 4 期（1943 年 1～2 月合刊號）。

國文藝》9 卷 3 期，1943 年 11 月）以及《華文大阪每日》6 卷 6 期上的有關文章。在這些文章中，林房雄一方面悲歎淪陷區的中國知識分子「對於日本方面的文化工作不屑一顧，正執拗地保持沉默」；一方面力圖借助日本文學的力量來「扶植」淪陷區的文學，遊說當局多派送優秀的文化指導者到中國來，「給中國新文學運動別開一生面」，鼓動「日本文學報國會至少應把其精力的五成，放出到亞細亞大陸之上，這樣才值得稱是文學報國會」。他還提出了加強「中日文學交流」的種種方法：由日本文學報國會向北京、南京、上海分派長駐代表，並設立文學會館，在南京、北京、東京同時設立翻譯委員會；募集招往日本的文學留學生；在南京、北京、漢口、上海、廣東等地幫助創辦「純文學雜誌」。由於種種原因，這些辦法後來大多都未得到實施。但林房雄爲加強日本對華文化殖民，的確殫精竭慮，傾注了不少心血。

（三）召開三次大東亞文學者大會，鼓吹文藝爲聖戰服務，在淪陷區實施思想戰

1942 年 11 月、1943 年 8 月、1944 年 11 月日本文學報國會分別在日本的東京和中國的南京召開過三次「大東亞文學者大會」，鼓吹文藝爲聖戰服務，日本首相東條英機、情報局總裁、陸軍省部長、海軍報導課長、「文藝報國會」事務局長等文武官員，都分別在東京的兩次大會上發言，號召文學者要搞所謂的「決戰文藝」，妄圖直接把文藝變成爲戰爭服務的工具。

具體策劃大東亞文學者大會的，是日本文學報國會的理事菊池寬和常務理事久米正雄。經過長時間策劃，第 1 次大東亞文學者大會於 1942 年 11 月 3 日至 10 日在日本東京舉行。大會首要議題是「大東亞精神的樹立」，其宗旨是讓「在大東亞戰爭中擔負著文化建設共同任務的共榮圈各地的文學家會聚一堂，共擔責任，暢所欲言」，「爲完成大東亞戰爭和創造具有東亞特點的文學藝術進行合作的具體途徑和方法」〔註 11〕，也即是探討「大東亞精神的普及和強化」的問題。但除了通過一些諸如設立大東亞文學獎賞、制定文學翻譯計劃、設立東亞文化研究機構等提案外，並無有影響的文件和提案提出和通過。

第 2 次大東亞文學者代表大會於 1943 年 8 月 25～28 日在日本東京舉行，會議改稱「大東亞文學者決戰會議」，仍由日本文學報國會主持。大會明確提出了文學家協力戰爭的宗旨：（一）昂揚大東亞戰爭決戰精神，擊滅英美文化

〔註11〕　《大東亞文學者大會報告》，收入日本文學報國會發行《文藝年鑒》，1942 年。

及實踐確立共榮圈之文化理念爲目標，而協議文學家於戰事中努力突擊及溝通共榮圈文學之具體方法。（二）確立大東亞文學及檢討其本質。（三）報告共榮圈內文學者之活動概況。〔註12〕日本較有影響的作家武者小路實篤、佐藤春夫、長與善郎、小田嶽夫、小林秀雄等參加了會議。這次大會頒發了第1次「大東亞文學賞」，袁犀的長篇小說《貝殼》（華北）、予且的《予且短篇小說集》（上海）、石軍的長篇《沃土》（東北）、爵青的小說集《黃金的窄門》（東北）以及兩部日本文學作品大木淳夫的詩集《海原之歌》（日本）、莊司總一的小說集《陳大人》（日本）獲獎。

第3次大東亞文學者大會一直推遲至1944年11月12日～14日才得以在中國南京舉行。這個時期，是日本軍國主義滅亡前的垂死掙扎階段。同時，日本和汪僞政權的輿論機器極力掩飾戰場上的敗象，大力進行「決戰必勝」的宣傳，同時加緊進行「思想文化戰」。大會主要討論了以文學創作「協力大東亞戰爭」，復興東亞固有文化，創造「新東亞文化精神」，結成「大東亞文學者聯盟」等議題。大會的主要議題落實到了具體的文學實踐上：「以小說、詩歌、戲劇等鼓舞士氣，高揚戰意，協助大東亞戰爭，驅逐英美。」〔註13〕華北文化界頭號漢奸管翼賢立稱此次大會「不啻是最高將領的軍事會議」，「軍事，政治，並不能促進中國的統一，只有文化是唯一的途徑」，繼而叫囂「文學是文化的號角，確立中國文學，也就是統一中國文化的前奏」。〔註14〕

日本文學報國會策劃組織的三次「大東亞文學者大會」是日本在中國的「思想文化戰」的重要步驟，反映了日本軍國主義將中國文壇拖入「大東亞戰爭」的企圖。大會彰顯了日本「東亞聯盟」盟主的形象和地位，也是日本的侵華文學發展到「大東亞文學」階段的重要標誌。在「大東亞戰爭」、「大東亞共榮圈」等軍國主義戰爭宣傳方面起了一定的作用，顯示了日本軍國主義對中國淪陷區文學的干預和滲透。

（四）提出國民文學、和平文學等欺騙性口號

爲了使淪陷區文學成爲「政治」的傳聲筒，直接爲侵略戰爭服務，成爲

〔註12〕《大東亞文學者大會》，上海：中華日報社編纂室、中華民國三十三年十一月出版，第11頁。

〔註13〕王向遠：《「筆部隊」與侵華戰爭》，北京師範大學出版社，1999年，第226頁。

〔註14〕管翼賢：《致大東亞文學者大會》，載《華文大阪每日》第135號，日本大阪：每日新聞社，昭和十九年十一月。

「奴化」文學，淪陷區統治當局推出了各種形式的口號，如「和平文學」、「建設文學」、「治安文學」、「增產文學」、「民族文學」、「國民文學」、「決戰文學」等等，這些口號相當混亂，理論上也相當貧乏，只是日僞當局和少數追隨者在自拉自唱，更沒有在創作上產生有分量的作品，形成什麼影響。「和平文學」和「國民文學」是其中影響稍大的口號。

　　「和平文學」是日僞統治者提出的貫穿整個淪陷時期的口號，打著反映中國民眾的和平願望的幌子，其實質卻是淆亂正義戰爭和非正義戰爭的界限，宣揚屈膝投降以換取「和平」的思想。隨著汪精衛漢奸集團公開投入日本軍國主義的懷抱，汪僞當局炮製出「和平、反共、建國」三大政治綱領，並於 1939 年 3 月 12 日發表《和平宣言》，大力倡導「和平運動」，也即是投降賣國活動。而「和平文學」，就是「和平運動」的一項重要內容。1939 年歲末，上海的一些漢奸報紙開始鼓吹建立和平文學。《新中報》宣稱，所謂「和平文學不是欺騙的文學，而是爲中日兩國國民急切需要的文學，是民族更生的文學」。〔註 15〕日僞官方報刊對和平文學大肆鼓吹和討論，上海、南京、香港、北京等淪陷區文壇都相繼捲入。1940 年，林蓬在《中華日報》上的發表《建立和平文藝》、《和平文藝的寫作》（《文藝副刊》第 1 期、32 期）等文章，掩蓋中日戰爭爆發的眞正原因，否定中國人民被迫進行反侵略戰爭的正義性，宣揚「抗戰無益」、「抗戰必敗」、「和平無損」，歌頌日本統治區的「安寧」與「『太平」，爲日本在中國淪陷區的侵略活動作粉飾。總的來說，和平文學的「理論」要點就是要把文藝作爲「和平運動裏爭取民眾的工具之一」，使文藝「透過了和平、反共、建國的理論」，「替和平運動，定更良好的根基」〔註16〕。其創作內容，強調描寫陷於「水深火熱的殘酷的戰爭裏」的大眾生活，反映民眾的「和平」願望。和平文學的本質在於反對被壓迫者反抗和呻吟，粉飾現實，瓦解中國人民抗日的信念和武裝抗日鬥爭，把整個中國都變成「和平區」——淪陷區，歸化大東亞共榮圈。這是一個具有很大的欺騙性的口號。

　　「國民文學」是淪陷區後期文學中的「文學旗幟」。自 1943 年初，汪僞政府追隨日本「對英美宣戰」，「擊滅英美」的思想在文化界甚囂塵上，日僞宣傳機構力圖把各種文學口號納入其「思想戰」的軌道，作爲這種「文學就

〔註 15〕轉引自《東亞文藝消息》，《華文大阪每日》4 卷 2 期，1940 年 1 月 15 日。
〔註 16〕林蓬：《建立和平文藝》，《中華日報‧文藝副刊》，1940 年 2 月 4 日。

要顯明地和政治合起步調，在它所持有的特殊的形式去擔起宣傳的任務」〔註17〕的思潮的反映，「國民文學」的口號在此時被強調提出，淪陷區許多期刊都刊登了有關「國民文學」的文章。

邱一凡在《現階段國民文學的性格》一文中強調，國民文學應該「一方面應乎國家的需要，就是它的出發點必須依從『國策』，另一方面，在形式上它應該一壁盡量吸收近代文學的精華，一壁回顧本國的文學古典」。〔註18〕柳龍光也這樣表述何謂「國民文學」：「『國民文學』的政治理念，便是『國家第一』……，『國民文學』的性格是意識的、決定的、積極的、樂觀的、全體的、客觀的、正直的、一掃過去的文學之相反於這些的劣點，如同無確定意識的，多元的思想，消極的、悲觀的、個人主義的偏見與歪曲等生活上的習性，必須從中國國民的腦子裏洗刷下去。所以國民文學雖然繼承中國文學的傳統，而在反抗那些舊的老的習性上也是毫不姑息的。因為它們於中國新建設的傾向是全然不能適應的，自然與「國民文學」也就根本不能相容了。」〔註19〕從這些論述中我們不難發現「國民文學」其實質有二：一是「出發點必須依從『國策』」〔註20〕，撲滅「多元的思想」，以「集中國民精神」服務「於現實政治理念」〔註21〕；二是「把本國的文化傳統從外國的影響下再拿回來」，「復興東亞的古典」。〔註22〕而反對的「外國的影響」，只是英美文學的影響罷了。也就是說，「國民文學」的主張者是從對中華民族的民族性的排斥，企圖通過玩弄詞彙，以「大東亞」來涵蓋「中華民族」。正因為如此，甚至有人力圖把有著深沉而熾烈風格內蘊的「鄉土文學」也納入「國民文學」的軌道，將其界說為「東洋精神的復歸」的「文學」。〔註23〕

總括而言，日偽所謂的「國民文學」就是主張在「大東亞是一家」的原

〔註17〕邱一凡：《大東亞戰爭與中國文學》，《中國文學》1 卷 3 期，1944 年 3 月 20 日。

〔註18〕邱一凡：《現階段國民文學的性格》，《中國文學》1 卷 5 期，1944 年 5 月 20 日。

〔註19〕柳龍光：《「國民文學」和「永遠的東西」》，《中國文學》1 卷 7 期，1944 年 7 月 20 日。

〔註20〕邱一凡：《現階段國民文學的性格》，《中國文學》1 卷 5 期，1944 年 5 月 20 日。

〔註21〕柳龍光：《「國民文學」和「永遠的東西」》，《中國文學》1 卷 7 期，1944 年 7 月 20 日。

〔註22〕邱一凡：《國民文學和傳統文學》，《中國文學》1 卷 7 期，1944 年 7 月 20 日。

〔註23〕《「今日的文學」座談會發言》，《中國文學》1 卷 8 期，1944 年 8 月 20 日。

則下，「中國的政治已爲大東亞政治的一環，中國的戰爭亦爲大東亞戰爭的一翼，同樣地中國的文學該是大東亞文學的一門，中國文學人自然也該是大東亞文學人的一部分」。〔註24〕這是赤裸裸的把中國文學拖上「侵略戰爭」的戰車的文學主張。

日本殖民當局十分重視文學藝術在殖民統治中的作用，他們一方面以武力爲後盾，設立專門文化機構、制定反動文藝綱領，摧毀進步書籍，逮捕、屠殺進步作家，從外部加強對文學的控制；另一方面，他們積極建設殖民文化，扶持中國日占區親日文人勢力，開展「國策文學」、「文學報國」等文學殖民活動，加強對文學的內部滲透，妄圖使淪陷區文學成爲「政治」的傳聲筒，直接爲侵略戰爭服務，以實現其全面佔領、控制中國的意圖。在如此惡劣的環境下，淪陷區的文學要想得到正常的發展是不可能的，僅僅在惡劣的環境中掙扎，也是很難的。傅雷（迅雨）早就說過：「在一個低氣壓的年代，水土特別不相宜的地方，誰也不存在什麼幻想，期待文藝園地裏有奇花異卉探出頭來。」〔註25〕這一時期淪陷區文壇出現的色情文學的泛濫以及關於色情文學的大討論，不能不說和這一特殊的政治文化時期相關，而打上了深刻的意識形態烙印。

第二節　公孫嬿、王朱的色情文學創作

一、公孫嬿及其色情文學創作

（一）公孫嬿的生平及創作情況

公孫嬿，又名余皖人，原名查顯琳，祖籍安徽懷寧。1922 年出生於天津的望門大戶查家，四歲回老家，此後在上海，蘇州，南京，北京等地度過了他的童年生活。幼年時進過私塾，接受傳統教育，四書五經、塡詞吟詩作賦，全不陌生。他興趣廣泛，愛好美術音樂，七歲學繪畫，油畫、水彩、炭筆、廣告畫、雕塑、木刻、金石，皆略窺門徑；十四歲習聲樂，後來還曾熱衷於京劇，對各藝術門類都有所接觸。初中在南開學校畢業，高中畢業於耀華學

〔註24〕邱一凡：《大東亞戰爭與中國文學》，《中國文學》1 卷 3 期，1944 年 3 月 20日。

〔註25〕迅雨：《論張愛玲的小說》，《萬象》3 卷第 11 期，1944 年 5 月。

校，1939 年考入輔仁大學社會經濟系。接受正規教育且又多在有名的教會學校，使他有機會受到名師的薰陶，並廣泛涉獵西洋文學。所有這一切都爲他從事文學創作打下了良好的基礎。在就讀輔仁大學期間，查顯琳還是輔仁文苑社的主要成員，並秘密參加了抗日鋤奸團。1942 年身份暴露，在日本憲兵隊準備對其實施拘捕前成功逃離北京。

查顯琳十三歲即開始發表詩作，是一位早熟的作家。十六歲練習寫散文，大學時代是他文藝創作的一個高潮期，短短幾年裏便在《輔仁文苑》、《中國文藝》、《藝術與生活》、《中國公論》、《國民雜誌》、《新民報半月刊》、《婦女雜誌》、《大風》（濟南）、《華文大阪每日》等刊物上發表小說、詩歌、散文和評論無數，還曾一度擔任《輔仁文苑》的編輯。最初主要寫詩，他的詩作都以查顯琳的眞名發表，並有詩集《上元月》（1941）出版。這些詩作，大體上是作者青春勃動期的體驗與騷動，「闡述浪漫人生」，或「記載我那年輕人不免的事」，「把生命完全建在情處回溯裏」（《上元月‧題記》）。如：《可是我》——「我忘不掉我那時／竟會被迷於你的顏色／乃以尙屬孩子的年齡／和世界上的女人發生／第一次相處的愛」寫的是早熟的少年的愛情；《琵琶》——「遂爲你擁抱於懷中／身上被暗泣滴上青淚／被輕吻留下了口紅」暗示異性間的肉體接觸；《呈珠黃人》——「莫深誇屬於自身的驕傲／再去明鏡前細心畫眉好了／滿頭皺紋是青春刀印／誰都體諒你的泣哭／看你流淚顆顆如金花／殘剩的香粉／再也敷不回失去的年華」寫美人遲暮的哀傷；《虛榮的結晶》——「你卸裝了／第一是頭上絲帶／第二是銀灰緞子舞衣／虛榮的結晶，脫去虛榮衣飾／你瘦得似，一隻飢餓豺狼」是墮落風塵的時尙女子的素描。總之，詩歌的內容主要都是吟哦都市中青年人的情愛、以及種種淒婉動人的微末情感（如《可是我》、《塞外春的擷取》），注意節奏和音節（《北海的叮嚀》、《落桃花》），優美動人，並顯露出一種刻意追求的唯美主義的傾向。我們也由此可以看出：查顯琳是一位早熟的詩人，有著良好的詩的感覺，但是題材比較狹窄，往往耽於自己的內心世界。正如鍾洋所評「他有詩人的心境與胸懷，有婉美的表現方法」，只是「題材範圍有待擴展」。〔註 26〕褊小的天地和封閉的視野，造成公孫嬿早期詩作與現實社會生活的隔膜，因此他的詩作雖然也引起當時華北淪陷區文壇的關注，「查顯琳的詩在北京很有點名」〔註

〔註26〕鍾洋：《〈上元月〉》，《中國文藝》第 4 卷第 3 期，1941 年 5 月。
〔註27〕穆穆：《漫談北京文壇》，濟南《大風》第 9 期，1942 年 2 月 1 日。

27〕，但總體成就不高。此外，他還以余皖人的筆名，發表不少文學評論，如
《關於新詩中的長詩》和《一年來的華北創作界》，有人曾指出席卷華北文壇
的色情文學的討論，「也許這兩篇文章才真是這個論爭的導火線。」〔註28〕

　　如果說，公孫嬿的詩歌創作，於吟哦青春勃動的情感體驗與騷動中，已
經顯現出了耽於聲色肉欲的唯美頹廢氣息，但由於體裁構成因素的制約，作
者在詩中表達他的欲念時還有所拘囿，那麼在小說這種具有更開闊的敘事空
間的樣式中，公孫嬿就走得更遠，能夠隨心所欲地展示男歡女愛，甚至描述
變態的性欲了。

　　第一次用「公孫嬿」的筆名，是在《中國文藝》發表小說處女作——《海
和口哨》時。自1940年底起，公孫嬿分別在《中國文藝》、《國民雜誌》、《新
民報半月刊》等刊物上，連續發表了《海和口哨》、《真珠鳥》、《紅櫻桃》、《北
海渲染的夢》等一系列赤裸裸描寫色情的短篇小說，引起了華北文壇上關於
色情文學的大討論。但是檢視當時的文獻，我們發現，「色情文學」的始作俑
者並非公孫嬿。可以說，色情的描寫是淪陷區的一種時尚：「文章像西洋電影
片子一樣而不會沒有女人」，「不是寫一個女人在感到青春燃燒的苦悶，就是
一個男人正演著畸形的『戀愛』工作，再不然是張資平式的多角關係」，並且
「把這種題材看做是最符合時代的清妙點綴，不但可以招致大批讀者在茶餘
飯後看《新紅樓夢》，或簡短的《現代金瓶梅》以及《中國茶花女》，而且把
文字故意弄得軟綿綿的使人在這時代中絕不會覺醒過來」。〔註29〕木君在《怎
樣復興華北文藝》一文中也指出「個人主義的色情文藝，乘社會紛亂之際，
止在茲延蔓長，什麼新詩、短劇、長篇小說，什麼流行的歌曲，無不應有盡
有的充滿『色情』的味道。」〔註30〕由此可見，各種色欲描寫充斥著文壇。
把公孫嬿與「色情文學」聯繫在一起，原因在於，淪陷區有關「色情文學」
的討論是由他的作品引發的。此外，由於他的作品在藝術上尚具有獨到之處，
引來了一批模仿者。

　　公孫嬿的所謂「色情文學」代表作有《海和口哨》（《中國文藝》3卷3期，
1940年11月）、《鏡裏的曇花》（《中國文藝》3卷4期，1940年12月）、《真

〔註28〕 上官箏：《一年來華北文壇總清算》，《中國文藝》第7卷第5期，1943年新年
　　　　號。

〔註29〕 陳異：《中國創作小說應走的途徑》，《國民雜誌》第1卷第9期，1941年9
　　　　月。

〔註30〕 木君：《怎樣復興華北文藝》，《中國文藝》第5卷第1期，1941年9月。

珠鳥》(《國民雜誌》1 卷 6 期，1941 年 6 月)、《北海渲染的夢》(《中國文藝》
5 卷 2 期，1941 年 10 月) 和《流線型的嘴》(《中國文藝》5 卷 3 期，1941 年
11 月)、《紅櫻桃》(《新民報半月刊》3 卷 17 期、19 期，1942 年)、《解語花》
(上、下)(《中國文藝》第 5 卷第 6 期，1942 年 2 月；第 6 卷第 1 期，1942
年 3 月)《卸裝後的生命》(《中國文藝》6 卷 2 期，1942 年 4 月)《旋律的高
跟》(《婦女雜誌》1942 年) 等。

(二) 公孫嬲色情小說的主要內容及特點

公孫嬲色情小說的主要內容：公孫嬲的小說深受弗洛依德精神分析學說的
影響，著力渲染都市男女的性心理、性感覺和性衝動，甚至描寫變態的性欲。

公孫嬲的小說基本都是以第一人稱敘事者展開故事，以都市青年「我」
的經歷，來展示情場上的悲歡離合。在談及自己的小說的構成因由時，公孫
嬲並不作任何掩飾：「我的小說就是我的人生經驗，是事實，把他變化了名字、
地點和時間，再略施染著，再從實的報告給大家。」〔註 31〕一萬餘字的小說
處女作《海和口哨》的問世，便起因於 1940 年暑假受到的一次失戀的深重打
擊，即中學時代的孫姓意中人終於離他而去，於是萌生了把這一經歷寫成故
事的念頭。作者自己坦言，這篇小說是對「過往生活的回顧」，意在間接地描
繪出女主人公的浪漫，即「用她的行為，作她更有力的性格介紹」。其中，描
寫她「生活的不羈和手段的高明」的幾段文字，被人指責為「色情」之處。〔註
32〕小說的內容寫女主人公繼承了父親的財產，過上了放蕩的生活。在與無數
的男人風流瀟灑後，才遇到了自己真愛的男人，也就是文中的男主人公。但
是她受自己的過去影響，認為自己已經無法再過純潔的生活，於是選擇了走
向大海深處，戀戀不捨地告別了這個世界。

《真珠鳥》中的女主人公艾娜是一個舞女。她與男主角「我」──「燕」
相互眷戀，甚至發生密切的肉體關係，但是她最終還是投入到她並不愛的銀
行經理的懷抱中。時隔四年的再次邂逅使燕舊情復燃，但艾娜還是憂傷地離
開了他。作品中的描寫顯然更為大膽，顯然也受到《查泰萊夫人的情人》的
啟示與影響。《鏡裏的曇花》講的是男主人公到山中消夏，邂逅女主人公，迷
戀上她美貌與肉體。妻子發現後，為自己的容顏已逝極為傷感，甚至想到自
殺。男主人公也很快從分手的痛苦中恢復，一切都恍如雲煙不再。《北海渲染

〔註31〕公孫嬲：《我和「色情」文藝》，《國民雜誌》2 卷 6 期，1942 年 6 月。
〔註32〕公孫嬲：《我和「色情」文藝》，《國民雜誌》2 卷 6 期，1942 年 6 月。

的夢》講述了一對青年人之間的戀情。少女不幸染病離世，有情人未能成眷屬，渲染出偷嘗禁果的少男，感覺到「浪漫生命淪落後的哀戚」。《流線型的嘴》中，性感的都市女郎「莓」在與「我」發生親密的肉體關係後，又迅速地與另一個男人上了床，故事在我的憂傷中結束。《紅櫻桃》描寫「我」與表嫂之間的羅曼蒂克，「我」離開表嫂到上海後結交了富有的外國女人，過上了更爲豪華冶蕩的生活，也把表嫂和她的愛情拋到了九霄雲外。《卸裝後的生命》中渲染的則是一個青年寡婦的「性欲」，女主人公迷戀著男主人公，一心想和他一起離開過幸福的生活。但是男主人公卻只是玩弄她的感情，終於始亂終棄，使她陷入了極度的痛苦。

由上我們可以歸看出，公孫嬿小說的基本情節模式：

1、男女主人公邂逅生情，故事開端；

2、男女主人公迅速發生性關係；

3、戀情大多是短暫而悲哀的，都沒白結果，不是女主角人亡，便是男主角始亂終棄，或者冶蕩的女主角移情別戀。

其中，男女主人公彼此的「一見鍾情」，僅僅是建立在性的吸引與誘惑上，聯結兩個陌生肉體的唯一紐帶只是肉體，缺乏感情的深度。但公孫嬿認爲：「上天生人只分男女二種，這之間已蘊藏了簡單微妙，其實這一切性行爲是人人皆知的，是與生俱來的動物的本能」，「男女之性生活是生命的潤澤」，「性行爲是至高的，尊嚴的，男女之間的情調是新鮮活潑的」，〔註33〕由「性「上才能表現男女的具體的恩愛。對於小說以兩性的性心理、性行爲爲主題，他進一步爲自己辯護說：「我卻是一個標準的都市人，所接近的只是淺泛的人生。由於我個性過於浪漫不羈，涉獵到多少荒唐的事迹；在文章上，宣泄僞作人情，發露人類先天大欲念」，「文學的領域是寬廣無涯的，何況各人皆據有不相同的人生觀。我的生活多消耗在體貼彼此間的情懷，爲的是取得一種經驗，我的經驗就是我的文章」「我的行爲或太風流，報告的方式也許太忠誠」，但是一切「只是自然情節的流露」。〔註34〕即使《流線型的嘴》專以描寫變態性欲，例如其中有聞鞋，看鞋，襪褲，絲襪，想起大腿等等，以及刮腋毛等，不過是闡述都市人調情變態性欲而已。

〔註33〕公孫嬿：《我和「色情」文藝》，《國民雜誌》2卷6期，1942年6月。
〔註34〕公孫嬿：《我和「色情」文藝》，《國民雜誌》2卷6期，1942年6月。

其次，小說也初步涉及了愛情婚姻的社會評價，因此具有了一定的社會意義。如《眞珠鳥》中，艾娜也深深眷戀著她的情人燕，但由於對方貧窮而不能與他結合，最終不得不投入到她並不愛的銀行經理的懷抱中。「愛情的基礎建築在鈔票上面的」，「可不是，這年頭，一切建在經濟上，有錢就行，女人更得用洋錢，什麼是愛情，愛情的本身是肉欲，靈魂是金錢」，〔註35〕這些透澈警惕的字句，猛烈地抨擊了建立在金錢基礎上的現存婚姻狀態，給這個情場上青年男女悲歡離合的故事，塗抹上了一層現實批判的色彩。《卸妝後的生命》在渲染青年寡婦咄咄逼人地引誘青年學生的細節描繪中，在男女私情的大膽暴露後，也交代出青年寡婦不幸的婚姻：她的婚姻本是家庭包辦，即使在未婚夫已經病亡的情況下，她那守舊的父親仍不顧她的死活，命她和一塊木靈牌拜了天地，從而埋葬了她的幸福。雖然這點在小說最後才用數語交待出，也顯得有些突兀，彷彿是人為添加上去的「光明的尾巴」，但小說也多少因此具有了追求個性解放，反對舊禮教的用意。

再次，公孫嬿偏愛穆時英等新感覺派，曾經廣泛涉獵西方文學，對勞倫斯等人的作品推崇備至，也受西方近現代文藝思潮的影響，喜愛讀變態心理學以及弗洛伊德精神分析方面的書籍。他在小說中常常大肆渲染性心理、性行為，估計其勇氣也來源於此。短篇《流線型的嘴》，就是作者在閱讀了西風衣的《變態心理學》之後寫的，專以表現變態性欲，特別是「都市人調情變態情欲」為能事。小說赤裸裸地描述著青春期青年對於異性的癡迷和變態的舉動，諸如物戀描寫、吻女人的鞋等，以及刮腋毛、偷聽做愛聲響等細節。他也坦言「受到另一本勞倫斯的《查泰萊夫人的情人》影響不少」，「(《查泰萊夫人的情人》)那幾段調情的描寫多麼使人憧憬啊。那是多麼高貴的聖潔的愛，那時我才清楚了什麼是眞正的人生」，「那本書我看了不止一遍，它使我大膽的冒險在自己文章中做了初步嘗試」。〔註36〕

第三，小說具有唯美傾向：故事情節優美，且以華麗、憂鬱、懷舊的筆調來把握個體存在，因而引起讀者的共鳴。如：「《眞珠鳥》，在公孫嬿瀟灑的筆調，流利的文字，與美化的辭藻的組成下，是獲得了相當的成就。」〔註37〕在評《海和口哨》時，有讀者稱「『公孫嬿』這名字對我是極陌生的。但是，

〔註35〕公孫嬿：《眞珠鳥》，《國民雜誌》1卷6期，1941年6月。
〔註36〕公孫嬿：《我和「色情」文藝》，《國民雜誌》2卷6期，1942年6月。
〔註37〕白云：《一年來的國民雜誌》，《國民雜誌》1卷12期，1941年12月。

《海和口哨》卻羈住我的情感，於是我平心靜氣的讀下去，一直到讀完最後的注，才深深的籲出一口氣」，「我對於這種描寫與暗示的手腕自然十分欽佩，顯然地，這種手段是相當誘人的」，「作者以文藝的筆調，嫻熟的技巧，描寫出極生動的故事，是那麼清新而有趣味。」〔註 38〕另外，作者顯然受中國古典詩詞中描寫女性的傳統的影響，文中大量出現了對女性從服飾到身體的鋪陳，並往往用柳腰、桃腮、櫻口等來指代女性的身體，並且文字優美，富有韻味。這也是他的小說能夠引發討論、并被人模仿的原因。

（三）受人詬病的色情描寫

在公孫嬿的作品裏，大膽的暴露了男女的私情和時髦的都市青年的戀愛過程，而且用了許多為一般人所不敢應用的字眼，以及一般人所不敢描寫的愛情動作。在《卸妝後的生命》中，他寫兩個青年人在一塊：

> 她俯過身來，吻了我的嘴一下。對我說：
>
> 燕，我渴，給我倒碗水喝。
>
> 我下床來，扪開了熱水瓶，給她倒滿一碗水，遞過去。
>
> 燕，傻子。我躺著怎麼喝……知道嗎？用那個法子。
>
> 把水先喝到我的口中，且不咽下，我俯下頭，吻著她的嘴，她把嘴輕輕一張——水便由我的口流入她的口中，她又喝了下。一口口，一口口的。
>
> ——燕，把被子放下。過來吧，給你好的報酬，給你奶吃。
>
> 當我再返入被裏，她的小背心已脫下，絲質的褻褲褪到小腿上。我真不客氣的，把生長在圓滑白饅頭上的淺紫葡萄，含入口中。
>
> ——燕！……呀，不行，癢。喲，啊喲，好難受……
>
> ……………………………………………………
>
> 我們兩人，在極度興奮氣喘下，相偎的讓新月渡過了窗櫺。」〔註 39〕

在《北海渲染的夢》：

> ……我沉默了，由人類傳襲的獸性，在內心起了作用。她如一隻小獸任我擺佈，把衣服放在旁邊草上，她緊緊的抱住我，她低呼著；喘息著。我摸著她的腿，吻著她的腳。她把口紅烙在我的面龐。〔註 40〕

〔註 38〕芳云：《關於公孫嬿〈海和口哨〉的介紹》，《三六九畫報》1940 年第 18 期。

〔註 39〕公孫嬿：《卸妝後的生命》，《中國文藝》6 卷 2 期，1942 年 4 月。

〔註 40〕公孫嬿：《北海渲染的夢》，《中國文藝》5 卷 2 期，1941 年 10 月。

《流線型的嘴》中：

> 她斜偏的蜷曲著，像條蛇。穿了肥碩白短褲，光著腿腳。上身穿著
> 軟綢西紅柿的短袖汗衫，胸前凹凸著，像成熟將墜的一雙大蘋果，
> 我的靈魂正往那裏探險哪。假若我是個小蟲蟲，往下爬，真疑心是
> 巡行在脂玉上呢。那一定是象牙一般，又滑又膩又柔軟的；是兩個
> 由酥香奶酪砌成的高高山峰，如果我做了兩峰中間的行客，必定可
> 以嗅見青春的香，只那微微醉人的一點香；我可不敢往上再走，有
> 多高，且顫抖抖的，而上面的兩粒滾圓大珍珠似的淺紅的峰頂，受
> 了一觸之後，倏地堅硬了。……

> 我向前，野獸似的緊緊摟住她，她用流線型的嘴在我豎立的胸前烙
> 了鮮紅的烙印。媚蕩的笑著，正和某一次我摸她一樣，那麼麻麻的，
> 像汗毛爬進幾萬個小蟲……

> 偷偷的，靜心去聽。

> ……那種床動聲，和喘息聲。

> 再聽，女人的聲音。

> …….你的鬍子真刺人，身上汗毛這麼多，還有這兒的…..

> 用右耳聽，男人的聲音。

> ……你的鬍子不是更迷人，彎彎曲曲，你有兩張嘴，流線型的……

〔註41〕

引起了若干評者不滿的，正是由於這些露骨的描寫。然而通觀公孫嬿的中短
篇色情小說，最暴露的描寫也僅止於此。對比中國明清時期的色情小說和西
方色情小說中，連篇累牘的亂倫、同性愛、性虐狂場面等等的暴露與描寫，
平心靜氣地說，公孫嬿的這些作品無論是暴露的程度還是描寫的挑逗性程度
以及在整篇文章中所佔的比例，似乎都還算不上「色情小說「，至多只能稱
之為「準色情小說」。陳言曾指出：「『色情』一詞的最本質的方面，就是文學
作品中能引起人的強烈性興奮和感官刺激、特別是對男女性特徵和性行為的
挑逗性的描寫。據此，『色情文學』應當具備兩個條件：第一，直露無諱地描
寫性關係和性行為；第二，有關描寫在作品中佔有相當的比例。用這個標準
來衡量，淪陷區公孫嬿等人的那些小說，似乎算不上『色情文學』」。〔註42〕

〔註41〕公孫嬿：《流線型的嘴》，《中國文藝》5 卷 3 期，1941 年 11 月。
〔註42〕陳言：《抗戰時期淪陷區「色情文學」新探》，《抗日戰爭研究》，2002 年第 1 期。

面對眾多的指責，公孫嬿為自己辯護說：「其中有關色情的描寫，並非出自本心的造作，那只是自然情節的流露，我並沒有想到以它去貽害青年人，更沒有想到以它為刺激品而企圖博取名譽的捷徑」，「我們不要只記住『色情』二字而忽略了原作的本質和內容⋯⋯表現時代，或對某一方面自己主觀見解的怨尤的地方，常是一篇文章的骨骼和肌肉，而它所加上的一層迹近荒淫的描寫只不過一襲彩衣。」〔註43〕

（四）公孫嬿小說的不足

首先，題材狹窄，局限在兩性的性心理、性行為展示的主題下，缺乏社會內涵和現實意義。「躲在低垂昏暗的紫帳裏，體驗和玩味自己對異性的感覺和看法，無視現實生活，安於極端自我的情趣，寫自己並且為自己而寫」，「公允地說，公孫嬿的小說的問題倒不在於性生理和性心理的描寫，而在於有些描寫脫離了社會背景，失卻了生活內涵和現實意義」。〔註44〕楚天闊也認為：他的問題不在於「描寫戀愛過於濃重」，而在於題材範圍狹窄。如能擴展到「更廣泛和更深刻的人生上，他的未來是可期待的」。〔註45〕

其次，人物形象扁平，缺乏「骨骼和肌肉」。公孫嬿的小說通常都是以第一人稱展開敘事，男主人公的名字通常不變──「燕」，或者乾脆就沒有名字，只以「他」和「她」來替代。男主角的身份不外一個詩人，畫家，大學生，公子哥而多情的人物；而女主角多為都市摩登女性。也就是說，作者的筆下，主人公是誰並不重要，重要的僅是由男人和女人組成的性別世界。並且作品幾乎也不描述人物的性靈，更不涉及人性深層的底蘊，以及對社會世態的描述與人生哲理的理解。而我們知道，優秀的文學作品，人物的活動，包括性關係和性活動，都是表現人物性格的有機組成部分，都與環境密不可分：是特定環境造就的人物，人物本身也說明了環境。而在公孫嬿的小說裏，幾乎看不到這些內容，具體的、有血有肉的、有人格尊嚴的、有生存焦慮的生命個體被排斥在他的話語關懷之外，正是這一點，使他的小說失去了「骨骼和肌肉」。

第三，結構上平鋪直敘，基本上按照時間順序羅列直觀的感受，敘事缺少變化。夏蟲之流在評論公孫嬿的《北海渲染的夢》時就曾經指出：「作者對

〔註43〕公孫嬿：《我和「色情」文藝》，《國民雜誌》2卷6期，1942年6月。
〔註44〕張泉：《抗戰時期的華北文學》，貴陽：貴州教育出版社，2005年，第427頁。
〔註45〕楚天闊：《一年來的北方文藝界》，《中國公論》6卷4期，1942年1月。

於小說結構的處理以及故事描寫，似乎還沒有從直感的報導方法裏昇華，而從始至終完全在登記著流水賬」〔註46〕。情節也比較單調，只不過以散文般的筆觸，寫青年人之間的戀情，有情人終未能成眷屬，留下的只是少女父母對於「我」的誤解和怨恨，以及「我一襲輕紗似的哀夢」。

總的來說，夏蟲之流對公孫嬿的小說的缺陷曾有過中肯的批評：

> 對於犬儒耽美肉或靈的任何型式享樂主義者，我承認他們都有所具有的客觀條件，他們本身所秉的天賦上的體質與心靈的健康狀態，和後天的地域氣候生活習慣歷史暗示教育與有意識教育等，都有使他們樹立起個人意志的理由。所以終朝游手閒情逸致地玩弄人生的情形，不是生活許可必是急切要求美善全一不可即得才甘心於靈魂墮落的，在情理上說，在當然是無可厚非的了。可是一人不能身兼百藝去離群索居，便超然跳出人寰，而遨遊於觀念世界。那末縱使不須自己操作便可懶惰下來，或因看清現世苦而意圖清潔一身的人們，總還須看重社會的存在，推挽社會的進化接近理想，我想才是比較正當的生活態度。〔註47〕

公孫嬿在抗戰時期淪陷區文壇，曾和徐訏齊名，有「北查（查顯琳）南徐（徐訏）」之譽，這說明時人對其文學創作的承認，在文學史上也具有一定的價值和意義。「公允地說，公孫嬿的小說還是屬於文學的範疇的。作為一類題材，他的一系列表現青春期性心理的小說，並不是簡單冠以『色情文學』就可以完全否定的，至少，它們顯示出淪陷區一些受到西風歐雨薰染的知識青年，在異族統治、政治高壓、前途無望的窒息環境中逃避現實，遁入自我的一種人生狀態。」〔註48〕

二、王朱及其創作

在抗戰時期華北淪陷區色情文學討論的風潮中，與公孫嬿一樣被目為色情文學作家而成為眾矢之的的，還有天津作家王朱。王朱（1910～1973），山東諸城人，原名王振寰，字聲遠，曾用名王小漁，筆名有王朱、羅里、伊士

〔註46〕夏蟲之流：《論色情描寫——讀公孫嬿作〈北海渲染的夢〉後有感》，《國民雜誌》第2卷第2期，1942年2月。

〔註47〕夏蟲之流：《論色情描寫——讀公孫嬿作〈北海渲染的夢〉後有感》，《國民雜誌》第2卷第2期，1942年2月。

〔註48〕張泉：《抗戰時期的華北文學》，貴陽：貴州教育出版社，2005年，第427頁。

等。在天津新學書院和天津法商學院法律系接受高等教育，1932 大學畢業後任天津《商報》記者，並在《文藝十日》、《良友》、《上海漫畫》、《時代漫畫》、《文華》、《漫畫界》、《長城》、《新民報半月刊》以及天津的《婦女新都會》、《銀線畫報》等刊物上發表過大量的小說和漫畫，創作成果頗豐。抗戰時期曾作過武德報駐津記者，是僞華北作家協會天津支部的主要籌備者之一。主要作品有短篇小說集《舊時代的插曲》（天津：中國沙龍美術公司，1941）和長篇小說《地獄交響樂》（《新民報半月刊》3 卷 20 期至 5 卷 2 期，1941 年 10 月 15 日至 1943 年 1 月 15）。

　　王朱的小說，著力描繪爲生活掙扎的下等妓女的悲慘生活，在赤裸裸地展示其非常態性行爲的同時，也撕破了社會僞善的面具，揭示和暴露了其根本的腐朽和黑暗，從而具有了深刻的針砭現實的價值和意義。季風曾說：「他的這些文章裏，在偉大的作家的筆下，是被遺忘了的，也許是不肯描寫的；其實這些題材，才是眞正的社會的一角，她們活著，像死一般。作者以足有力量的筆，產生了最刺激的文章，使我們遺留下一個不能磨滅的痕迹。」〔註49〕

（一）《舊時代的插曲》等短篇小說

　　1941 年結集出版的短篇小說集《舊時代插曲》，包括《舊時代的插曲》、《玄裳》、《噩夢》、《軟玉》、《彼岸櫻》、《黑月亮》、《緋綢花結》、《麗娜！麗娜！》等八個短篇。從題材上來說，大致分爲兩類：一類主要描寫周旋於上流社會的女人外表浮華卻沒有靈魂的孤獨痛苦的生活。《玄裳》中的薇娜（即陸夫人），爲了家人的生活，被迫犧牲自己，嫁給了一個富商，在富商死後繼承了大筆的遺產，也因此落入垂涎她的財產的男人們的暗算，受盡了欺騙。雖然她錦衣玉食，過著輕浮放蕩的生活，但內心仍然是痛苦的：「我的心永久在痛苦著，彷彿這世界已不是自己的，我消失了靈魂，多少年從沒有過展眉的日子！」《軟玉》中的女孩子，本來純潔無暇的女孩子，伴了七年舞，使她變成了一個徒有軀殼而沒有完整靈魂的人：「七年，七年不是一個短促時間，七年的伴舞，造成了她的人生觀，她沒有完整的靈魂。只有映麗的面型白軟的軀殼，軀殼是白軟的。」「偎貼在男人胸前的花朵般的身子，軟白的腰肢，貼在男人肩頭上映麗的臉；她是屬於每一個人的，第一個，第二個，以至幾百幾

〔註49〕季風：《〈舊時代的插曲〉——短篇小說八篇》，《中國文藝》6 卷 1 期，1942 年 3 月。

千個……」「夜晚，還得倒在她最討厭的一個小鬍子的懷裏。」〔註50〕《彼岸櫻》中的妻子，離開在貧困中拼命辛苦工作、苦苦掙扎的丈夫，爲了腕上的鑽鐲，爲了虛榮的生活，毅然拋棄了孩子和丈夫，投入了有錢的綢緞公司少東的懷抱了。妻子追求虛榮滿足了欲望，丈夫也在痛苦中墮落了：「這夜裏，酒昏迷。我的意志，一種超越了人性的愁望佔據了我，依稀記得是肉粉般的揉搓，我並沒有看她，像一隻野獸般地翻騰過後，我記不起來了。」〔註51〕《緋綢花結》中美麗清純的女孩，「那時候，她才十八歲，在他的眼中形容不出她是怎樣的豔麗，她有著小鳥般的多情的體態，圓而大的眼睛，像印入湖中的月亮一般，她的頰是春天的花朵，永遠地浮泛著笑，她是那樣的美好，那樣的嬌麗」，〔註52〕然而劇團糜亂放蕩的生活，轉眼就毀掉了女孩的美好，給讀者留下難言的悵惘。

　　另一類，也是王朱小說創作中更多也更具現實性的一類，即是對被損害與被侮辱的下層女性尤其是妓女悲慘生活的描繪，即「毫不折扣地描繪出四等半娼妓的地方色彩」。〔註53〕以其對現實的慘狀如此「眞實」的暴露，常常使人因恐怖到窒息而不忍卒讀。短篇小說《黑月亮》，不加雕飾地描寫貧民區暗娼的悲慘生活，作者赤裸裸地向我們述說，天下竟果有這樣殘酷可怕的地方，天下竟果有著如此下賤悲慘的角落，也有著種種獸欲的行爲及可憐的呼聲。故事發生在青島海濱一條暗黑的街市上，還是個孩子的小嫚，每天被迫以她那未成年的軀體，承受著形形色色的嫖客們難以名狀的摧殘。而小嫚悲慘命運的原因，不僅僅是賣她爲娼的煙鬼後娘，不僅僅是強迫她接客的老鴇孫大嫂，悲劇的根源還是那個黑暗的社會。作者從第一人稱敘事者的視角展開一個個場面，而又主要通過對話，特別是小嫚的訴說，形成故事。筆致平淡迂緩，情節也沒有起伏波瀾，卻流泄出人道主義的同情之感，從而引起廣泛的關注，在社會上產生了不小的影響。短篇《舊時代的插曲》，描寫一個被庶母虐待的小姑娘所遭受的慘劇。年輕的庶母爲了幫表兄奪取小姑娘的處女膜而殺死老爺，貪贓枉法的縣官大老爺，在接受了香噴噴嬌豔豔的周姨太太（即庶母）「赤裸裸的肉體」和三千兩的銀票後，竟不惜把無邪的小姑娘誣陷

〔註50〕王朱：《舊時代的插曲》，天津：中國沙龍美術公司，1941年，第59頁。
〔註51〕王朱：《舊時代的插曲》，天津：中國沙龍美術公司，1941年，第78頁。
〔註52〕王朱：《舊時代的插曲》，天津：中國沙龍美術公司，1941年，第111頁。
〔註53〕季風：《〈舊時代的插曲〉——短篇小說八篇》，《中國文藝》6卷1期，1942年3月。

至死。爲非作歹的人們反而滿足了欲望,純潔的小姑娘卻被毀壞得那樣狠毒,死得那樣悲慘。這樣的悲劇,在這樣暗無天日的社會裏,不知道有多少正在上演!王朱最初引起文壇注意的小說《落馬湖》以及《一個病態心理病患者》也是這一題材。

(二)《地獄交響樂》內容

長篇小說《地獄交響樂》是王朱的代表作,小說長達 15 萬字,自 1941年 10 月 15 日至 1943 年 1 月 15 日在《新民報半月刊》上連載了一午多,產生了不小的轟動效應,居然一時洛陽紙貴,人們爭相購買傳閱,

這部長篇在王朱心中醞釀了十幾年,幾次動筆又半途輟筆,第三次動筆才定名爲《地獄交響樂》,由三部曲和序曲、尾聲構成。小說情節並不複雜,寫一個純潔的女學生淪落乃至毀滅的故事。十七歲的女主人公沈英芳,本是一個美麗善良的上海中學生。由於家庭變故,父母雙亡,她與妹妹落到人販子手裏,被賣到了人間地獄——天津最低等的妓院裏,經歷了常人難以想像的精神的和肉體的痛苦,爲了逃出魔窟而慘遭不測,最後含恨離開了人世。

小說的男主人公馬家驥,既是罪惡的見證者,又是敘事的推進者。小說正是通過他的視角,展示了沈英芳及其不幸的同伴的種種悲慘的遭際,從而向世人如實展示了所謂「四等半」與「五等」妓女求生不得、求死不能的非人生活。馬家驥本是一名大學新生,爲了研究婦女問題,瞭解受壓迫的婦女的狀況,他深入最低等的風化區——落馬湖,瞭解下層妓女的痛苦生活,向社會報告這個地方的悲慘和黑暗。在這裏,他觸目驚心地看到了簡陋骯髒的排房,妓院老闆對妓女慘無人道的折磨,他們用禁閉、餓飯、強姦、鞭打、烙鐵等種種令人髮指的手段強迫不幸的妓女不停地賣身,接受各種變態的虐待與蹂躪。在調查過程中,馬家驥墮入情網,眞心愛上飽受摧殘的沈英芳。他不顧一切,千方百計想救沈出苦海,但終歸失敗。沈含恨而死,馬家驥幻想的肥皂泡,也被殘酷的現實打碎。但馬的眞情,還是給這一血淋淋的罪案,給這個悲慘絕望令人窒息的故事,抹上了一縷人性的光彩。

總之,《地獄交響樂》,由於缺少性格複雜完整的人物,以及前後連貫統一的結構情節,並不算成功之作。但是小說發表後,的確產生了轟動效應,引起讀者與論者的廣泛關注,張泉指出:「王朱的這類作品之所以能夠吸引人並造成廣泛的社會影響,與其說得益於他的小說寫作技巧,不如說是由於他

的題材的獨特。」〔註54〕可以說，小說對現實生活中一個最黑暗角落的描繪與揭露，確實是十分眞實，撼動人心的。在連載過程中，讀者看完一節後，常常會馬上想到社會上發生過的事件：「上期《地獄交響樂》上登的那段新聞在前些年我在報上看見過，這是眞事。」〔註55〕

（三）關於王朱小說「眞實性」的爭論

王朱的創作，尤其是《地獄交響樂》的刊載，在當時的華北文壇引起了廣泛的批評，甚至可以說，對於小說的種種評論，就當時在華北文壇上的實際影響而言，似乎比小說本身更大一些。

對王朱小說持肯定態度的有公孫嬺（即余皖人），他指出，「人生是廣泛的」，「社會是蕪雜的」，「王朱不惜身份而實地去經驗下流的人肉市場，再用深刻的筆寫出給大家看，讓人清楚『天堂』『地獄』之分別，這勇氣太難得，何況更是歷來所未有的呢？」〔註56〕於揚也認爲：王朱雖然「沒有爲弱小女子打開一條生路，但在暴露社會黑暗面這一點上，是已經盡了相當的責任了」。〔註57〕季風也指出：王朱的小說「差不多都是替生活在地獄裏的女人們高聲疾呼」，「作者肯穿了流氓的衣服，到下級娼窯裏去體驗人生，把低級賣肉女人的生活——她們是被高級社會的人們所遺棄的，運用了他的熟練地技巧，重新介紹給人們」，因此盛讚王朱「是一個注重社會另一階層生活的一個偉大作家」。〔註58〕

持相反意見的某某卻認爲：「按《地域交響樂》一文來說，作者加進三分『人道』，卻更加進『七分色情』，表面上是暴露黑暗，對一些的人表同情，但是骨子裏可正是『用那深刻的筆』在發揮作者的『淫虐狂』的天才。充分的色情勝過僅少的人道，結果便完全把『讀者』弄『毀』了。」〔註59〕陸離雖然指出「王朱的一支筆，頗有力量」，但卻「總是在黑暗角落裏找淫欲的題

〔註54〕張泉：《抗戰時期的華北文學》，貴州教育出版社，貴陽，2005年，第451頁。
〔註55〕《新民報半月刊》4卷21，1942年11月。
〔註56〕余皖人：《有感於〈文藝家與毒品販賣者〉》，《藝術與生活》第25期，1942年1月。
〔註57〕《〈舊時代的插曲〉》，《新民報半月刊》3卷21期，1941年11月。
〔註58〕季風：《〈舊時代的插曲〉——短篇小說八篇》，《中國文藝》6卷1期，1942年3月。
〔註59〕某某：《復公孫嬺》，《藝術與生活》第26～27期合刊，1942年4月。

材。結果乃是使讀者的感情，完全為他筆下的力量壓迫而萎縮」。〔註60〕木君（日偽新民會宣傳局的主幹黃道明的化名）則把王朱的小說界定為「新興資本家有錢階級的生活縮寫」，「個人主義的色情文藝」，「有傷風化的玩意兒」，認為其危害與《何日君再來》等小曲、《紡棉花》等戲曲一樣，「消磨志氣，敗壞操行，其力量之大，應與『海洛因』、『鴉片』、『嗎啡』等烈性毒品等量齊觀」，甚至義憤填膺地號召「文藝界志士，一致開展筆陣。反對『色情文藝』，消滅色情主義的惡風」。〔註61〕

　　另外一些論者，如上官玉露，一方面批評小說的確有引誘人、甚至「挑撥」人的地方，並建議把這些「歪曲讀者意念的渲染」加以刪除，但同時也指出，說《地獄交響樂》與壯陽丸「有同等效力是不著邊際的話」，究竟也「與性史不怎麼相同」；另一方面，他又充分肯定王朱作品的現實意義，指出「王朱的作品最可嘉獎的，是還存在有一些『眞實性』，雖然在描寫上做著竭力地大膽嘗試，但故事對於我們並沒有什麼隔閡的地方，其取材在如今時代裏以及我們生活的周邊是不難找到的，而其述說又是極不肯超乎眞實的」，「故事有著『眞實性』，作者並沒有對我們玩花樣，並沒有在欺騙我們，作者在赤裸裸地向我們述說，其中並沒有揉進什麼近於幻境的穿插，……」不但地獄如今仍然存在，就是王朱筆下的慘劇仍然是不斷地而且不新奇地產生著」。〔註62〕

　　面對自己作品引起的爭論，王朱自陳：「不過說實話我沒有想到人道，也沒有想到壯陽，這只是一個故事，有這樣的一個角落，你用什麼眼光看去都可。」〔註63〕在《國民雜誌社》組織的誌上聚談中，王朱坦白地承認，自己的小說「也許有許多帶點色情味兒」，但是「自己既不想當文學家也不求作品銷路廣」，所以「不怕衛道者的歧視和批評」，自己只是秉持著這樣的信念創作的：「我覺得人生要坦白，要天眞，事無可不對人言！為什麼要忌諱的作假面具聖人？我就依我的偏見寫了。這不止僅是限於色情的。」〔註64〕

　　王朱和公孫嬿在當時雖然都被目為「色情作家」，但公孫嬿的小說多囿於自我，全力渲染都市青年的性感覺和性衝動，顯然深受弗洛依德精神分析學

〔註60〕見《吾友》1卷105期（1941年11月21日）。轉引自上官玉露《關於〈地獄交響樂〉》，《中國公論》8卷6期，1943年8月。

〔註61〕木君：《怎樣復興華北文藝》，《中國文藝》5卷1期，1941年9月。

〔註62〕上官玉露：《關於〈地獄交響樂〉》，《中國公論》8卷6期，1943年8月。

〔註63〕王朱：《刊後的話》，《新民報半月刊》5卷2期，1943年1月15日。

〔註64〕王朱：《關於「色情的文學」》，《國民雜誌》2卷6期，1942年6月。

說的影響；而王朱的小說則是描摹客觀外在世界中形形色色被迫賣身的婦女，赤裸裸地展示其非常態性行爲的細節，具有自然主義的傾向。總之，王朱大膽地描繪了種種慘不忍睹的罪行和下層風塵女子生不如死的慘狀，讀了他的作品之後，往往使人感到震驚、憤慨，甚至伴隨著恐怖的體驗，但是同情之心也會油然而生。他的作品，對於社會黑暗的如實揭露，閃耀著針砭現實的光芒，因而具有深刻的現實意義。而長篇小說《地獄交響曲》就內容而言，「它是中國現代文學史上惟一一部以下等妓院妓女爲主人公的長篇，無疑擴展了現代文學的題材」，〔註65〕因此具有一定的價值和意義。

第三節　華北文壇色情文學大討論的內容及實質

　　一九四二年前後，是華北淪陷區文學的「中興期」。隨著各類文學作品的增多，日漸引起該寫什麼樣的作品的討論，其中圍繞著色情文學展開的討論和論爭，使一度沉寂的的文壇，引起一陣騷動。當時有人這麼形容：「過去四年的華北文壇，呈現一種平穩狀態，彷彿一泓靜水，緩緩的流去，無波又無浪，而本年（指一九四二年）卻像一陣狂風掠過水面，起了漣漪的波瀾，衝擊著滾滾翻轉的波花。」〔註66〕

一、論爭的源起

　　一九四二年三月，《吾友》第 108 期發表了署名「某某」的一篇《文藝家與毒品販賣者》，稱小說《地獄交響曲》與《流線型的嘴》的作者王朱與公孫嬿是「淫虐狂」「色情狂」，批評他們的小說是販賣毒品。接著鐵華在天津的《婦女新都會》刊物上發表《華北文壇的末路》，也表示反對公孫嬿的這些作品。1942 年公孫嬿以余皖人的筆名在《藝術與生活》雜誌第 25 期上發表《有感於〈文藝家和毒品販賣者〉》一文進行反擊，遂導致了關於「色情的文學」的討論與爭論。

　　其實「某某」的文章只是爭論的導火線，論爭的起源還要追溯到三個月前新民會宣傳局要員黃道明以「木君」的筆名所寫的《怎樣復興華北文藝》一文。發表於 1941 年 9 月的《中國文藝》第五卷第一期的「特載」《怎樣復

〔註65〕張泉：《抗戰時期的華北文學》，貴陽：貴州教育出版社，2005 年，第 452 頁。
〔註66〕羅特：《一年來的華北文藝界》，《華文大阪每日》10 卷 1 期。

興華北文藝》一文中，黃道明（木君）指出：「個人主義的色情文藝」「這些有傷風化的玩意兒，一到有閒階級眼裏，便變爲『銷魂劑』。所謂『榮辱』，『禮節』，那是假面具，除去『食』外只可說還有『色』。是「戎馬倉皇，社會不安的時候，苟安偷生的情緒，集成『享樂』縱情的風尚。」黃道明痛斥「色情文藝」「給予我們的感覺，除『肉麻』外，大有『心花繚亂』之慨。消磨志氣，敗壞操行，其力量之大，應與『海洛因』、『鴉片』、『嗎啡』等烈性毒品等量齊觀。」因此，「爲了挽救社會國家的墮落，爲民族爭一線的生機」，黃道明在該文中大聲疾呼，「我們主張文藝界志士，一致展開筆陣，反對色情文藝，消滅色情主義的惡風」。

細讀黃文，我們發現，黃文醉翁之意不在酒，他所反對的，不僅僅是個人主義的色情文藝，封建文藝的殘餘勢力，而更重要的是要剷除標榜無產階級文藝的赤色大眾主義。他指出「這種文藝上要作爲宣傳赤化的手段，盛行於今日的華北農村。那裏的文藝工作者，早已失去了靈魂，被編入『文藝界抗日救國會』。藉『報屁股』、『小冊子』、『街頭詩』、『救亡歌曲』以表現其『抗戰』意識。」「綜合華北赤區的左翼文學以觀，所有報紙、刊物、傳單、壁報、標語，無不利用鉛印、石印、油印，複寫紙種種方法，向著廣人的民眾，施行宣傳，企圖把赤化意識，深入社會各階層，各角落，滲透到各樣民眾的觀念深處。」「今日華北赤區，幾乎除去抗戰無有文化可言了。」

由此可觀，黃道明所倡導的「要復興華北文藝，導華北文藝於正軌，重迴文學革命的故園，」『『開倒車』的封建頑固文藝，不合於現代潮流，固屬要不得，要予以剷除。左傾的『集團主義』，階級文學，與『右傾』的『個人主義』腐化文學，都是以『少數』制壓『多數』的各有其『惡性』傾向的文藝，我們更要絕對予以排斥。」「從『歧途』中找出『正路』」，「邁上建設國民新文藝的正確前路。」唯一的目標是「以都市文化支配鄉村文化，以和平文藝糾正赤色文藝的誤謬」。這也就是黃道明在文中不遺餘力倡導的「唯有以和平口號爲核心的文藝才是當今華北文藝的正鵠。」

當黃道明在《怎樣建設華北文藝》一文中祭出「和平文藝」的大旗，我們已經不難看出該文是如何緊密配合日本當時的對華文藝殖民政策的了。實際上，日僞提出「和平文學」的文藝口號，主要是針對中國本土的，他們打著反映中國民眾和平願望的幌子，宣揚的卻是屈膝投降以換取「和平」的思想，其用意在於瓦解抗日的信念和武裝抗日鬥爭，把整個中國都變成「和平

區」——淪陷區，歸化大東亞共榮圈。黃道明在文章據汪僞「和平、反共、建國」「三大政治綱領」而提倡建設「和平文學」，其實質就是「漢奸文藝」，是爲了配合日本侵略者利用文學做宣傳工具，對淪陷區人民進行的文化殖民。因此這場關於色情文藝的論爭，一開始就是由代表官方的「和平文學」的提倡者策動的，正如封世輝所言：「把公孫嬿與王朱作批判『色情文學』的靶子的原因不僅僅因爲二人小說性描寫多，更重要的是因他們反對『和平文學』提倡者以政治干涉文學」。〔註67〕「色情文學」論爭一開始就打上了意識形態的烙印。

二、論爭的初期及對色情文藝的批評

木君（黃道明）《怎樣建設華北文藝》一文發表後 2 個多月裏，文壇並無多大反響。而在這兩個多月裏，王朱在《國民雜誌》社社長王君時在天津組織的文藝座談會上批評了「有人想利用文學做宣傳工具，於是有『××文學』、『××文學』種種口號」，〔註68〕並開始發表性描寫更多的長篇小說《地獄交響曲》。公孫嬿在《一年來北京創作界》中表示反對政治干涉文學，在《關於新詩中國的長詩》中刻薄地批評了華北淪陷區的新詩，並連續發表了《流線型的嘴》等幾篇性描寫較多的小說，在這種情況下出現了「某某」以及鐵華從性描寫的角度攻擊公孫嬿和王朱的文章，緊接著《藝術與生活》雜誌第 25 期刊載了謝溥謙的《謾罵與批評家》和穆穆的《答公孫嬿君》，指責公孫嬿的詩評，公孫嬿用余皖人的筆名發表《有感於〈文藝家和毒品販賣者〉》一文反擊，爲自己辯解，雙方遂展開針鋒相對的爭論。《藝術與生活》第 26、27 期合刊上登出了一組《色情文學爭論戰特輯》，《中國文藝》、《東亞聯盟》、《中國公論》、《國民雜誌》等刊物，也紛紛刊載有關色情文學論爭文章，於是，色情文學的論爭的風潮遂席卷了華北文壇。

論爭初期，反對、批評公孫嬿及色情文學創作的文章的聲音較爲響亮，這些評論主要集中在《藝術與生活》雜誌，以及《東亞聯盟》、《中國公論》上。《藝術與生活》第 25 期（1942 年 1 月出版）的《吶喊一年來》中，編者

〔註67〕 封世輝，《導言》，見錢理群主編，封世輝、黃萬華副主編：《中國淪陷區文學大系·評論卷》，南寧：廣西教育出版社，1998 年，第 9 頁。

〔註68〕 王朱，見《中國文藝界應如何團結起來——津市文藝界筆談記》，《國民雜誌》1 卷 11 期，1941 年 11 月。

甚至喊出了「打到色情作品，打到戀愛作品」。的口號。有著日僞官方背景的政治性質的刊物《東亞聯盟》也打出了反對色情文藝的旗幟，在 1942 年的新年號上提出了文藝創作的「新八不主義」，其中第三條即是：「不以『色情』誘惑讀者，不肉麻」。〔註 69〕

創刊於 1939 年 10 月的《藝術與生活》是當時一份影響並不大的民辦刊物，在該刊的第 25 期（1942 年 1 月出版）上，連續刊載了謝溥謙的《謾罵與批評家》和穆穆的《答公孫嬿君》等 2 篇批評公孫嬿的文章，所以一般人認爲「這次色情文學爭論彷彿是由藝生燃起鬥爭的火焰」，對此《藝術與生活》主編陸笑星辯解道：「兩人（指謝溥謙、穆穆）立論完全是站在反駁公孫嬿兄的兩篇論文，即《論新詩》（刊《中國文藝》）及《一年來華北的創作界》（刊《民國雜誌》），而並不是批評公孫嬿的色情小說的。」〔註 70〕而該刊第二十六、七期合刊上登出了一組《色情文學爭論戰特輯》，鋒芒直指公孫嬿及其作品，大都以反對、抨擊爲主，小不乏謾罵與人身攻擊。這些論文主要有劉溫和《一封論色情文學的信》、孩子《讀公孫嬿先生作品後的我》、黑羽毛《關於公孫嬿的短篇小說》、不丁《拜讀余皖人君的〈有感於文藝家與毒品販賣者〉感後》、某某《答公孫嬿》等。

細讀這些以反對、抨擊爲主的文章，我們發現，這些文章首先批評的並不僅僅是色情文學，而足針對公孫嬿的《關於新詩中的長詩》和《一年來的華北創作界》兩篇評論。在《關於新詩中的長詩》中，余皖人（公孫嬿）一方面將「五四」以來的新詩全盤否定，說這些新詩不是「太膚淺」，便是「怪誕」，盡是美的形容詞的連貫，令人不耐煩，「徐志摩的浮淺，朱湘的怪誕，劉大白的詞味太厚，胡適的俗舊，冰心的殊雜……」，孫毓棠的長詩《寶馬》是「一切全失敗了」；另一方面，他又對與他同時的作者，當時華北詩壇的詩人張秀亞、畢基初、岳倫、李韻如、汪玉岑等詩人加以貶低和奚落，說他們的長詩不是「標奇立異」，便是「空泛落俗」，是完全「失敗」、「幼稚」、「不成熟」之作，主張創作「屬於愛情而又含蓄的作品」。〔註 71〕而《一年來的華

〔註 69〕《東亞聯盟》提出的文藝創作的「新八不主義」是：（一）不作空洞的吶喊；（二）不無病呻吟；（三）不以「色情」誘惑讀者，不肉麻；（四）不以「超一流作家」號召；（五）不登看不懂的文章；（六）不開空頭支票；（七）不說自己沒有立場；（八）不登和我們意見不同的作品。

〔註 70〕陸笑星：《我的表白》，《藝術與生活》第 26、27 期合刊，1942 年 5 月。

〔註 71〕余皖人：《新詩中的長詩》，《中國文藝》5 卷 3 期，1941 年 11 月。

北創作界》中，公孫嬿反對政治對文學的干涉，認為「創作是廣泛無涯的，我們不要為創作劃定太淺陋的界限，茁生的事變後華北創作亟待各種灌溉而成長，它需要暴露人生社會作品，需要指示我們正確思路的偉大作品，需要諷刺人情的作品，更需要年青人另一種生活力——屬於愛情而有含蓄的作品」，〔註 72〕從而全盤否定了 1941 年華北文藝界的創作成績。因此，很多批評的文章，是在借題發揮地批評公孫嬿評論文中表現出來的那種孤傲、趾高氣揚、自以為是的姿態，同時又多帶有文人相輕的心態。如穆穆指責公孫嬿的評論文章充滿了「說教」和「教訓這般創作的味道」，「自命不凡地把所有的成績一筆勾銷」，〔註 73〕不丁奉勸公孫嬿「批評的時候，再謙恭些，嚴肅些，看得清楚些，不要太高傲自尊吧！」（不丁《拜讀余皖人君的〈有感於文藝家與毒品販賣者〉感後》），謝溥謙《謾罵與批評家》、某某《答公孫嬿》等文也表達了相同的意思。

其次，反對的意見主要從道德倫理的立場，斥責公孫嬿的短篇小說是「變相的性史」，〔註 74〕「散佈著毒素，對於青年的不良影響並不比×史來得更小」，作者是「淫虐狂」與「色情狂」，是「用文藝做外衣的毒藥的美食商人」與「販賣者」，〔註 75〕是耽於聲色肉欲的頹廢主義文學。「把文學拘鎖到色相的區域以內，以激發別人的衝動為能事」，因而是「頹廢主義的」和「卑下的」。〔註 76〕某某的《答公孫嬿》，例舉公孫嬿小說的某些段落，有「染紅指甲的腳」，有「白白的大腿」，有「酥香奶酪砌成的乳峰」，有「一堆軟棉花的身體」，還有「圓圓兩個山峰，圓圓的臂，圓圓的腿，圓圓的小丘陵——圓圓帶有熱帶性的流線型的嘴」，還有女人身上「彎彎曲曲的鬍子」，「兩張嘴」且是「流線型的」，指出他「以暴露真正的人生」為幌子，實際充滿色情的描寫。認為現在在炮火紛飛的時代，需要的是「大眾的呼聲」而不是無恥的「色情作家」。〔註 77〕而對於學生來說，讀了這些色情作品，「精神從此被它蹂躪得頹靡不振」，「它比猛獸可怕，對於我們學生它可算是一個組毒烈的鴆酒，它給與我們的損失。使我

〔註 72〕公孫嬿：《一年來的華北創作界》，《國民雜誌》1 卷 12 期，1941 年 12 月。

〔註 73〕穆穆：《答公孫嬿君》，《藝術與生活》第 25 期，1942 年 1 月。

〔註 74〕黑羽毛：《關於公孫嬿的短篇小說》，《藝術與生活》第 26、27 期合刊，1942 年 5 月。

〔註 75〕某某：《文藝家與毒品販賣者》，《吾友》第 108 期。

〔註 76〕劉溫和：《一封論色情文學的信》，《藝術與生活》第 26、27 期合刊，1942 年 5 月。

〔註 77〕某某：《答公孫嬿》，《藝術與生活》第 26、27 期合刊，1942 年 5 月。

們無法彌補。」〔註78〕甚至對公孫嬤作人身攻擊，說他是「爲了色情狂的小說，色情狂的個性，早去找實地的色情的經驗了。那即如公孫嬤君所說『求得人生的各種經驗，再化入了文章，』這是對的，不過其範圍太狹了——這當然指著公孫嬤君的創作——『管中窺豹只見一斑』而已。」〔註79〕

第三，針對公孫嬤等作家色情文學創作思想藝術的缺陷提出比較公允而中肯的批評。他們並不反對「一般色情作品的描寫」，但寄望於他們能夠揭露社會黑暗，而對於單獨地褒揚「那種先天稟性」的色情文學則要「予以極端的反對」。〔註80〕也即是說有些色情作品的描寫脫離了社會背景，完全失卻了生活內涵和現實意義，因此要予以批評。在評價《北海渲染的夢》的時候，夏蟲之流指出「核心問題不是它公然描寫色情，而是它沒有將描寫色情與揭露現實社會的黑暗聯繫起來，寫不寫色情並不重要，重要的是有沒有反映與揭露令人不滿的現實。」〔註81〕山靈（即關永吉）在批評工朱的《地獄交響樂》時，也說：

> 當然，讀者大眾的基本要求是「暴露」，然而這「暴露」至少要；
> 是基於最單純的人道主義的立場的，即確認人類的彼此平等的立場。
> 應當同情於被侮辱的與被迫害的，且並不站在第三者的地位，而走
> 入她們那一邊說話，因爲只有如此才會有眞實的話。
> 應用科學的寫實的方法，並找出事情發生的社會原因，因爲倘不如
> 此，則「暴露」便不容易眞實。〔註82〕

另外，從藝術的角度看，很多色情小說還沒有從直感的報導方法裏昇華，只是從始至終完全在登記著流水帳。〔註83〕

三、論爭的深入

在論爭的初期，批評色情文藝與公孫嬤、王朱等的文章雖然措辭嚴厲，

〔註78〕孩子：《讀公孫嬤先生作品後的我》，《藝術與生活》第 26、27 期合刊，1942
　　　年 5 月。
〔註79〕穆穆：《答公孫嬤君》，《藝術與生活》第 26、27 期合刊，1942 年 5 月。
〔註80〕陸白人：《關於色情文學》，《藝術與生活》第 26、27 期合刊，1942 年 5 月。
〔註81〕夏蟲之流：《論色情描寫——讀公孫嬤作〈北海渲染的夢〉後有感》，《國民雜
　　　誌》2 卷 2 期，1942 年 2 月。
〔註82〕山靈（關永吉）：《地獄交響樂》，《中國公論》第 6 卷第 5 期，1942 年 2 月。
〔註83〕夏蟲之流：《論色情描寫——讀公孫嬤作〈北海渲染的夢〉後有感》，《國民雜
　　　誌》2 卷 2 期，1942 年 2 月。

但是說理性差，除了攻擊與謾罵外，並無多少理論深度。而意見相反的文章卻多出於文壇名家之手。在諸多辯護的聲音中，夏蟲之流和署名林慧文的文章無疑是其中立論堅實，說理透徹的佼佼者。

1942年初，《國民雜誌》刊登了夏蟲之流針對《北海渲染的夢》的評論文章，對公孫嬛的色情文學作品，作者並沒有嚴加口誅筆伐，反而從「性愛是生命延續的必要手段」的角度入手，認為這篇小說以其對人性中的被壓抑成分的表達，對「色情文學」的創作具有開拓之功。此外，這篇評論比較了勞倫斯的《查泰萊夫人的情人》和《北海渲染的夢》的藝術性，並將後者的其不成功之處歸結為作者只是「終朝游手閒情逸致地玩弄人生的情形」，而不能「看清現世苦而意圖清潔」，輕視了「社會的存在」。也就是說，《北海渲染的夢》的核心問題不是它公然描寫色情，而是它沒有將描寫色情與揭露現實社會的黑暗聯繫起來，寫不寫色情並不重要，重要的是有沒有反映與揭露令人不滿的現實。這篇評論文章率先擺出了一副反傳統、反道德批判的姿態，使立論頗為新穎。不久，《中國文藝》刊發了署名林慧文〔註84〕的評論《關於色情文藝》，〔註85〕言辭顯得更為紮實的。兩篇評論文章有一個醒目的共同點，它們一起筆就對色情文學進行了非常寬泛的界定，對色情文學本身幾乎毫無異議，對色情更不反感，體現出了令人驚異的寬容態度。林慧文開篇講道：

> 色情，是一個很籠統的名詞；孟子說，「食色性也」，以食和色並舉，
> 且說是人類的本性，它們包括的範圍非常廣泛，凡是關於男女兩性
> 間的事，差不多都可以說是「色」。這裏面並沒有善惡是非的分別。

緊接著，林慧文從文藝的本質上討論，他引用廚川白村《苦悶的象徵》和弗洛伊德的精神分析理論，解釋說「色情即是人類本性的一部分」，作為人性的重要組成部分，那麼描寫色情當然是自然而又合理的藝術行為，「色情描寫和其它一切描寫一樣不足為奇」，完全符合文藝的本質的。不僅如此，林慧文又從中外文學史中替色情文學尋找根據，將《俄狄浦斯王》、《詩經》以及漢魏六朝樂府中的男女情詩當作色情文學的淵源，並且認為新文學的產生，首先是思想的解放，過重的抒情主義，色情文藝遂大量產生。接著，林慧文又從

〔註84〕 林慧文即華北淪陷時期華北文壇代表性評論家李景慈，李景慈在文學創作中筆名多用林榕，在文學評論中多署用林慧文、楚天闊、上官蓉、阿茨、譚凱蔣頻、慕容慧文等三十多個筆名，寫有各種文學評論文章上百篇——筆者注。
〔註85〕 林惠文：《關於色情文藝》，《中國文藝》6卷第1期，1942年3月號。

道德立場上寬恕了色情文學，並解釋道，首先是因爲道德本身沒有一個確定的標準，其次從反對禁欲和僞善主義的角度出發，色情文學也絕對不是不道德的文學。總之，這篇論文認爲，「色情文藝和描寫其它社會生活的作品一樣，都是人間苦悶的象徵，站在社會的或道德的觀點，都沒有反對的必要。」這篇評論以抒發人性、衝破禁忌、解放思想來爲色情文學辯護的策略，具有較強的說服力。聯繫到作者以往論述，尤其是在《文學形式與歷史遺產》〔註86〕等文章中對文學與大眾關係，即「文藝大眾化」的重視，這篇評論中表現出的對文學描寫普通人「性要求」與「性欲望」的寬容與理解，無疑可以看作是他探討文學與大眾關係的一種繼續和深化。

《國民雜誌》在 1942 年五月號和六月號刊出了《關於色情的文學》的批評專輯，開列了評價以性描寫著稱的世界名家名作的十個話題，邀請有關作家作「誌上聚談」，從而把這場關於色情文學的討論進一步引向深入。比較而言，《國民雜誌》關於色情文學的「誌上聚談」，無論從內容的廣度還是深度上看，都更有價值與意義，它在整體上反映了當時北京文壇較爲進步的文人群體對於色情文學的基本看法。

該刊提出了聚談的話題十則，是：

一、您對於谷崎潤一郎的小說（如《癡人之愛》，《殺豔》，《惡魔》等）覺得如何？

二、您對於《當代英雄》，《維裏尼亞》，《大學生的私生活》有如何的見解？

三、您對於勞倫斯的《查泰萊的夫人》在文學上的理解怎麼樣？

四、您對於沙多布里昂的《亞達娜》（即《性的故事》）中的亞達娜以爲如何？

五、您對於莫泊桑的作品（像《聖誕前夜》，《可可特小姐》，《哼哼小姐集》等）覺得怎樣？

六、關於《金瓶梅》，您對於一貫的衛道者的論見，有什麼近於駁斥的批評？

七、您對於《野叟曝言》，在內容和思想上有什麼扼要的見解？

〔註86〕林慧文：《文學形式與歷史遺產》，《中國文藝》3 卷 2 期，1940 年 10 月。

八、您對於薩克萊的作品以為如何？

九、您對於王爾德的作品和他後來生活中的轉變覺得怎麼樣？

十、您對於《蕩婦自傳》裏的女主角的性行為，以為是罪惡嗎？〔註87〕

在聚談的「前言」裏，主持者開篇即表示，這裏所講的「色情文學」實際上是「關於人生實有的性愛現象」的文學，問題的核心是如何去描寫性愛，即是「真實的寫在小說裏，或諱忌避免，或輕描淡寫恰到好處，或利用這種描寫陪襯烘托更有意識的故事，究竟是否可以行得，或應該怎樣利用與措置」。因此，主持者強調色情文學暴露社會黑暗的功能與進行全民教育的作用，要求「色情文學」作品主觀上擯除惡意，積極暴露人性的庸俗與病態及其得以產生的社會人生方面的不良狀況，它們「不論寫得如何過火，絕對不能失去教人的原意」。色情文學的作用與意義遂被擡舉到一個前所未有的高度。而「聚談」所提及的那些作品多是文學史上的經典名著，且多具有暴露與教育的功用，聚談者們從而為「色情文學」找到了一個崇高的歷史背景，為他們的論辯搭設了一個堂皇的講臺。〔註88〕

這次誌上聚談，參加的主要有劉針、楚天闊、公孫嬿、陳逸飛、楊六郎、耿小的、阿�、而已、謝人堡、王朱等人，都是當時華北淪陷區文壇上活躍的作家或者評論家，公孫嬿、王朱和耿小的本身就是當時色情文學創作的主要作家，也是前期論爭中批評的矛頭所指。這次誌上聚談集結發表的 12 篇文章中，前期關於色情文學論爭中的互相指責和謾罵已經不見了，擁護反對色情的論調也幾乎不復存在，他們的文章就這些問題表述了各自看法，卻在諸多方面顯示出了一致性，主要表現在：

（一）普遍肯定人的性欲，認為性是人類現實生活中的一個重要組成部分；那麼表現現實生活的文學也應該表現性。文學既然是表現人生的，「色情」也是人生的一種，所以我們無須大驚小怪，也毋庸反對。不僅如此，色情文學還是文學中的一個支流，其產生和存在自有其社會及藝術的價值，不容否認，不能拿道德的標準來衡量文藝作品，因為道德的標準很難界定；反過來說，色情文藝也不一定是不道德的文藝。甚至出現了從讚賞的角度肯定色情文學的聲音，他們認為「一本好的文學作品，在於能化人入文境，『色情』描

〔註87〕《「色情的文學」誌上聚談話題十則》，《國民雜誌》2 卷 5 期，1942 年 5 月。
〔註88〕《關於色情的文學·前言》，《國民雜誌》2 卷 5 期，1942 年 5 月。

寫的添加正是達到化人高峰的經途」；〔註89〕色情文學創作的興盛「是思想的進化」，更進一步「甚望這種進化的思想因本刊的誌上聚談而滲進中國現在作家們的心。」〔註90〕

　　楚天闊在《關於色情的文學》中指出：「我們批評作品不能以一部分的故事來判斷，不能因爲有一點色欲的描寫，否定了這作品的藝術價值。我們該明瞭的是作者的態度，寫作的目的和方法，色情的描寫對於他也許是自然的描述，於道德上並不發生絲毫影響」，縱使他們描寫的是變態的性欲，如谷崎潤一郎和王爾德的作品，仍不失爲偉大的作品，「從道德立場上說還是正當的。」他甚至進一步指出無所謂「色情的文學」，只有「不道德的文學」。〔註91〕麥靜在《色情文學》一文中也如是說：「藝術本身說只有寫得好壞的問題，並沒有所謂善惡的分別。藝術的世界與道德的世界，是全然分離的，藝術家是美的創造者，要想從道德的見地來批評藝術，對於藝術還是無從瞭解。」〔註92〕而已《色情的文學》中說：「性變態性犯罪與色情描寫盜賊小說等因爲是文化生活中的病疾，當然都有理由成爲《苦悶的象徵》之文藝作品的對象。」〔註93〕

　　楊六郎在《答問》一文中，從文學史的角度指出，色情文學在古今中外的文學史上「俯拾皆是」，「《聖經》裏便有不少性與肉的記載」，「古經古史，如埃及印度，希臘羅馬，一些色情文字的遺留，可以不必說，只就近代論，中國日本的作者筆下，已竟有不少的色情傑作，德法不用說，超乎德法而在文藝復興時代的意大利作家，幾乎大部注重在色情方面」。他甚至例舉叔本華對色情文學的喜愛，引用叔本華的話說：「人性是時常有兩極端的並立不背的，色情的成分併不能湮沒了他們藝術才能的光輝，所以這種的作品，正同關於性知識的科學醫書一樣，是該開過了其中所含的色情成分，而用一種專門家的態度去接近的。」「一位哲學家不僅需用頭腦去活動，還需要用生殖器官。」他肯定色情文學是「文學中一個分支」，無法抹殺，甚至讚譽色情文學創作的興盛「是思想的進化」，更進一步「甚望這種進化的思想因本刊的紙上聚談而滲進中國現在作家們的心。」楊六郎對色情文學高度肯定與

〔註89〕公孫嬿：《我與色情文學》，《國民雜誌》2 卷 6 期，1942 年 6 月。
〔註90〕楊六郎：《答問》，《國民雜誌》2 卷 6 期，1942 年 6 月。
〔註91〕楚天闊：《關於色情的文學》，《國民雜誌》2 卷 5 期，1942 年 5 月。
〔註92〕麥靜：《色情文學》，《國民雜誌》2 卷 5 期，1942 年 5 月。
〔註93〕而已：《色情的文學》，《國民雜誌》2 卷 5 期，1942 年 5 月。

讚賞，即使在今天的我們，也不能不驚異其寬容的姿態。〔註94〕

（二）從接受者的角度出發，認為那種粗暴地指責「色情文學」的做法，與讀者的受教育程度以及閱讀水準的低下有關。如果讀者不以企求滿足肉欲或娛樂的心理去讀它們，自然會體會作品的含義。

耿小的說「我只覺得說《金瓶梅》是淫書的人，根本沒有文學修養」。〔註95〕阿翦也說，「較缺乏讀書教養的讀眾」，往往會把谷崎潤一郎「富含肉感的色情主義的作品《癡人之愛》等，認為是罪惡的。」〔註96〕楚天闊也認為，要瞭解像勞倫斯「《查泰萊夫人的情人》那樣滿篇肉欲的描寫」的作品，需要讀者「深刻的理解」，「在文藝本身是無所謂色情」的，關鍵在讀者如何領會。〔註97〕而已則認為對「這種含色情描寫的作品」的反應則「全視接受者（即讀者）的人格修養與潛意識活動如何而決定」，「一般讀者性教育與性道德的修養還太薄弱」，〔註98〕因此他們往往會受到負面的影響。公孫嬿提醒讀者「不要只記憶往『色情』二字而忽略了原作的本意和內容」，文章「所加上的一層迹近荒淫的描寫只不過一襲彩衣，『色情』二字的成立當非絕對性的描述，有時候是技巧，增加以後文章的力量，有時候是渲染，增加文章的美妙」，「設若說看了某篇小說以後，因為其中有『色情』的描寫，使讀者有了不正當的想像與不合理的生理動作，那只表現某個讀者的淺見」，是讀者「受千年禮教的毒害，道學觀點的表現」。他進一步指出閱讀文藝作品必須要有一定的教育程度，「觀看一種文學作品，必需那幫有文藝腦子的人。如那樣，他們才可以不鑽牛犄角往『色情』方面注意了。不然的話，非某作品之為『色情』，乃是看某作品之人的本身太過色情，非某作品之有意貽害，而是『色情人』自尋貽害。」公孫嬿直接不客氣地指出「『色情』與否和某國國民的知識教育程度也很有關係」，而「『色情』文藝發達期，必是國民教育的比例提高期。」〔註99〕

（三）從文學藝術、哲學的角度普遍肯定西方性愛文學的成就

聚談中的話題十則涉及谷崎潤一郎、勞倫斯、沙陀布里昂、莫泊桑、薩

〔註94〕楊六郎：《答問》，《國民雜誌》2卷6期，1942年6月。
〔註95〕耿小的：《誌上聚談話題之六》，《國民雜誌》2卷5期，1942年5月。
〔註96〕阿翦：《答誌上聚談色情文學課題十則》，《國民雜誌》2卷6期，1942年6月。
〔註97〕楚天闊：《關於色情的文學》，《國民雜誌》2卷5期，1942年5月。
〔註98〕而已：《色情的文學》，《國民雜誌》2卷5期，1942年5月。
〔註99〕公孫嬿：《我與色情文學》，《國民雜誌》2卷6期，1942年6月。

克萊、王爾德等西方著名作家的經典名著多部，參加討論的作家們都一致充分肯定了這些西方性愛文學的成就。劉針認為賽孚寧娜的《維里尼亞》「對於鄉下人心理描得非常鮮明，尤其是對於性欲的苦悶的描寫更為精細」，然而作者「決不是利用色情描寫蠱惑讀者潛意識活動，幸圖博名取利的」；莫泊桑《哼哼小姐集》「也是關於色情的描寫，然而不錯，它不過是被作者利用了來加強他的嘲罵與攻擊的力量而已。」〔註100〕楚天闊認為《金瓶梅》「有它的社會意義」，谷崎潤一郎《殺豔》《惡魔》等作品以及王爾德的《道連格雷的畫像》雖然多變態性欲的描寫，「也不失偉大的作品」，奧尼奧夫的《大學生的私生活》裏的主人公柯士泰「是一個時代典型人物的創造」，莫泊桑、薩克萊等自然主義和寫實主義的作家，「以忠實的描寫為他們的職責」，「他們的作品的價值都在這裏」。〔註101〕阿蔚指出谷崎潤一郎《癡人之愛》的性欲描寫，「展露了女性的偉大，藝瀆貞操觀念」，因而是「一部好書」，《蕩婦自傳》中蕩婦的風流浪蕩，有其社會環境的深刻原因。〔註102〕

　　在聚談中，作家們還廣泛涉及對浪漫主義、自然主義、寫實主義與犬儒唯美派、日本的廚川白村的學說和英國藹理斯的性心理學、弗洛伊德精神分析學說以及柏格森、叔本華的學說等19、20世紀最新的西方哲學、心理學知識的介紹和討論。而已列舉「胡禮的《表現於藝術上的犯罪者》，林昭音的《性生活之轉換》，廚川白村的《苦悶的象徵》，摩臺耳的《近代文學與性愛》，《唯美派文學》，以及古之斯多葛派今之精神分析論」，都曾經廣泛而深刻地討論了色情文學的問題。謝人堡、麥靜、楊六郎等都以西方近現代的哲學、心理學成果為自己的分析解剖問題的理論依據。

　　因此，這次聚談無論是內容的廣度還是深度上來說，都具有了文學史的價值和意義。

四、論爭的尾聲

　　《民國雜誌》關於色情文學的誌上聚談發表後，關於這次論爭的勝負已經分明了。儘管後來還有討論文章零星發表，如司空彥的《關於色情文學》〔註

〔註100〕劉針：《關於維里尼亞等》，《國民雜誌》2卷5期，1942年5月。

〔註101〕楚天闊：《關於色情的文學》，《國民雜誌》2卷5期，1942年5月。

〔註102〕阿蔚：《答誌上聚談色情文學課題十則》，《國民雜誌》2卷6期，1942年6月。

〔註103〕司空彥：《關於色情文學》，《萬人文庫8月文園》，1942年8月1日。

103〕以及某某和舒是關於「文學與道德」問題的爭論（見《吾友》1942年11月）等，但影響都不大。1943年初上官箏（即張守謙，與李景慈同爲華北文壇淪陷時期最具代表性的文學評論家，又名張島，創作署名關永吉，評論署名上官箏、吳樓、吳公汗等）在《一年來華北文壇的總清算》中總結這次討論說：騷動了華北文壇的「色情文學」問題是由「公孫嬚」的小說引起來的，而「公孫嬚君引起這麼多人的反對，除去『色情文學』的題目之外，還因爲他寫了《論新詩》（刊三十年《中國文藝》）和《一年來北京的創作界》（刊《民國雜誌》），也許這兩篇文章才眞是這個論爭的導火線。」，他公允地評價「公孫嬚並非是全無希望的作家，而且那些作品的價值，也無法完全一筆抹殺，至少它代表了一種生活類型」，他進一步指出華北淪陷區文壇色情描寫之風的「社會原因」在於當局造成的「社會的畸形發展所導致的人們」生活的苦悶」，公孫嬚被作爲批判對象也是因爲他反對政治干涉文學而觸怒了提倡「和平文學者」。〔註104〕這就把視線引向了對現實生活的不滿和政治干涉文學上來，把矛頭直指向了日僞當局。

上官箏的論文發表後，華北淪陷區文壇又掀起了「鄉土文學」的討論，關於色情文學的討論也就基本結束了。

第四節 色情文學創作風潮產生的原因及討論的意義

華北淪陷區文壇色情文學創作的興盛以及關於色情文學的大討論風潮，被後來的研究者認爲是「北京文壇史無前例的值得注意、令人深思的文學現象」。〔註105〕眾多的參與討論者對色情文學有意的寬泛的理解，對色情文學的寬容與維護，構成了這場色情文學討論中頗值得注意的弔詭現象：這些作家文人爲什麼會這樣認眞地維護色情文學？

一、在淪陷區特殊的政治文化語境中對日僞當局的「順向」對抗

四十年代色情文學在淪陷區的泛濫及關於色情文學的大討論首先是和當時特殊的政治文化語境有著深刻的聯繫。

〔註104〕上官箏：《一年來華北文壇總清算》，《中國文藝》第7卷第5期，1943年新年號。
〔註105〕錢理群主編：《中國淪陷區文學大系・史料卷》，廣州：廣東教育出版社，2000年，第110頁。

　　日本殖民者充分認識要眞正征服中國，僅有軍事的佔領還不夠，還必須從思想文化方面進行奴化教育，以達到從文化和民族意識的角度也即是從根本上改變中國人民的民族性從而滅亡中華民族的目的，爲此他們在淪陷區進行了極爲嚴酷的文化統治。在中國的各個淪陷區，日僞政權一直在殘酷鎮壓和阻撓愛國主義的宣傳言論，並制定新聞法規，實施新聞檢查。即使在「孤島」時期的上海，抗日的言論也是被禁止的。例如，1939 年 4 月，租界的英國當局根據日方的要求，禁止英商報紙刊載國民黨及其類似團體的文告消息和抗日宣言、通電，對上述內容概不得引用，禁止刊載一切抗日文字，以及刺激感情與妨礙治安的文字。〔註 106〕在荷槍實彈的侵略者的淫威下，淪陷區人民隨時有生命危險，而作家的言說環境的惡劣，更是可想而知。淪陷區作家季瘋曾經說過這樣的話：

　　　　一個人，應該說的話，一定要說，能夠說的話，一定要說；可是應
　　　　該說的話，「有時卻不能夠說，這其中的甘苦，決非『無言』之士所
　　　　能貪圖其萬一」！

　　　　一個人壓制別人應該說的話，那是惡漢；逼人說不能夠說的話，那
　　　　是蠢才。

　　　　所以，「言」之者，自有他「言」之道理，不「言」之者，也自有他
　　　　「不言」的苦在。倘如他「言」而無何道理，「不言」而無何苦衷，
　　　　這種失掉了語言的人類，就名之爲「啞巴」，也不爲形容過甚。〔註107〕

「言與不言」，本來一直就是中國現代作家不得不面對的兩難選擇。在現代文學的各個發展時期，都不乏因文而遭禍罹難的作家。但是淪陷區作家面臨的言說環境，比起他們的前人更是嚴峻，他們所遇到的壓制力量，不是個別的「惡漢」、「蠢材」，而是異國侵略者及其指揮下的以軍隊爲核心的那個大的國家專政機器。季瘋的行文雖然隱晦，卻準確地傳達出淪陷區特殊的環境對「人」的自由表達的限制和壓抑，以及「人」的悲憤和無奈。可以說，除了少數漢奸文人外，各個淪陷區的中國作家在「言」與「不言」兩方面，都處於不自由的狀態，即不能說自己想說的話，又要被迫說不該說的話。因此，對大多數淪陷區作家來說，能夠頂住壓力，不說當局強制他們必須說的話，就已經不是一件容易的事了。

〔註106〕齊衛平、朱敏彥、何繼良著：《抗戰時期的上海文化》，上海人民出版社，2001
　　　　年，第 247 頁。
〔註107〕季瘋：《言與不言》，原收入季瘋《雜感之感》，新京益智書店 1940 年版，轉
　　　　引自《中國淪陷區文學大系・散文卷》。

因此，在當時淪陷區文壇上，自覺或者半自覺的「奉命說話「的作家作品雖然有，但是畢竟是少數；不顧禁令，或者利用日僞統治的某些空隙，大膽說出自己想說，應該說的話，直接或曲折地表達愛國抗日的民族情緒的作家作品也確實存在，但也只能是少數。而更多的作家，主要表現爲同現實、時代的「疏離」，這種創作傾向，是在淪陷區特殊的現實環境的政治重壓下，作家們不得不尋求自我保護之策有著緊密的聯繫。

在閱讀當時華北文壇的主要報刊雜誌的過程中，筆者注意到，在當時華北文壇關於色情文學的論爭中，公孫嬿和王朱作被作爲「色情文學」的代表作家而成爲眾矢之的，受到批評，首要的原因，還並不在於他們的小說性描寫的露骨或者變態，以至引起眾怒。正如上官箏在總結這次論爭時所說：公孫嬿被作爲批判對象，還在於他對「文學政治性「的否定，也就是說因爲他反對政治干涉文學而觸怒了提倡「和平文學者」。〔註108〕因此這場關於色情文學的論爭，一開始就打上了意識形態的烙印。

其次，色情文學是否是在日本殖民政策的縱容下，起到了隔離政治、爲日本侵略者粉飾太平、麻痹中國人民抗日鬥志的作用了呢？

馮光廉等著的《中國現代文學史教程》中，對於華北淪陷區的色情文學，是這樣評價的：

> 總之，華北淪陷區的僞文藝界的文藝活動，大都有日本文化特務參加，所辦的僞文藝報刊和發表的作品，除歌頌美化日本帝國主義的侵略行徑外，主要是麻醉敵佔區人民的色情文藝、描寫風花雪夜和身邊瑣事的筆記小品等，它是構成日寇對我國實行文化侵略的重要組成部分。〔註109〕

裴顯生教授也認爲這類「整體上適應了敵僞需要的風月文學、情愛文學、色情文學、鬼狐文學、秘聞文學、灰色文學、頹廢文學等等。它們表面上不談政治，脫離政治，實則粉飾淪陷區的現實，消磨淪陷區民眾的鬥志，因此爲敵僞扶持和提倡」。〔註110〕陳遼研究員在《也談淪陷區文學研究中「歷史的原則」——與張泉先生商榷》一文中指出：「（這類）文學則對抗戰起了消極、

〔註108〕上官箏：《一年來華北文壇總清算》，《中國文藝》7卷5期，1943年新年號。
〔註109〕馮光廉等著：《中國現代文學史教程》，濟南：山東教育出版社，1984年，第154頁。
〔註110〕裴顯生：《談淪陷區文學研究中心認識誤區》，《文藝報》2000年4月18日。

阻礙作用」。〔註111〕那麼，是否色情文學就是為了粉飾太平、消磨民眾鬥志，而為敵偽所扶持和提倡的呢？

　　我們看到，日本侵略者十分重視文學藝術在殖民統治中的作用，對文壇進行了積極的干預和滲透，企圖從政治上介入文藝，把文藝納入侵略戰爭的軌道，為「大東亞共榮圈」服務。一開始，他們採取「作戰第一的宣傳報導政策」，赤裸裸地鼓吹「聖戰」，妄圖直接把文學藝術變成其宣傳工具，他們要求文學轉變其消閒的功能：「到現在為止，大多數人一直把文學當做一種消愁解悶的東西，這種傳統的看法現在正在逐漸消除。真正的文學作品必須反映種族和時代的特點。」〔註112〕但是大多數淪陷區文藝工作者，或是出於對國家民族的憂患或是個人前景及生存困境的擔憂，使他們對當局倡導的文藝運動持觀望冷漠態度，真正的附逆文人的漢奸文學創作並不興盛，更沒有出現重要作品。事實上，無論是東北、還是華北、華中、華東，淪陷區文壇初期都顯得沉寂異常，蕭條冷落。

　　在中國淪陷區的戰局基本穩定之後，日本的大陸思想戰方針，也從戰爭喧囂轉變成以娛樂消遣為主，妄圖使淪陷區人民逐步適應並認可殖民統治現實。面對淪陷區文壇長達數年之久的衰落與蕭條的狀況，日本殖民者為改善宣傳效果，也不得不地放棄了「直接的命令」的方式，採取了懷柔和迂迴手段，以此來帶動文化的活躍。龜谷利一在《國民雜誌》上談到了華北新文化建設的方策：

> 為使一般的大眾參加到和平建國的陣容裏來，而用了直接的命令的片面的議論是不大得策的，我們寧可不去講理論，而把安慰和娛樂贈與他們，然後慢慢地使他們理解我們的主張……。〔註113〕

正是在這種情形下，淪陷區的文壇上，描寫風花雪月的言情小說和閒適小品文、隨筆盛極一時，「也就是一般以煽動色情為銷貨手段的書商們乘虛而入的原因」〔註114〕，淪陷區的文學也開始出現了一定程度的復興。

〔註111〕陳遼：《也談淪陷區文學研究中「歷史的原則」—與張泉先生商榷》，《抗日戰爭研究》2003 年第 1 期，第 160 頁。

〔註112〕《文學應負的使命》，《新申報》1939 年 12 月 29 日。

〔註113〕龜谷利一：《華北的雜誌現狀及今後新文化的建設方案》，《國民雜誌》1 卷 8 期，1941 年 8 月。

〔註114〕柳龍光：《大陸視察報告—和平與祖國（一）》，載《華文大阪每日》第 6 卷第 1 期，日本大阪：大阪每日新聞社，昭和十七年。

　　淪陷區色情文學的興盛一方面挫敗了日僞文化當局妄圖利用文學作宣傳工具，爲他們的侵略戰爭助紂爲虐的目的；另一方面，關於色情文學的討論，也把色情文學引向了暴露淪陷區現實社會的黑暗，要求「色情文學」作品主觀上擯除惡意，積極暴露人性的庸俗與病態及其得以產生的社會人生方面的不良狀況，強調色情文學暴露社會黑暗的功能與進行全民教育的作用，從而把論爭的矛頭指向了對日僞當局治下的社會生活現實的不滿，這種結局，也是日僞文化當局所料未及的了。

　　因此，淪陷區色情文學的興盛在一定程度上是日僞當局採取文化懷柔政策的結果，但是畢竟也使日本殖民者無法達到其利用文學爲政治的工具，爲他們的侵略戰爭搖旗吶喊的目的。所以才有這樣的感慨：中國和平地區（淪陷區）的作品，「依然是在廢墟上歎息著悵惘的氣息，依然在風花雪月裏吟詠著感覺與幻想；依然在離奇的戀愛氣息裏構撰著浪漫的傳奇」，從未「完成文學的報國的使命，顯示大東亞主義的新文藝的特色」。〔註115〕而隨著太平洋戰爭的爆發，在戰時體制下，爲鼓舞全體士氣，日本殖民當局鼓勵創作和刊載宣揚「中日協和」、「大東亞聖戰必勝」、「友邦親善」等昂揚鬥志、激發進取精神的綏靖主義文字，而禁止報刊傳媒刊載頹廢、麻痹鬥志的作品，「報紙的色情一類的醜惡新聞的記載，於國家社會的補益甚少，而由於紙的節約，許多的消息不能備載，要求新聞業者，此後對於此類新聞，加以節減限制」。〔註116〕在華北作協 1943 年度春季定期全體會員大會上，華北政務委員會情報局局長管翼賢發表了題爲《中國今日所需要的是積極的「建設文學」》訓辭：

　　　……文藝之爲用，至足影響社會之風習，時代背景之不同，則文藝之方針，亦當隨之而確定。中國立於現階段，有人以復興固有文化爲號召，然就鄙見視之，舊文化之長處，固當發揚，而舊文化之短處，亦必刪去，換言之，中國今日所需要者，非消極之「消閒文學」，乃積極之「建設文學」，文學而云建設，是不能不與現實生活，互爲關係。易辭以言之，即需要「指導頹靡社會，促進向上，並輔助民眾認識時代」之作品，故其內容，必須有生機，有熱力，抑且有「做人之指標」。此種作品，方有時代之價值，蓋社會人士，既已頹唐至

〔註115〕吉士同：《牛步化的前導者》，《文友》，36 號，1944 年 11 月。
〔註116〕孫狐：《報紙的畸形病態》，《國民雜誌》2 卷 9 期，1942 年 9 月。

此程度，若再以風花雪月之詞藻，與夫靡靡沓沓之聲歌，以爲彼輩
精神食糧，此無異飲毒酒於垂危之人也。〔註117〕

日僞當局不但嚴令取締「色情文學」，同時也禁止繼續展開爭論〔註118〕。結果，在一個時期內，不但公孫嬿的小說在華北不見再有發表，就連寫妓女的王朱、寫男女私情的程心粉也受到株連，作品難以面世，甚至連以多產著稱的耿小的的言情小說也受到牽連，一時間全部禁載之列。於是喧囂一時的華北文壇關於色情文學的創作及討論漸漸沉默了。公孫嬿、王朱等「色情文學」作家創作色情文學，反對政治對文學的干預，其遠離政治、消解政治的姿態，也就具有了消極反抗的意義。而眾多參與論爭的作家對色情文學的寬容、引導和維護，也是一種與日僞當局「順向」對抗的巧妙而危險的策略，一種只有在淪陷區那樣特殊的文化政治語境中才會產生的策略。

　　正是在這個意義上，我們看到，淪陷區的「色情文學」在放棄了與民族、國家相關的宏大敘事的同時，依然與之存在著互動關係。正如詹姆遜（Fredric Jameson）在論及第三世界文學與民族寓言時指出，「第三世界的本文，甚至那些看起來好像是關於個人和力比多趨力的本文，總是以民族寓言的形式來投射一種政治：關於個人命運的故事包含著第三世界的大眾文化和社會受到衝擊的寓言。」〔註119〕當淪陷區中國作家標榜「不談政治」的時候，非但不是附逆，反而是一種大膽的抗爭。在淪陷時期標榜不談政治，所迴避的正是殖民者所要求所推行的意識形態。約定俗成的模式是，當人們把談不談政治作爲一項評判指標來使用時，往往旨在說明被評判者是擁護還是反對在社會中占統治地位的意識形態。所以這種迴避政治、冷落統治當局的做法上昇到「政治」的高度，不正說明了它的反叛性？站在中國人的立場上來看，堅持在日本人的統治下「不談政治」，在政治上無疑是正確的。反過來這又印證了詹明信有關第三世界文本寓言特徵的論斷，即：第三世界的文本總是以民族寓言的形式投射一種政治，而這種政治無疑也具有反抗帝國主義的民族主義傾向。

〔註117〕管翼賢：《中國今日所需要的是積極的「建設文學」》，《華北作家月報》第 6期，1943 年 6 月 20 日。

〔註118〕「華北各地均有整頓文壇傾向，當局亦禁止載色情描寫作品。」見葉凡《文化短訊》，《華文大阪每日》10 卷 3 期，1943 年 2 月 1 日。

〔註119〕詹姆遜：《處於跨國資本主義時代的第三世界文學》，見張京媛主編：《新歷史主義與文學批評》，北京大學出版，1993 年，第 235 頁。

二、對五四性解放思潮及西方性愛文學影響的回應

華北文壇關於色情文學討論中，我們看到，大部分作家和評論家對色情文學持比較寬容和維護的肯定態度。夏蟲之流從「性愛是生命延續的必要方法」入手，探討色情文學對人性中被壓抑成分的表現，具有反封建的意義。[註120] 公孫嬿、王朱、楚天闊、麥靜、楊六郎等都從各個方面肯定性愛的積極價值和意義，認為「男女之性生活是生命的潤澤」，抨擊反對色情文學者是受了「千年禮教的遺毒」，不敢正視人類內心的欲望，露出人類「真正的面孔」的假道學[註121]。林慧文更是從廚川白村、弗洛伊德的理論中為色情文學尋到辯護的理由，從道德立場上寬恕了色情文學，從反對禁欲和偽善主義的角度出發，指出色情文學「絕對不是不道德的文學」，而且「色情文藝和描寫其它社會生活的作品一樣，都是人間苦悶的象徵，站在社會的或道德的觀點，都沒有反對的必要」，文學描寫普通人的「性要求」與「性欲望」，是「正當的」。[註122]

從大批作家文人對色情文學的維護行為，他們在文章中表現出信任的態度，以及反覆強調它的暴露與教育功用，試圖將其引向更加規範化、道德化的藝術道路，這種對色情文學意義的引導與提升，是頗值得深思的文化現象。一方面，這是在淪陷區特殊政治文化語境下對日偽當局的一種「順向對抗」；另一方面，也是對五四個性解放思潮和西方性愛思潮的回應。

北京曾經是新文化運動的中心，「五四」新文學傳統的深厚，使得「五四」時期文學的影響成為華北淪陷區文學產生、發展的又一背景。由於淪陷區特殊的政治文化語境，這種影響也是以變調的形式出現，在論及 1939 年至 1941 年華北文壇思潮時，楚天闊談及了其三種「可以明白地覺察得到的」傾向。其一是「個人主義」，雖然它已失去了「五四」時期的進步意義，而把單獨的個人整個和社會時代分離開；其二是「唯美主義的傾向，這也就是說一般忽視文章的內容，只在表面的字句上下功夫」；其三是「浪漫主義的傾向」，「大半作品描寫的對象全是都市裏的青年男女、知識階級的愛情故事。很少有人去這城市以外或是不被人注意的生活角落裏找尋題材」，論者

〔註120〕夏蟲之流：《論色情描寫——讀公孫嬿作〈北海渲染的夢〉後有感》，《國民雜誌》2 卷 2 期，1942 年 2 月。
〔註121〕公孫嬿：《我和「色情文藝」》，《國民雜誌》2 第 6 期，1942 年 6 月。
〔註122〕林惠文：《關於色情文藝》，《中國文藝》6 卷 1 期，1942 年 3 月號。

將這三種傾向稱之爲「在『象牙之塔』中產生作品」〔註 123〕。在前文我們已經談到，這種同現實、時代的「疏離」、遠離政治的姿態，是作家們無力擺脫淪陷區嚴峻的現實政治文化語境的產物。因此，在淪陷區色情文學泛濫的現實下，我們看到的，是眾多的作家文人的寬容和引導。他們努力提升色情文學的品質，不斷地引申、擴大「色情文學」的所指範圍，試圖以此取消其爲人所詬病的特殊性質；同時又反覆強調它的暴露與教育功用，試圖將其引向更加規範化、道德化的藝術道路。在面對教育水準、文化素質普遍很低的淪陷區的社會現狀，他們一方面提倡普及鄉村教育，另一方面又對受教育程度極低的大眾的世俗趣味表現出了少有的尊重。可以說，正是在淪陷時期華北文壇的這種文化政治語境中，通常被當作低級趣味的色情文學才得以光明正大地興旺起來。一些評論文章中還表現出了對待性愛文學肯定和讚賞的態度，他們反覆宣稱「性行爲是至高的，尊嚴的，男女之間的情調是新鮮活潑的」。〔註 124〕正是在不斷引申與擴大色情文學的所指這一行爲本身，鮮明地體現出了當時的作家們對人性的普遍性內容的認同與肯定，對人類日常生活中各種欲念、欲望、欲求的理解與寬容。可以說，在這方面他們顯然超越了 1930 年代大多數左、右派文人，這種與眾不同的文藝觀，表現出了少見的廣度與包容性，而且於不經意間走向了大眾生活的隱秘領域，向內在的人性與人性的內在欲求掘進。

這種對大眾「性要求」與「性生活」的公開討論與肯定，是這場「色情文學」討論中最耐人尋味的現象。眾多的作家文人對文學專注於描寫普通人「性要求」與「性欲望」的寬容與理解，從抒發人性、衝破禁忌、解放思想的角度爲色情文學所作的辯護，我們無疑可以看到其內部蘊藏著承接「五四」、甚至超越「五四」個性解放思想的現代觀念。一些作家顯然已經意識到了這「現代性」：

> 中國新文學的產生，首先是思想的解放，因之，不但對於過去被人忽視的作品被提倡和研究，新的創作也自然解放了莊重的「正人君子」態度，而是一種人生真實地反映。浪漫主義的傾向，是一個明顯的特徵。〔註 125〕

〔註 123〕楚天闊：《一年來的北方文藝界》，《中國公論》6 卷 4 期，1942 年 1 月。
〔註 124〕公孫嬿：《我和「色情文藝」》，《國民雜誌》2 卷 6 期，1942 年 6 月。
〔註 125〕林惠文：《關於色情文藝》，《中國文藝》第 6 卷第 1 期，1942 年 3 月號。

其次，多元化借鑒外國文學的價值尺度，也讓我們看到西方性愛文學影響，及其同「五四」時期新文學的直接聯繫。

我們知道，五四新文學是在西方文學的影響下發展成長起來的，五四的個性解放思潮，在某種程度上，即表現爲性解放的思潮。而受西方文學思潮、尤其是西方性愛文學的影響，私小說（The I-novel）、色欲小說（The erotic fiction）和新感覺派小說等在二、三十年代的中國文壇就已頗爲流行。然而由於日本侵華戰爭的爆發，淪陷區文壇與西方文學的交流也受到影響。隨著中國廣大的領土相繼的淪喪，日僞當局不斷地提倡「東方文化本位主義」，借「復興東亞，回歸傳統」爲名來推行其殖民主義思潮，使「東方文化傳統」塗抹上了濃厚的殖民政治色彩。他們高呼建立以日本文學爲核心爲榜樣的「大東亞文學」，妄圖切斷中國文學與西方文學的聯繫，以反對在西方文化與文學影響下出現的中國新文化與新文學運動，實現其對中國的文化殖民，因此，在荒蕪的淪陷區文壇上，介紹歐美文學的工作一度也顯得沉寂。直至 1939 年末，華北文藝界還有人作如此評述：「這一年北方的文藝界始終是孤立著，對於西方文藝界老是隔離的。不但西洋的新創作沒有人翻譯，就是一點消息，那些流行作品的名字，也是永不得知。」〔註 126〕但是，淪陷區文壇的作家們從來沒有停止過恢復中西文學交流的努力，他們呼籲：「有人應該向這一方面用點力，那於我們文藝界直接間接都會有一點幫助的」〔註 127〕。1941 年華北文壇的中興也是在更強烈地呼籲介紹西方文學中開始的。新年伊始，蔣瀕便在「爲未來的文藝找幾條道路」中寫道：「第一，我們需要大量的介紹西洋作品。這不但是適應著現下難產有生力量創作的環境，也是事實上該介紹的工作。創作界的貧乏是需要靠異地的水來滋長的。過去的影響是一個鐵證。我們願意以研究的精神，來介紹作家，介紹思想，翻譯作品……這工作也是永無盡頭。誰說不是有意義的工作呢？」〔註 128〕把「介紹西洋作品」作爲「爲文藝謀出路」的「第一」重要，在「東亞聖戰」，在日本殖民者大力鼓吹「擊滅英美」的「思想戰」，一些附逆文人也大肆叫囂「把本國的文化傳統從外國的影響下

〔註 126〕楚天闊：《1939 年北方文藝界論略》，轉引自徐迺翔、黃萬華著，《中國抗戰時期淪陷區文學史》，福州：福建教育出版社，1995 年，第 193 頁。

〔註 127〕楚天闊：《1939 年北方文藝界論略》，轉引自徐迺翔、黃萬華著，《中國抗戰時期淪陷區文學史》，福州：福建教育出版社，1995 年，第 193 頁。

〔註 128〕蔣瀕：《舊的過去和新的未來—1941 歲首看北方文壇》，《中國文藝》3 卷 5 期，1941 年 1 月。

再拿回來」,「復興東亞的古典」〔註129〕的政治情勢下,是如此不合時宜,自然也不可能取得多大成效,但它卻表明了淪陷區作家希望承續五四新文化精神,振興文壇的一種認識和努力。

正是在這樣特殊的現實政治文化語境下,華北淪陷區關於色情文學的討論,論爭的方向很快地就轉向了對廣義的性愛文學的理解上來。在《國民雜誌》社組織的誌上聚談中,開列了評價以性描寫著稱的世界名家名作十個話題,就包括勞倫斯的《查泰萊的夫人》、塞孚寧娜的《維里尼亞》、萊蒙托夫的《當代英雄》、莫泊桑的作品如《聖誕前夜》《可可特小姐》《哼哼小姐集》《床邊協議》等、沙多布里昂的《亞達娜》(即《性的故事》)、王爾德的《道連格雷的畫像》、薩克萊的作品、以及《大學生的私生活》《蕩婦自傳》等一大批西方文學史上優秀的性愛文學作家作品,參加討論的作家們都一致充分肯定了這些西方性愛文學的成就。在聚談中,作家們還廣泛涉及對浪漫主義、自然主義、寫實主義與犬儒唯美派、英國藹理斯的性心理學、弗洛伊德精神分析學說以及柏格森、叔本華的學說等19、20世紀最新的西方哲學、心理學知識的介紹和討論,以及引用西方近現代的哲學、心理學成果作為自己的分析解剖問題的理論依據。從這些論爭我們可以看出,淪陷區的寫作者和評論者大都能從藝術與人性的角度,來把握和欣賞西方作品,對外國優秀的性愛學說及文學的理解,已達到了很深的層次。因此,這些論爭不僅在淪陷區文壇起到了介紹西方文學、文化的作用,其多元化借鑒外國文學的價值尺度,也讓我們看到其與西方性愛文學影響,及其同「五四」時期新文學的直接聯繫。

三、淪陷區末世頹風的影響

淪陷區色情文學的活躍,我們看到,也和戰亂所造成的末世頹風有關。

從讀者方面來說,戰爭以及隨之而來的社會動蕩,使廣大的人民倍感生命的脆弱。侵略者的淫威和屠殺,更是使淪陷區人民的生命隨時受到威脅,產生朝不保夕之感。在這樣的動蕩不安中,到處充斥著的是感傷主義和虛無的思想,在這樣的末世感受中,直接的感官享受所具有的誘惑性和吸引力,也就因此得到凸顯了。由感官而產生的快樂帶有如此強烈的現實性,是如此

〔註129〕邱一凡:《國民文學和傳統文學》,《中國文學》1卷3期,1944年3月。

的直接和真實，性本身就成了一切，人們不必再顧及價值的界限，無視社會、歷史加諸它的種種規則，只要按照它的潛意識規則行事，似乎就可以麻醉神經，放棄理想主義，忘記戰爭給民族、給個人造成的巨大傷痛。由公孫嬿小說的故事裏，便不難見到代表著一類群青年人的生活，宿娼、捧女戲子、兒戲的戀愛……喝酒、西餐、洋服、汽車……以及處女的童貞，失戀的自殺等等，「這是墮落的市民階級生活中的點綴和他們的麻醉藥，也正是今日都市文明中的一面影，而且社會的畸形發展，也正有可能產生這樣的傳奇」。〔註130〕「世紀末市民階層的生活，便家家染有墮落的傾向，淫欲事實上也正是一種墮落，反映在文學作品中，便是感傷主義的外衣與虛無的思想，這便會引起色情文學的活躍。」〔註131〕胡蘭成在一篇文章中也說：「不知道從什麼時候起的，中國人的生活變得這樣瑣碎，零亂，破滅。一切兇殘，無聊，貪婪，穢褻，都因爲活得厭倦，這厭倦又並不走到悲觀，卻只走到麻木，不厭世而玩世。」〔註132〕在淪陷區，性無疑是醉生夢死的人們精神的安慰和寄託，就如鴉片一樣。因此，閱讀「色情文學」，無疑成爲他們進行精神和心理補償的廉價易得的方式。

其次，從作者方面來說，淪陷時期的作家文人已經失去了二三十年代的文人們在社會生活中擁有或自以爲擁有的中心地位，同時由於戰爭的動蕩不安，文人普遍地感到自身沒落的悲哀，文學作品中到處充斥著感傷主義和虛無的思想，這也造成了色情文學創作的活躍。可以說，頹廢主義正是人們陷入『民族末路』感傷之中，無力克服世紀末痛苦時產生的。另外，也是淪陷區作家爲了自己的生存，投合市民文化的需求而產生的。

雖然在 20 世紀 20 年代初文壇上也曾出現過關於郁達夫的小說和湖畔詩人的詩是否「色情」的討論，但華北淪陷區關於「色情文學」的討論才是中國現代文學史上唯一的一次大規模的關於文學中性描寫問題的討論。這次討論一方面通過否定「文學政治性」而挫敗了日僞企圖干涉中國淪陷區文學的目的，具有積極的現實意義；另一方面，其後期討論中對於如何對待文學中的性描寫，也具有較大的啓示意義。這次「色情文學」討論，雖然還存在理

〔註130〕上官箏：《一年來華北文壇總清算》，《中國文藝》7 卷第 5 期，1943 年新年號。

〔註131〕上官箏：《讀滿洲作家特輯兼論華北文壇》，《中國文藝》7 卷 2 期，1942 年 10 月。

〔註132〕胡蘭成：《周作人與魯迅》，《雜誌》13 卷第 1 期，1944 年 4 月，復刊第 21 號。

論上的粗糙，系統性不夠等欠缺，但其討論的視野是非常開闊的，討論中把古今中外性描寫的名家名作收入討論話題，從古今中外文學中性描寫是普遍現象談起，對那些涉性描寫較多卻又具有較大價值的世界名著，從其產生的時代風氣與社會背景、作家性描寫的意圖的角度來進行具體研究，探討其性描寫多而又不失為有價值的優秀之作，來引導人們如何來看待性描寫多的作品，同時又在理論上，從文學的本質、現象、發展以及讀者接受學、社會學、道德學等方面來展開討論，大大提高了人們的認識水平。這次討論所蘊涵的文學史、思想史意義值得我們繼續深入探究。

結　語

「飲食男女，人之大欲存焉」，性是人類最基本的本能，是一種最自然的生命行為，同時也是人性的重要組成部分，性和生命聯在一起構成完整的人生。而人又是社會的人，「交媾從來不在真空中進行；雖然它本身是一種生物的和肉體的行為，但它深深植根於人類事務的大環境中，是文化所認可的各種各樣的態度和價值的縮影。」〔註1〕因此，文化從其產生之初，就必然包含了情色文化這一重要的分支。而作為人類生活反映的文學，也必然包含了情色文學。中國是有著 5000 年悠久歷史的文明古國，有著光輝燦爛的文化和文學。而中國文學從誕生的那一天起，性作為審美關照或文藝表現的對象，在各種體裁的作品裏就未曾斷絕過。源遠流長的中國古代情色文化和情色文學，作為一種文化心理，積澱在了後代人的精神結構中，對他們的生活產生著巨大的影響。

性是一種生理本能，但對性本能的認識卻與一個時代的「權力——知識——快感的體制」〔註2〕相關。古今中外歷史上，對性的認識和社會的性倫觀念都有一個發展和變化的過程。中國古代也有過性意識相當開放的時期，如被稱為髒唐臭漢的漢唐時代，實際上這個稱呼也是對漢唐時代放縱的性關係的諷刺。但在宋代之後，儒家的「存天理滅人欲」思想逐漸高揚，清代則將宋明以來的性愛行為禁錮發展為性的精神禁欲，全面建立起精神禁欲系統，傳統的性道德觀念逐漸成了禁錮人的枷鎖。

〔註 1〕　〔美〕凱特・米利特著，宋文偉譯：《性的政治》，南京：江蘇人民出版社，
　　　　　2000 年，第 32 頁。
〔註 2〕　〔法〕米歇爾・福柯著，余碧平譯：《性經驗史》，上海人民出版社，2002 年，
　　　　　第 10 頁。

　　從晚清開始，中國社會和文化在外來力量的影響下逐漸開始了全面的轉型。五四時期無疑是中國非常重要的社會變革時代，並產生了震撼歷史的新文化運動。在新文化運動關於民主、科學等宏大的話語下，我們看到，「民主、科學的關懷可能屬於五四精英文化的層面，而一般多數民眾真正關心的多半是家庭、婚姻、愛情等問題，因為這才是個人能切身體驗到的。」〔註3〕新文化運動由對「人」的發現，「性」的發現，掀起了一場轟轟烈烈的性愛思潮運動，性愛問題以巨大的吸引力，成為當時社會輿論的一大興奮點。現代知識分子們打破性的禁錮、蒙昧與壓抑，揭露和批評傳統性道德的同時，也開始了現代性愛意識的建構。現代性愛觀的傳播，極大地改變了國人認識層面的價值秩序，成為「五四」文學乃至整個中國文化中最引人注目的現代觀念之一，它的變動在某種程度上反映了一個時代的啟蒙深度。

　　現代性愛思潮的風起雲湧，在傳統的性道德觀念的解構和新性道德的建立過程中，也帶來了價值標準的多元以至混亂，性解放和性話語的泛濫，成為一個時代的突出表徵。這必然對民國時期的社會文化和文學產生了深刻的影響，尤其是對民國情色文化和情色文學的影響更大。現代新文學作家們，或者將性作為革命和解放的途徑，在其私人化的情欲敘述後面，寄託著國家民族或者階級的宏大話語價值或意義；或者疏離於性的外在的社會角色，關注對性愛本身的價值和意義的探索，在肆意的享樂和狂歡中透露出的是世紀末的唯美與頹廢情結；或者從讚美原始性愛的野性與生命力中，表達著對健康人性的追求和對文明的異化問題的思索；或者以性作為兩性問題的切入點，女性主義在這裏發出了自己的聲音。與精英作家們情欲敘述和文化追求有別，通俗文學中所表現的是市民大眾文化對情欲的追逐和發泄。考查其中的近代上海小報無疑是一個極為有效的途徑，它一向被目為粗鄙的下層市民的文化消遣而受到學界的輕視和忽略，其濃鬱的色情意味更使研究者避而遠之，因而其文化意義長期未得到認真研究。但是，正是這些極為蕪雜豐富的文本，給予了我們極為真實的普通市民世俗生活情況的資料，包括他們情欲的滿足和放縱，以及由此透露出來的情色文化傳統與現代的碰撞、交融及變遷。

　　本文以現代性愛思潮的發展、傳統性道德的解構和新性道德建構為背

〔註3〕彭小妍：《性啟蒙與自我的解放——「性博士」張競生與五四的色欲小說》，《文藝理論研究》，1995年第4期。

景，來探索民國時期情色文化與文學的關係。無疑，這是一個充滿了斷裂、遮蔽的領域，性的隱秘性和禁忌性決定了性是一個永遠難以公開討論的話題，「在中國文化中，『性』與『愛』一向是不能合一的，『性』從來就被視爲淫穢、色情的代名詞，難登大雅之堂。」〔註4〕在「載道」和禁欲主義思想的影響下，簡單的道德判斷取代了嚴謹的學術研究。然而學術研究沒有禁區，一旦我們脫下道德的假面，排除對性虛僞不必要的羞恥感，坦然面對過去的文學和文化傳統，我們將驚異地發現一個和我們過去的認知全然不同，但卻更接近眞實、更具人性的世界。

　　這個領域也是一片有待開墾的處女地，許多資料還在長期塵封中無人問津。筆者的研究僅僅是一個拋磚引玉的起步，有待方家批評指正，也希望更多的研究者深入探討。

〔註 4〕董健等編：《中國當代文學史新稿》，北京：人民文學出版社，2005 年，第 427 頁。

參考文獻

1. 〔德〕愛德華‧福克斯著，楊德友譯：《情色藝術史》，西安：陝西師範大學出版社，2004 年。

2. 〔英〕安東尼‧吉登斯，陳永國、汪民安等譯：《親密關係的變革——現代社會中的性、愛和愛欲》，北京：社會科學文獻出版社，2001 年。

3. 〔美〕阿爾伯特‧莫德爾著，劉文榮譯，《文學中的色情動機》，上海：文匯出版社，2006 年。

4. 〔美〕艾‧弗羅姆著，李健鳴譯：《愛的藝術》，北京：商務印書館，2000 年。

5. 〔法〕安克強著，袁燮銘、夏俊霞譯：《上海妓女——19～20 世紀中國的賣淫與性》，上海古籍出版社，2004 年。

6. 〔英〕阿蘭‧斯威伍德著，馮建三譯：《大眾文化的迷思》，臺北：遠流出版公司，1993 年。

7. 〔英〕藹理士著，潘光旦譯：《性心理學》，北京大學出版社，2000 年。

8. 〔法〕波德里亞著，劉成富、全志鋼譯：《消費社會》，南京大學出版社，2000 年。

9. 包天笑：《釧影樓回憶錄》，香港：大華出版社，1971 年。

10. 包天笑：《釧影樓回憶錄續編》，香港：大華出版社，1973 年。

11. 包天笑：《上海春秋》，上海古籍出版社，1991 年。

12. 陳東原：《中國婦女生活史》，上海：商務印書館，1937 年。

13. 陳建華：《「革命」的現代性——中國革命話語考論》，上海古籍出版社，2000 年。

14. 陳建華：《革命與形式：茅盾早期小說的現代性展開》，上海：復旦大學出版社，2007 年。

15. 陳無我：《老上海三十年見聞錄》，上海：大東書局，1928 年。

16. 陳益源：《古典小說與情色文學》，臺北：里仁書局，2001 年。

17. 程光煒編：《周作人評說 80 年》，北京：中國華僑出版社，2000 年。

18. 丁玲：《丁玲選集》，成都：四川人民出版社，1995 年。

19. 范伯群：《中國近現代通俗文學史》，南京：江蘇教育出版社，2000 年。

20. 〔英〕弗洛伊德著，騰守堯譯：《性愛與文明》，合肥：安徽文藝出版社，1987 年。

21. 馮沅君：《卷菻》，北京：人民文學出版社，1983 年。

22. 婦運史研究室編：《五四時期婦女問題文選》，北京：三聯書店，1981 年。

23. 〔美〕耿德華著，張泉譯：《被冷落的繆斯：中國淪陷區文學史（1937～1945）》，北京：新星出版社，2006 年。

24. 高福進：《洋娛樂的流入：近代上海的文化娛樂業》，上海人民出版社，2003 年。

25. 〔荷蘭〕高佩羅著，李零，郭曉惠等譯：《中國古代房內考》，上海人民出版社，1990 年。

26. 〔荷蘭〕高佩羅著，楊權翻譯：《秘戲圖考》，廣州：廣東人民出版社，2005 年。

27. 戈公振：《中國報學史》，上海：商務印書館，1928 年。

28. 何滿子：《中國愛情與兩性關係——中國小說研究》，臺北：臺灣商務印書館，1997 年。

29. 〔美〕霍塞著，紀明譯：《出賣的上海灘》，上海：商務印書館，1962 年。

30. 〔美〕賀蕭著，韓敏中等譯：《危險的愉悅——20 世紀上海的娼妓問題與現代性》，南京：江蘇人民出版社，2003 年。

31. 洪煜：《近代上海小報與市民文化研究（1897～1937）》，上海書店出版社，2007 年。

32. 胡道靜：《上海新聞事業之中的發展》，上海通志館，1935 年。

33. 黃子平：《灰闌中的敘述》，上海文藝出版社，2001 年。

34. 〔英〕H·蒙哥馬利·海德著，劉明等譯《西方性文學研究》，海口：海南人民出版社，1988 年。

35. 〔美〕J·韋克斯：《性，不只是性愛》，北京：光明日報出版社，1989 年。

36. 江曉原：《性感：一種文化解釋》，海口：海南出版社，2003 年。

37. 江曉原：《雲雨：性張力下的中國人》，上海：東方出版中心，2006 年。

38. 江曉原：《中國的性神秘》，北京：國際文化出版公司，1993 年。

39. 解志熙：《美的偏至》，上海：文藝出版社，1998 年。

40. 金介甫：《鳳凰之子──沈從文傳》，北京：中國友誼出版社，2000 年。

41. 〔美〕凱特・米利特著，宋文偉譯：《性政治》，南京：江蘇人民出版社，1999 年。

42. 康正果：《身體和情欲》，上海文藝出版社，2001 年。

43. 康正果：《重審風月鑒：性與中國古典文學》，瀋陽：遼寧教育出版社，1998 年。

44. 孔慶東：《青樓文化》，北京：世界知識出版社，2008 年。

45. 〔美〕理安・艾斯勒著，黃覺、黃棣光譯：《神聖的歡愛》，北京社會科學文獻出版社，2004 年。

46. 李秉新等：《近代中國娼妓史料》，石家莊：河北人民出版社，1998 年。

47. 〔美〕魯濱遜著，方可譯：《性的知識》，上海：開明書店，1926 年。

48. 〔美〕理查德・A・波斯納著，蘇力譯：《性與理性》，北京：中國政法大學出版社，2002 年。

49. 〔英〕勞拉・穆爾維著，鍾仁譯：《戀物與好奇》，上海人民出版社，2007 年。

50. 李長莉：《晚清上海社會的變遷──生活與倫理的近代化》，天津人民出版社，2002 年。

51. 李今：《海派小說與現代都市文化》，合肥：安徽教育出版社，2000 年。

52. 李楠：《晚清民國時期上海小報》，北京：人民文學出版社，2006 年。

53. 〔美〕李歐梵：《上海摩登──一種新都市文化在中國 1930～1945》，北京大學出版社，2001 年。

54. 〔美〕李歐梵：《現代性的追求》，北京：三聯書店，2000 年。

55. 〔美〕李歐梵：《中國現代作家的浪漫一代》，北京：新星出版社，2005 年。

56. 李嶸明《浮世代代傳──海派文人說略》，北京：華文出版社，1997 年。

57. 李銀河：《福柯與性》，濟南：山東人民出版社，2001 年。

58. 李銀河：《同性戀亞文化》，北京：中國友誼出版公司，2002 年。

59. 林芳玫：《色情研究》，臺北：臺灣商務印書館，2006 年。

60. 林樹明：《多維視野中的女性主義文學批評》，北京：中國社會科學出版社，2004 年。

61. 凌叔華：《凌叔華經典作品》，北京：當代世界出版社，2003 年。

62. 劉達臨：《性與中國文化》，北京：人民出版社，1999 年。

63. 劉達臨：《中國情色文化史》，北京：人民日報出版社，2003 年。

64. 劉達臨：《中國性史圖鑒》，長春：時代文藝出版社，2003 年。

65. 劉慧英：《走出男權傳統的樊籬——文學中男權意識的批判》，北京：三聯書店，1995 年。

66. 劉吶鷗：《劉吶鷗小說全編》，上海：學林出版社，1997 年。

67. 劉欽偉編：《中國現代唯美主義作品選（上、下冊）》，廣州：花城出版社，1996 年。

68. 劉思謙：《「娜拉言說」——中國現代女作家心路紀程》，上海：上海文藝出版社，1993 年。

69. 劉文榮：《歐美情色文學史》，上海：文匯出版社，2009 年。

70. 劉小楓：《沉重的肉身：現代性倫理的敘事緯語》，上海人民出版社，1999 年。

71. 柳鳴九：《法蘭西風月談》，瀋陽：遼寧教育出版社，2001 年。

72. 盧建榮主編：《性別、政治與集體心態——中國新文化史》，臺北：麥田出版社，2001 年。

73. 盧隱：《盧隱作品選》，北京：中央民族大學出版社，2005 年。

74. 魯迅：《中國小說史略》，上海古籍出版社，1998 年。

75. 羅蘇文：《女性與近代中國社會》，上海人民出版社，1996 年。

76. 〔日〕笠原仲二著，魏常海譯：《古代中國人的美意識》，北京大學出版社，1987 年。

77. 〔美〕羅茲·墨菲：《上海——現代中國的鑰匙》，上海人民出版社，1986 年。

78. 馬光仁主編：《上海新聞史》，上海：復旦大學出版社，1996 年。

79. 茅盾：《茅盾全集》，北京：人民文學出版社，1984 年。

80. 〔美〕馬爾庫塞著，黃勇、薛民譯：《愛欲與文明》，上海譯文出版社，1987 年。

81. 〔英〕瑪麗·伊格爾頓著，胡敏譯：《女權主義文學理論》，長沙：湖南文藝出版社，1989 年。

82. 梅生編：《中國婦女問題討論集》第五冊，上海新文化書社，1923 年。

83. 孟悅、戴錦華：《浮出歷史地表》，鄭州：河南人民出版社，1989 年。

84. 孟兆臣：《中國近代小報史》，北京：社會科學文獻出版社，2005 年。

85. 閔傑：《近代中國社會文化變遷錄》，杭州：浙江人民出版社，1998 年。

86. 穆時英：《公墓》，上海：現代書局，1933 年。

87. 穆時英：《紅色的女獵神》，北京師範大學出版社，1993 年。

88. 潘綏銘：《中國性革命縱論》，高雄：萬有出版社，2006 年。

89. 彭小妍：《海上說情欲：從張資平到劉吶鷗》，臺北：中研院文哲所籌備處，民國 90 年。

90. 〔日〕橋爪大三郎著,馬黎明譯:《性愛論》,天津:百花文藝出版社,2000年。

91. 〔法〕喬治·巴塔耶著,劉暉譯:《色情史》,北京:商務印書館,2003年。

92. 齊衛平、朱敏彥、何繼良等著:《抗戰時期的上海文化》,上海人民出版社,2001年。

93. 錢理群主編,封世輝、黃萬華副主編:《中國淪陷區文學大系》,南寧:廣西教育出版社,2000年。

94. 錢理群主編:《對話與漫遊:四十年代小說研讀》,上海文藝出版社,1999年。

95. 秦紹德:《上海近代報刊史論》,上海:復旦大學出版社,1993年。

96. 芮和師、范伯群等編:《鴛鴦蝴蝶派文學資料》,福州:福建人民出版社,1954年。

97. 邵洵美:《花一般的罪惡》,上海:金屋書店,1928年。

98. 邵洵美:《詩二十五首》,上海:時代圖書公司,1936年。

99. 邵洵美·《五月》,上海:金屋書店,1928年。

100. 沈從文:《沈從文全集》,太原:北嶽文藝出版社,2002年。

101. 盛英:《二十世紀中國女性文學史》,天津人民出版社,1995年。

102. 施蟄存:《十年創作集》,華東師範大學出版社,1996年。

103. 史秉慧編:《張資平評傳》,上海:現代書局,1932年。

104. 蘇冰:《允諾與恐嚇:20世紀中國性主題文學的文化透視》,西安:太白文藝出版社,1995年。

105. 孫琴安:《性文學十講》,重慶出版社,2001年。

106. 〔美〕史書美著,何恬譯:《現代的誘惑:書寫半殖民地的中國的現代主義(1917~1937)》,南京:江蘇人民出版社,2007年。

107. 田中陽:《百年文學與市民文化》,長沙:湖南教育出版社,2002年。

108. 王珞編:《沈從文評說八十年》,北京:中國華僑出版社,2004年。

109. 〔英〕威克斯著,宋文偉、侯萍譯:《20世紀的性理論和性觀念》,南京:江蘇人民出版社,2002年。

110. 王書奴:《中國娼妓史》,北京:團結出版社,2004年。

111. 王向遠:《「筆部隊」與侵華戰爭》,北京師範大學出版社,1999年。

112. 王朱:《舊時代的插曲》,天津:中國沙龍美術公司,1941年。

113. 王自立、陳子善主編:《郁達夫研究資料》,天津人民出版社,1982年。

114. 魏紹昌編:《鴛鴦蝴蝶派研究資料》,上海文藝出版社,1962年。

115. 吳存存：《明清社會性愛風氣》，北京：人民文學出版社，2000 年。

116. 吳福輝：《都市旋流中的海派小說》，長沙：湖南教育出版社，1995 年。

117. 〔保加利亞〕瓦西列夫著，趙永穆等譯《情愛論》，北京：三聯書店，1984 年。

118. 武舟：《中國妓女文化史》，上海：東方出版中心，2006 年。

119. 謝鵬雄：《文學中的性》，臺北：九歌出版社，中華民國 83 年。

120. 熊秉真、呂妙芬主編：《禮教與情欲：前近代中國文化中的後／現代性》，臺北：中央研究院近代史研究所，民國八十八年。

121. 熊月之主編：《上海通史》，上海人民出版社，1999 年。

122. 徐岱：《邊緣敘事：20 世紀中國女性小說個案批評》，上海：學林出版社，2002 年版。

123. 〔法〕西蒙娜‧德‧波伏娃著，陶鐵柱譯：《第二性》，北京：中國書籍出版社，1998 年。

124. 徐迺翔、黃萬華：《中國抗戰時期淪陷區文學史》，福州：福建教育出版社，1995 年。

125. 徐仲佳：《現代性愛的中國形象簡史》，哈爾濱：黑龍江人民出版社，2009 年。

126. 徐仲佳：《性愛問題：1920 年代的中國小說的現代性闡釋》，北京：社會科學文獻出版社，2001 年。

127. 許道明：《海派文學論》，上海：復旦大學出版社，1999 年。

128. 嚴家炎編：《中國新感覺派小說選》，北京：人民文學出版社，1985 年。

129. 楊義勝：《思潮與實踐：民國初期的性教育》，合肥：安徽師範大學出版社，2007 年。

130. 姚玳玫：《想像女性——海派小說的敘事》，北京：社會科學出版社，2004 年。

131. 姚公鶴：《上海閒話》，上海古籍出版社，1989 年。

132. 葉德輝編：《雙梅影暗叢書》，海口：海南國際新聞出版中心，1995 年。

133. 葉靈鳳：《豔情》，長春：吉林人民出版社，1995 年。

134. 葉舒憲：《高唐神女與維納斯：中西文化中的愛與美主題》，北京：中國社會科學出版社，1997 年。

135. 葉舒憲主編：《性別詩學》，北京：社會科學文獻出版社，1999 年。

136. 易家鉞、羅敦偉：《中國家庭問題》，上海：泰東書局，1924 年。

137. 余鳳高：《西方性觀念的變遷——西方性解放的由來與發展》，長沙：湖南文藝出版社，2004 年。

138. 郁達夫:《郁達夫全集》,杭州:浙江大學出版社,2007 年。

139. 〔美〕約翰·奧尼爾著,張旭春譯:《身體形態——現代社會的五種身體》,瀋陽::春風文藝出版社,1999 年。

140. 張國星主編:《中國古代小說中的性描寫》,天津:百花文藝出版社,1993 年。

141. 張紅:《從禁忌到解放:20 世紀西方性觀念的變遷》,重慶出版社,2006 年。

142. 張京媛主編:《新歷史主義與文學批評》,北京大學出版,1993 年。

143. 張競生:《性史:1926》,臺北:大辣出版社,2005 年。

144. 張競生:《張競生文集》(上、下卷),廣州出版社,1998 年。

145. 張鳴:《歷史的壞脾氣:晚近中國的另類觀察》,北京:中國檔案出版社,2005 年。

146. 張培忠:《文妖與先知》,北京:三聯書店,2008 年。

147. 張泉:《抗戰時期的華北文學》,貴陽:貴州教育出版社,2005 年。

148. 張偉編:《花一般的罪惡——獅吼社作品、評論資料選》,上海:華東師範大學出版社,2002 年。

149. 張仲禮主編:《近代上海城市研究》,上海人民出版社,1990 年。

150. 張資平:《愛力圈外》,上海:樂華圖書公司,1932 年。

151. 張資平:《愛之焦點》,北京:中國文聯出版公司,1989 年。

152. 張資平:《沖積期化石·飛絮·苔莉》,北京:人民文學出版社,1988 年。

153. 張資平:《張資平小說選》,廣州:花城出版社,1994 年。

154. 章克標:《一個人的結婚》,廣州:花城出版社,1996 年。

155. 章錫琛主編:《新性道德討論集》,上海開明書店,1925 年。

156. 章義和、陳春雷:《貞節史》,上海文藝出版社,1999 年。

157. 趙君豪:《中國近代之報業》,上海:申報館,1938 年。

158. 趙凱:《伊甸園景觀:性愛與文學創作》,長沙:湖南師範大學出版社,1992 年。

159. 趙園:《艱難的選擇》,上海文藝出版社,1986 年。

160. 鍾雯:《四大禁書與性文化》,哈爾濱出版社,1993 年。

161. 周列:《黃色新聞思潮論》,湖南大學碩士論文,2007 年,中國優秀碩士學位論文全文數據庫。

162. 周作人:《談虎集》,止菴校訂,石家莊:河北教育出版社,2001 年。

163. 周作人:《澤瀉集過去的生命》,止菴校訂,石家莊:河北教育出版社,2001 年。

164. 周作人：《周作人書信》，止菴校訂，石家莊：河北教育出版社，2001 年。

165. 周作人：《自己的園地》，止菴校訂，石家莊：河北教育出版社，2001 年。

166. 周作人著，李洪寬編：《性愛的新文化》，太原：山西人民出版社 1992 年版。

167. 朱德發、譚貽楚、張清華：《愛河溯舟：中國情愛文學史論》，天津教育出版社，1991 年。

民國雜誌報刊類

1. 《新青年》，北京，1915～1922 年。

2. 《婦女雜誌》，上海：商務印書館，1920～1925 年。

3. 《新女性》，上海：新女性雜誌社，1926～1929 年。

4. 《新文化》，上海：新文化雜誌社，1927 年。

5. 《幻洲》半月刊，上海，1926～1927 年。

6. 《金屋》月刊，上海，1929～1933 年。

7. 《中國文藝》，北京：中國文藝社，1939～1943 年。

8. 《國民雜誌》，北京：國民雜誌社，1941～1944 年。

9. 《藝文雜誌》，北京：藝文社，1943～1945 年。

10. 《華文大阪每日》，日本：大阪每日新聞社及東京日日新聞社聯合出版，1939～1942 年。

11. 《華北作家月報》，北京：華北作家協會，1942～1943 年。

12. 《中國文學》，北京：華北作家協會，1944 年。

13. 《中國公論》，南京：中國公論社，1937～1945 年。

14. 《藝術與生活》，北京：藝術與生活雜誌社，1939～1944 年。

15. 《東亞聯盟》，北京：中華東亞聯盟協會東亞聯盟出版社，1941～1943 年。

16. 《晨報副刊》，北京，1923～1927 年。

17. 《社會日報》，上海，1929～1945 年（曾經停刊再復刊）。

18. 《小說日報》，上海，1939～1941 年。

19. 《晶報》，上海，1919～1940 年。

20. 《立報》，上海，1935～1949 年（曾經停刊再復刊）。

21. 《遊戲報》，上海，1897～1898 年。

22. 《采風報》，上海，1898～1900 年。

23. 《荒唐世界》，上海，1926～1927 年。